지속가능한 미래를 설계하다

ESG경영에서 기후난제까지

도서출판 대영문화사

지속가능한 미래를 시작하며

필자가 환경에 관심을 갖고, 30대의 아이를 둔 주부로서 유학까지 결심하게 된 계기는 학문적 탐구심보다는 생활 속에서 만난 불편함에 기인한다. 지금은 생태공원으로 바뀐 난지도, 바로 인근의 성산동에서 필자는 20대를 보냈다. 동이 트면 매캐한 냄새와 뿌연 안개로 하루를 시작하였고, 비가 올 냥 흐리거나 궂은 날에는 악취로 그나마 창문을 열기도 어려웠다. 난지도의 쓰레기 더미가 거대한 두 개의 산으로 변해갈 무렵 정부는 세계 최대의 수도권매립지 건설계획을 발표하였다. 그러나 1992년 난지도의 폐쇄와 함께 개장한 수도권매립지는 폐기물 반입을 반대하는 김포주민과의 갈등으로 연일 신문 지면을 장식하였다. 당시 환경 문제에 대한 사회과학적 접근은 신생 분야였고, 혐오시설 입지에 대한 갈등을 지역이기주의 또는 님비(NIMBY) 현상으로 치부하는 주류적 시각은 대학원생의 지적 호기심을 자극하기에 충분하였다.[1)] 현실의 문제를 이론적 틀과 방법론적 정치함으로 풀어가기에는 학문적 훈련이 부족했음을 절감했던 필자는 1994년 미국에서 다시 박사과정을 시작하였고, 그 후 4년 뒤 폐기물 관리와 환경정책에 대한 주민들의 태도와 행태를 다룬 논문으로

1) 박순애, 만만한 게 음식물쓰레기 종량제?(2013, 동아일보)

학위를 받았다. 그 사이 한국은 쓰레기 종량제 도입으로 폐기물 감량에 성공하며 세계적인 모범사례로 거듭났다. 그러나 이공계 전문가와 경제학자들이 주도한 시장친화적 정책설계와 현장의 목소리를 전하는 환경단체들의 활동 속에서 폐기물 관리든 환경문제든 행정학자로서 필자가 정책의 집행과정에 개입할 여지는 크지 않았던 것 같다.

필자가 몸담은 행정대학원에서 격년으로 개설되는 환경 관련 과목들도 공직을 지망하는 학생들에게 그리 주목받지 못하였다. 그러나 녹색성장과 탄소중립을 거치면서 환경정책은 정권에 따라 부침을 겪어 왔지만, ESG의 부상과 함께 시장이 변화하고 기업이 달라지기 시작했다.

> "기후변화에 대한 글로벌 규약, ISO 14000, CSR, 공정무역 등 수많은 규제와 규범으로 시장을 압박해 왔지만, 그간 기업들의 행태는 그린워싱(Greenwashing)으로 표현될 만큼 피상적 · 표피적 동조에 불과하였다. 그러나 세계 최대 자산운용사인 블랙록의 래리 핑크 회장의 투자철회라는 한마디에는 전 세계 글로벌 기업이 긴장하고 있다. 2020년 블랙록은 440개 탄소배출 관련 기업을 관리대상으로 선정하였고, 기후 리스크 관련 이유로 60여 개의 기업에 반대 의결권을 행사하였다. 또한 2021년 연례서한에서는 관리대상 기업의 확대 및 2050년 탄소중립 전략의 공개 요구, 저탄소 전환목표에 부합하지 않는 기업에 대한 투자철회 및 의결권 행사를 경고하였다. 공유지의 비극은 곧 시장의 실패이자 정부개입의 근거라는 사회과학 분야의 오랜 명제가 금융자본주의에 의해 뒤집히는 상황이 연출된 것이다."[2)]

이러한 변화의 물결은 행정대학원에도 영향을 미쳤다. 학생들이 ESG 연구동아리를 결성하고, 환경 관련 수업에도 큰 관심을 보이며 행정학과 정책학의 학문적 외연을 확장하고 있다. 기후변화는 이제 더 이상 미래의 이야기가 아니다. 매년 극심해지는 기후 현상, 자원의 고갈, 그리고 전 지구적 환경위기는 사회 모든 영역에서 즉각적인 변화를 요구하고 있다. 개인의 생활방식에서부터 기업의 경영전략에 이르기까지, 우리는 지속가능한 미래를 향한 새로운 비전을 제시해야 할 중대한 기로에 서 있다. 『지속가능한 미래를 설계하다: ESG경영에서 기후난제까지』는 이러한 전환을 위해 필요한 전략과 실천방안을 제시하는 책이다.

오랫동안 구상해왔던 아이디어가 책으로 완성될 수 있었던 것은 김아미 박사와의 만남 덕분이다. 저술을 위한 연구원 모집 과정에서 스스로 '환경 분야 문외한'이라 칭했던 신참 박사를 만난 것은 신선한 도전이었지만, 그럼에도 불구하고 짧지 않은 여정을 함께해 준 김박사께 고마움을 표한다. 절차탁마(切磋琢磨)의 과정을 통해 탄생한 이 책은 ESG, 에너지 전환, 순환경제, TNFD, 재생건축 등 지속가능성을 위한 필수 주제들을 폭넓게 다루고 있다. 각 장은 이론적 배경을 바탕으로 실제 사례와 실행 전략을 포괄하여 독자들의 심도 있는 이해를 돕고자 하였다. 이 책은 공공정책과 행정 분야의 전문가나 학생들만을 대상으로 하지 않는다. 기후변화는 이제 정치인이나 정책 입안자들만이 해결해야

2) 2021년 대선을 앞두고 차기 정부의 바람직한 청사진을 그려달라는 언론사의 요청에 따라 필자가 작성했던 기고문 "큰 정부도 작은 정부도 아닌, 유능한 정부가 필요한 한국"의 일부이다(2021.8.4, 매일경제).

할 문제가 아니다. 우리 모두가 지속가능한 전환을 실행해야 할 때이다.

마지막으로, 이 책의 발간을 맡아주신 대영문화사 임현준 부장님, 편집 과정에 도움을 준 장선옥, 진혜선 편집팀, 홍지섭, 이혜연, 송현호, 김근우, 이정석, 정선영 연구원과 발간을 지원해 준 한국행정연구소와 공공성과관리연구부에 감사의 마음을 전한다.

관악에서 스무 번째 가을을 보내고,
2024년 겨울 초입에
저자 박순애

차례

제6장 환경영향을 추적하는 도구, 전과정평가

제7장 자연자본 공시와 TNFD 권고안

제8장 지속가능한 식량체계와 농업생태학

제 1 장

지속가능한 발전과 ESG

제1장

지속가능한 발전과 ESG

21세기에 접어들면서 지속가능성은 기업 활동을 넘어 사회 전반의 발전을 이끄는 핵심 요소로 자리매김하였다. 특히, ESG(Environmental, Social, Governance) 개념은 최근 들어 더욱 주목받으며, 기업경영의 필수적 요소로 부상하고 있다. ESG 공시 의무화는 이미 전 세계적인 흐름이 되었고, 국내에서도 금융위원회를 중심으로 자산 2조 원 이상 코스피 상장사들에 대한 ESG 공시 의무화가 추진되고 있다.[1)] ESG는 기업의 환경, 사회, 지배구조와 관련된 비재무적 요소들을 포함하며, 투자자와 고객이 기업을 평가하는 기준으로서 중요한 역할을 한다. 이는 전통적인 '기업의 사회적 책임(Corporate Social Responsibility: CSR)'과 차별화되며, 단순한 사회적 책임을 넘어 기업 활동 전반의 환경적, 사회적, 지배구조적 요소를 종합적으로 측정하고 평가하는 도구로 활용되고 있다.[2)]

이 장에서는 지속가능한 발전과 ESG의 대두 배경 및 개념을 살펴보고, 기업들이 ESG 경영전략을 수립하고 실행하는 과정에서 기울이는 노력과 그에 따른 성과를 분석하고자 한다.

1 지속가능한 발전과 ESG 대두 배경

"지속가능성"이라는 개념이 문헌에 처음 등장한 것은 한스 칼 폰 칼로비츠(Hans Carl von Carlowitz)의 저서 『야생나무 재배 지침(*Sylvicultura Oeconomica*)』에서였다. 칼로비츠는 작센 주 프라이베르크 법원을 대신하여 광산을 관리하며 지속가능한 자원관리의 개념을 발전시켰다. 당시 삼림 규제에도 불구하고 목재 부족이 작센의 은광 및 야금 산업에 미치는 영향은 매우 심각했기에, 칼로비츠는 숲의 "지속가능한 사용(sustainable use)"이라는 개념을 공식화하였다. 그는 계획적인 재조림 프로젝트를 통해 숲이 다시 자랄 수 있는 만큼만 나무를 벌채해야 한다고 주장하였으며, 이는 현대 임업의 중요한 지도 원칙으로 자리잡게 되었다.[3] 이러한 칼로비츠의 사상은 오늘날 주목받고 있는 ESG의 관점과 유사한 측면을 지닌다.

지속가능성에 대한 글로벌 논의는 1987년 유엔이 발표한 「우리 공동의 미래(Our Common Future)」 보고서를 계기로 본격적으로 탄력을 받기 시작했다.[4] 이 보고서는 지속가능한 발전을 "미래 세대가 자신의 필요를 충족할 수 있는 능력을 손상시키지 않으면서 현재의 필요를 충족시키는 것"으로 정의하고, 환경 문제를 국제사회의 주요 의제로 부각시켰다.[5] 이러한 논의의 연장선에서, 1992년 리우데자네이루에서 열린 '지구 정상 회담(Earth Summit)'은 지속가능한 발전의 중요한 전환점이 되었다. 이 회담에서 채택된 아젠다 21(Agenda 21)은 인간의 삶을 개선하는 동시에 환경을 보호하기 위한 글로벌 파트너십을 촉진하는 계기가 되었다. 지속가능한 발전을 위한 이러한 노력은 2000년 '밀레니엄 정상 회담(Millennium Summit)'에서 더욱 강화되었다. 세계 지도자들은 이 회담에서 밀레니엄 선언을 채택하고, 2015년까지 극심한 빈곤을 줄이며, 주요 글로벌 문제를 해결하는 데 초점을 맞춘 새천년 개발목표(Millennium Development Goals: MDGs)를 설정하였다. 지속가능성을 향한 글로벌 추진력은 2002년 남아프리카공화국 요하네스버그에서 열린 '세계 정상 회담(World Summit on Sustainable Development)'을 통해 더욱 공고해졌다. 이 회담에서 지도자들은 빈곤 종식과 환경보호에 대한 글로벌 약속을 재확인하였다. 이어 2012년 개최된 유엔 지속가능발전 회의(United Nations Conference on Sustainable Development Rio+20)는 지속가능성 의제를 발전시키는 중요한 계기가 되었으며, 이 회의의 결과물인 '우리가 원하는 미래(The Future We Want)'는 지속가능발전목표(SDGs)의 초석이 되었다. 이후 구성된 지속가능발전 고위급 정치 포럼은 이러한 목표들의 진행 상황을 모니터링하고 검토할 수 있는 플랫폼 역할을 하였다.

2015년에는 지속가능발전을 위한 2030 아젠다가 채택되었으며, 이는 지속가능성 논의의 역사적 전환점으로 평가받는다. 이 아젠다는 빈곤, 불평등, 건강, 교육, 기후변화 등 상호 연결된 글로벌 문제를 해결하기 위해 17개의 SDGs를 제시하며, 세계 공동체의 구체적인 행동지침을 마련하였다. 2030 아젠다와 함께 채택된 센다이 프레임워크(Sendai Framework), 아디스 아바바(Addis Ababa) 행동의제, 그리고 파리협정(Paris Agreement) 등은 지속가능한 발전을 위한 글로벌 협력을 강화하는 이정표로 자리잡았다.[6)] 이러한 역사적 맥락에서, SDGs는 ESG의 기초를 형성하고 있으며, 지속가능발전 목표를 달성하기 위한 구체적 실행방안으로 기업과 기관들이 더 나은 환경, 사회, 지배구조 성과를 창출하는 데 중요한 역할을 한다.

1) ESG의 등장과 확산

ESG의 발전은 기업의 사회적 책임을 논하는 CSR(Corporate Social Responsibility)과 깊은 연관이 있다.[7)] CSR은 20세기에 기업의 사회적 책임에 대한 논의의 중심 패러다임으로 자리잡았다.[8)] 기업 활동의 사회적 영향에 대한 논의는 로마 시대의 법률까지 거슬러 올라가지만,[9)] 현대적 의미의 CSR 개념은 제2차 세계대전 전후인 1950~1960년대부터 본격적으로 형성되기 시작했다. 이 시기에는 인구 증가, 환경오염, 자원 고갈 등의 문제가 대두되었으며, 인권에 대한 사회적 관심 역시 높아졌다. 특히, 레이첼 카슨(Rachel Carson)의 『침묵의 봄(*Silent Spring*)』과 폴 에를리히(Paul R. Ehrlich) 부부의 『인구 폭탄(*The Population Bomb*)』과 같은 저서들은 경제성장의 한계와 기업 활동이 사회 및 환경에 미치는 부정적 영향을 지적하며 큰 반향을 일으켰다. 또한 미국에서는 베트남 전쟁과 인종차별정책에 반대하는 사회정의 운동이 젊은층을 중심으로 확산되며, 기업의 사회적 책임에 대한 요구가 한층 강화되었다.

1970년대에는 로마 클럽의 성장의 한계(Limits to Growth) 보고서가 발간되었으며, 미국에서는 바디샵(Body Shop), 벤 앤 제리스(Ben & Jerry's)와 같은 지속가능 경영과 사회적 책임을 강조하는 기업들이 등장하기 시작했다. 1980년대에는 CSR을 경영에 실제로 적용하고 구체화하는 방법론에 대한 연구가 활발히 진행되었으며, 1987년 브룬틀란 보고서가 지속가능개발을 위한 지침을 제공하였다.

1990년대에 들어 CSR은 유엔환경협약과 교토의정서의 채택과 함께 더욱 광범위하게 확산되었다. 대기업들은 전 세계의 이목을 의식하며 CSR을 조직에 도입하기 시작했으며, 유럽연합은 CSR을 촉진하기 위한

CSR 유럽(CSR Europe)과 같은 범국가적 네트워크를 구축하였다.

지속가능성의 역사에 있어 또 하나의 중요한 전환점으로 존 엘킹턴(John Elkington)이 제시한 트리플 바텀 라인(Triple Bottom Line: TBL) 개념을 들 수 있다. 엘킹턴은 지속가능한 발전의 세 가지 축으로 사람(People), 지구(Planet), 이익(Profit)을 제시하며, 기업의 운영 및 의사결정 과정에서 경제적 가치 외에도 비재무적 요소를 고려할 것을 제안하였다. 이 개념은 1990년대 들어 지속가능성에 대한 실질적인 틀로서 널리 주목받으며, 기업 경영의 새로운 기준으로 자리잡았다.10)

ESG라는 용어는 공식적으로 2004년 유엔과 글로벌 금융기관들이 참여한 보고서 「배려하는 자가 이긴다(Who Cares Wins)」에서 처음 등장하였다. 유엔은 1945년 창설 이래 경제개발, 환경, 인권 등 다양한 프로젝트를 지원하고 실행해왔으며, 특히 1990년대 코피 아난(Kofi Annan) 사무총장 재임 시기를 기점으로 산업계와의 관계를 보다 협력적인 방향으로 변화시켰다.11)

1999년 다보스 세계경제포럼에서 코피 아난은 '글로벌 컴팩트(Global Compact)' 이니셔티브를 제안하며, 급격히 글로벌화되는 시대에 노동, 인권, 환경보호 문제에 대한 세계적 규칙 제정을 촉구했다. 2004년에는 세계 최대 투자회사 55곳의 CEO들에게 Who Cares Wins 이니셔티브에 참여할 것을 요청했다. 이 보고서는 자산 관리, 증권 중개, 관련 연구 활동에서 환경, 사회, 기업 지배구조 문제를 더 효과적으로 통합하는 방법에 대한 권고를 담고 있다.12)

2006년에는 유엔이 유엔환경계획(UNEP) 및 글로벌 컴팩트(Global Compact)와 협력하여 금융기관을 위한 '책임투자원칙(Principles for Responsible Investment: PRI)'을 제정하였다. PRI는 ESG 문제를 투자 관행에 통합하기 위한 다양한 조치를 제안하며, 전 세계적인 투자기관들의 서명을 통해 지속가능한 금융시스템 구축을 목표로 하였다.[13] 이러한 노력의 결과, 블랙록(BlackRock), 뱅가드(Vanguard), 스테이트 스트리트(State Street)와 같은 글로벌 자산 운용사들이 ESG 개념을 도입하고 ESG 펀드를 조성하기 시작하였다. 이러한 글로벌 자산 운용사들이 적극적으로 ESG를 채택함에 따라, ESG는 점차 주류 개념으로 자리잡게 되었다.[14]

최근 몇 년 간 ESG 운동의 발전을 이해하기 위해서는 몇 가지 중요한 이정표를 살펴볼 필요가 있다. 특히, 2015년에 채택된 17개의 지속가능발전목표(SDGs)는 새천년 개발목표(MDGs)를 대체하며, 전 세계적인 의제를 설정하였다. 이들 목표는 지속가능성에서 측정가능한 진전의 중요성을 강조하며, SDGs를 달성하는 도구로서 ESG는 기업과 투자 전략의 핵심 구성 요소로 자리매김하였다.[15] 2017년에는 기후 관련 재무정보 공개를 위한 태스크포스(Task Force on Climate-related Financial Disclosures: TCFD)가 설립되었다.[16] TCFD는 기업들이 기후 리스크의 재무적 영향을 측정하고 관련 정보를 공개할 수 있도록 지원하며, 이를 통해 기업의 투명성을 높이고, 투자자들이 기후 리스크를 고려한 투자 결정을 내리는 데 중요한 역할을 했다. 이러한 흐름 속에서 블랙록(BlackRock)의 CEO 로렌스 핑크(Laurence Fink)는 연례 서한을 통해 기업의 운영방식에 혁명적인 변화를 촉구하였다.[17]

특히, 2020년 블랙록은 석탄 발전에서 25% 이상의 수익을 얻는 기업에 대한 직접 투자를 중단할 것이라고 발표하였고, 핑크는 기업 이사회에 TCFD 기반의 공시 관행을 채택할 것을 요구하며, 기후변화 대응에 있어 더 큰 책임을 다할 것을 촉구했다. 이는 ESG 원칙의 광범위한 채택을 이끄는 주요 동력이 되었으며, 비록 일부 비판을 받기도 했지만, 블랙록의 행보는 글로벌 기업의 지속가능한 관리방식을 도입하는 데 중대한 영향을 미친 것으로 평가된다.

이처럼 ESG는 CSR과 지속가능성이라는 개념의 발전 과정에서 탄생하였기에, 일부 학자들은 ESG를 CSR의 하위 개념으로 설명하기도 한다. CSR이 사회적 가치와 기업의 역할에 대한 포괄적인 논의를 포함하는 반면, ESG는 투자 관점에서 구체적인 측정 지표(metrics)를 기반으로 환경, 사회, 지배구조라는 세 가지 핵심 영역에 집중한다.18)

2) ESG 개념 및 구성 요소

ESG는 환경(Environmental), 사회(Social), 지배구조(Governance)의 약어로, 전 세계의 기업, 금융기관, 그리고 주주(혹은 투자자)들이 주목하는 조직의 비재무적 요소를 의미한다. ESG의 세 가지 요소는 서로 밀접하게 연관되어 있지만, 각각 고유한 영역으로 구분된다. 환경(E)은 기업의 운영이 자연환경에 미치는 영향을 다루며, 여기에는 탄소배출, 에너지 효율성, 자원 관리 등이 포함된다. 사회(S)는 기업이 사회적 책임을 다하기 위해 직원, 고객, 지역사회와의 관계를 어떻게 관리하는지를 평가하며, 노동 관행, 인권, 소비자 보호 등이 주요 관리 항목이다. 마지막으로, 지배구조(G)는 기업 내부의 경영과 의사결정구조를 포함해 기업이 얼마나 투명하고 윤리적으로 운영되는지를 살펴본다. 여기에는 이사회의 독립성, 주주 권리 보호, 반부패 정책 등이 포함된다. 이 장에서는 ESG의 세 가지 분야를 각각 검토하고, 이들이 현대 기업 경영에서 수행하는 주요 역할에 대해 살펴보고자 한다.

우선 환경(E)부문은 기업의 운영이 자연환경에 미치는 영향과, 기업이 이러한 환경적 위험을 어떻게 관리하는지를 고려하며, 이는 기업의 ESG 경영에서 가장 핵심적인 요소로 여겨진다. 여기에는 기업의 화석연료 의존도, 수자원 및 기타 자원관리, 오염수준, 기후변화 대응, 유해 폐기물 배출 및 관리, 탄소 발자국 등의 문제가 포함되며, 이러한 요소들은 기업의 장기적인 재무 건전성과 생존에 직접적인 위협이 될 수 있다.[19] 특히, 최근 들어 허리케인, 홍수, 폭염, 산불과 같은 기후 재해들이 빈번해지면서, 기업의 환경적 성과를 평가하는 데 있어서 불확실성이 증가하고 있다. S&P Global에 따르면, 전 세계 기업의 80%가 기후변화로 인한 물리적 및 시장환경 변화의 위험에 노출되어 있다고 한다.[20] 이러한 상황에서 기업이 새로운 에너지원이나 환경 관련 기술에 투자하는지 여부는 기업의 지속가능성을 평가하는 중요한 기준으로 간주되고 있다.

사회(S)부문은 기업이 직원, 고객, 기업이 위치한 지역사회 및 더 넓은 사회를 위한 다양한 유형의 사회적 정의를 증진하고 강화하려는 노력을 의미한다. 기업 내부에서는 인종차별 및 성차별과 같은 문제가 존재할 수 있으며, 이를 해결하기 위한 적극적인 노력이 요구된다. 예를 들어, 미국에서는 투자자들이 기업 내부의 제도적 인종차별 문제를 해결하기 위해 다양한 배경의 이사를 선임하도록 기업에 압력을 가하고 있다. 블랙록의 회장 핑크는 투자기업의 이사회에 최소 두 명 이상의 여성을 임명할 것을 지속적으로 촉구해 왔다.[21]

조직 외부에서는 공급망에서 발생하는 노동자 인권 문제와 원주민 및 지역사회와의 갈등이 중요한 이슈로 부각되고 있다. 글로벌 기업의 공급망은 다수의 국가와 다양한 이해관계자를 포함하기 때문에, 아동노동, 인권침해, 부패 등의 문제가 복잡하게 얽혀 있어 해결이 쉽지 않다. 예를 들어, 나이키는 공급망 파트너사가 불법적으로 아동노동을 동원한 사실이 밝혀지면서 큰 비난을 받았다.[22] 전 세계 인구의 5%를 차지하는 지역 토착민은 토지를 기반으로 사회, 경제, 문화적 관계를 형성하며 살아가고 있기 때문에, 기업의 자연자원 추출 활동은 그들의 삶에 큰 영향을 미친다. 펠로시 외(Pelosi et al., 2016)는 지역사회의 반발과 재정적 및 평판상의 위험을 줄이기 위한 수단으로 사회적 투자를 이해하는 기업의 소극적인 접근을 비판하며, 이는 지역사회에 대한 투자를 통해 얻을 수 있는 잠재적 이익을 간과한 것이라고 주장하였다.[23]

마지막으로, 거버넌스(G)는 기업 내부에서 발생하는 대리인 문제를 해결하기 위해 채택된 정책과 관행을 의미한다. 대리인 문제는 이사 및 임원이 기업의 소유주와 일치하지 않기 때문에 발생할 수 있으며, 이에 따라 기업의 지배구조는 이사회의 거버넌스와 주주의 거버넌스 두 범주로 구분할 수 있다.

부실한 지배구조는 기업을 잘못된 방향으로 이끌 위험이 있기 때문에, 이는 투자자들에게 중요한 비재무적 요소로 간주된다. 또한 거버넌스는 환경과 사회적 요소와도 밀접하게 연관되어 있다. 좋은 거버넌스는 환경적 및 사회적 문제를 효과적으로 관리할 수 있는 기반을 제공하기 때문에, G는 E와 S를 동시에 견인할 수 있는 핵심 요소로 볼 수 있다.[24] 그러나 스트라인 외(Strine Jr. et al., 2022)는 그동안 기업들이 주로 지배구조(Governance)에만 집중해 왔으며, 그 초점이 주주 이익의 극대화에 맞춰져 있었다고 지적한다. 이들은 최근 ESG 경영이 강조되고 있음에도 이러한 경향이 크게 변하지 않았음을 비판하며, 실질적인 ESG 경영을 위해서는 지배구조(G)의 변화가 필요하다고 주장한다. 특히, 이들은 모든 이해관계자를 존중하는 공익 법인(public benefit corporation) 모델로의 전환과, 경영진 보상을 주주 이익뿐만 아니라 ESG 성과와 연계하는 방안을 제시하고 있다. 또한 기관 투자자들이 '지킴이(guardian)'로서 역할을 수행하여, 기업이 이해관계자를 존중하는 전략

을 통해 지속가능한 부를 창출할 수 있도록 지원해야 한다고 강조한다.[25)]

2 ESG 성과와 평가

기업의 환경, 사회, 거버넌스 측면의 성과는 정부나 ESG 실행을 지원하는 다양한 조직들이 제안하는 지표에 따라 평가된다. 이러한 지표들은 각 국가와 조직의 특성에 따라 다소 차이가 있을 수 있다.

예를 들어, 한국 정부가 만든 'K-ESG 가이드라인'에는 환경지표 항목으로 환경경영 목표 수립 및 추진체계, 원부자재 사용량과 재생 소재 비율, 온실가스, 폐기물, 오염물질 배출량, 에너지 및 용수 사용량 등이 포함된다. 사회지표 항목으로는 사회적 목표의 수립 및 공시, 노동과 복리후생, 다양성과 양성평등, 협력사와의 동반성장, 지역사회 공헌, 정보보호 등이 제시된다.

거버넌스 지표 항목에는 이사회 구성방식과 이사회의 활동 내용, 주주권리보호, 윤리경영, 내부 감사기구의 운영 등이 포함된다.[26)] 한편, 글로벌 기준으로 널리 사용되는 글로벌 리포팅 이니셔티브(Global Reporting Initiative: GRI)의 가이드라인(GRI, 2016a; GRI, 2016b; GRI, 2018)과 K-ESG 가이드라인을 비교해 보면, 환경 측면에서 는 GRI 가이드라인이 더 다양한 지표를 관리하고 있음을 알 수 있다(〈표 1-1〉 참조).

표 1-1 K-ESG 가이드라인과 GRI 가이드라인의 환경부문 지표 비교

범주	K-ESG 지표	GRI 지표
온실가스	온실가스 배출량(Scope 1) 온실가스 배출량(Scope 2) 온실가스 배출량(Scope 3) 온실가스 배출량 검증	직접 온실가스 배출(Scope 1) 에너지 간접 온실가스 배출(Scope 2) 기타 간접 온실가스 배출(Scope 3) 온실가스 배출 집약도 온실가스 배출량 감축
에너지	에너지 사용량 재생에너지 사용 비율	조직 내 에너지 소비 조직 외부의 에너지 소비 에너지 집약도 에너지 소비 절감 재생에너지 사용 비율 제품 및 서비스의 에너지 요구량 감소
용수	용수 사용량 재사용 용수 비율	공유자원으로서의 물과의 상호작용 배출수 관련 영향 관리 취수 용수 방류 재사용 용수 비율 물 소비량

1) ESG 생태계

ESG의 성장과 확산은 ESG 실행을 위한 생태계의 발전을 촉진시켰다. 이 생태계는 크게 두 가지 주요 축으로 구성된다. 첫째, 금융중개기관과 분석 서비스 제공업체로 구성된 네트워크이며, 여기에는 금융상품 발행자, ESG 등급 평가자, ESG 지수 제공자 등이 포함된다. 둘째, ESG 실천에 영향을 미치는 정부, 비정부조직, 민간조직, 그리고 국제기구 등으로 구성된 네트워크이다([그림 1-1] 참조).[27]

그림 1-1 ESG 금융 생태계

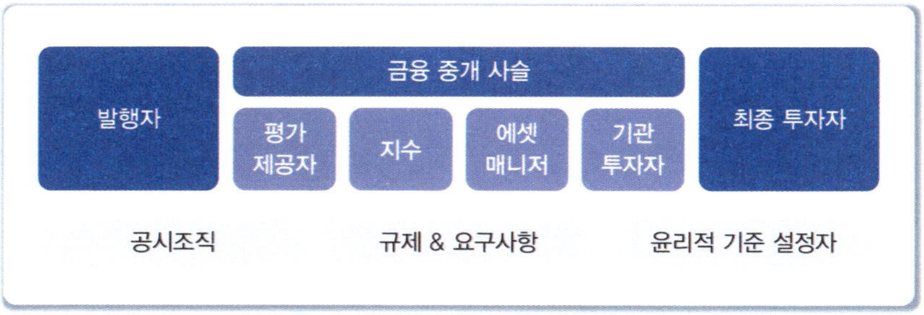

출처: Boffo & Patalano(2020: 19).

금융상품 발행자(financial issuers)는 공공 또는 민간 금융시장에서 주식이나 채권을 발행하여 투자자들로부터 자본을 조달하는 주체를 의미한다. ESG 등급 평가자(ESG ratings providers)는 기업의 공시정보를 바탕으로 주식 및 채권 발행자의 ESG 성과를 평가하는 기관들을 지칭하며, 무디스(Moody's), S&P, MSCI, Sustainalytics 등을 대표적인 예로 들 수 있다. 이들 대부분은 ESG 지수 제공자(ESG index providers) 역할도 수행하며, 다양한 ESG 시장 포트폴리오의 상대적 성과를 추적하는 수단으로 지수를 발표한다. 이러한 지수를 통해 기관 투자자들은 자신의 ESG 성과를 벤치마킹할 수 있다.

ESG 평가와 정보를 활용하는 주요 사용자들로는 자산관리자(asset managers), 기관 투자자, 공공기관 등이 있으며, 이들은 ESG 정보를 활용하여 투자 의사결정을 내린다. 공시조직은 ESG 프레임워크를 개발하고 제공하는 기관들로, 지속가능회계기준위원회(Sustainability Accounting Standards Board: SASB)와 GRI 등이 이에 속한다. 이들 조직은 ESG 공시 기준을 설정하고, 회원에게 공시 지침 및 모범사례를 제공하는 역할을 한다. 또한 시장 규제자와 금융감독기관도 ESG 공시와 관련된 공식적인 규정과 요구사항을 개발하고 시행하는 데 중요한 역할을 한다. 윤리기준 설정자들로는 유엔, 경제협력개발기구(OECD), GRI 등이 있으며, 이들은 기업의 윤리적이고 책임 있는 행동 기준을 설정한다.

OECD 보고서에 따르면, 전 세계적으로 ESG 실행은 아직 초기 단계에 있기 때문에, 이 생태계의 참여자들과 그들의 활동에 대한 일관된 용어와 실천이 확립되지 않은 상태이다. 그럼에도 불구하고, ESG 생태계는 기업과 투자자들이 지속가능성을 강화하고, ESG 요소를 더욱 효과적으로 통합할 수 있는 기반을 제공하고 있다.

2) ESG 경영의 중요성

ESG는 UN의 주도 하에 공식적인 제도로 도입되었지만, 이후 투자자, 기업, 정부, 시민사회로 확산되면서 그 의미와 활용방식이 다각도로 발전해왔다. 초기에는 투자자들이 재무 분석의 요소로서 ESG를 고려했지만, 점차 ESG는 기업의 사회적 책임(CSR)이나 지속가능성을 의미하는 동의어로 받아들여지기 시작했다. 더불어 리스크 관리의 수단으로 또는 특정 이념적 선호나 활동을 반영하는 개념으로도 해석되며 그 범위가 확장되었다.[28)]

투자의 관점에서 보면, 기업의 ESG를 포함한 사회적 성과와 재무성과 사이의 관계에 대해서는 여전히 다양한 시각이 존재한다. 도르플리트너 외(Dorfleitner et al., 2020)에 따르면, 이에 대한 논의는 세 가지 주요 관점으로 나뉜다. 첫 번째는 사회적으로 책임 있는 기업들이 장기적으로는 재무성과도 우수하다는 견해이다. 이러한 견해를 지지하는 학자들은 단기 투자자들이 사회적으로 옳은 활동이 장기적으로 가치를 창출한다는 사실을 간과한다고 주장한다.[29)] 반면, 두 번째는 사회적으로 책임 있는 기업들, 특히 중소기업의 경우 재무성과가 부진할 수 있다는 관점이다. 이는 소규모 기업들이 제한된 자금을 가지고 있는 상황에서 ESG에 대한 투자가 오히려 재정적 부담이 되어, 기업가치 하락으로 이어질 수 있다는 인식에 기반한다.[30] 세 번째는 ESG 활동과 재무성과 사이에 유의한 상관관계가 없다는 관점이다. 그러나 이 견해는 기업의 ESG 활동 여부가 수익과 직접적인 상관관계가 없다는 것보다는, 비용이나 대리인 문제 등 시장의 다른 요소들이 그 관계를 상쇄할 수 있다는 점을 강조한다.[31]

에클스와 세라핌(Eccles & Serafeim, 2013)의 연구에 따르면, 기업이 ESG 활동을 강화하면서 동시에 재무성과를 개선하기 위해서는 단순한 효율성 개선을 넘어서는 대규모 혁신이 필요하다.[32] [그림 1-2]는 3,000개 이상의 기업 데이터를 분석한 결과로, 이러한 관계를 그래프로 보여주고 있다. 이 그래프는 혁신이 부족하거나 혁신수준이 미미한 기업들은 ESG 성과가 개선되더라도 재무성과가 저조할 수 있는 반면, 대규모의 근본적인 혁신을 추진하는 기업은 ESG 성과와 재무성과가 함께 향상될 수 있음을 보여준다. 이러한 혁신은 높은 리스크와 장기적인 투자 회수 기간을 동반하지만, ESG와 재무성과 간의 긍정적인 상관관계를 강화하는 데 중요한 역할을 한다는 점에 주목해야 한다.

반면, 에드만스(Edmans, 2023)는 ESG의 중요성은 단순히 재정적 가치에만 있는 것이 아니라, 사회에 미치는 외부성에도 있다고 주장한다.[33] 외부성이란 특정 경제 활동이 제3자에게 미치는 긍정적 또는 부정적 영향을 의미하며, 이는 기업의 활동과 직접적으로 관련이 없는 사람들에게까지 영향을 미친다.[34] 예를 들어, 1988년 기후변화가 국제적으로 공식 인정된 이후, 세계 상위 100대 기업은 전 세계 온실가스 배출의 71%에 책임이 있는 것으로 알려졌다.[35] 또한 기업은 조직구성원들의 정신적, 신체적 건강에 영향을 미치며, 기업 활동은 사회적 불평등과 포용성에도 영향을 줄 수 있다. 에드만스(A. Edmans)는 정부가 이러한 외부성 문제를 어느 정도 해결할 수 있지만, 기업 역시 이에 대한 책임을 져야 한다고 강조한다.36)

그림 1-2 ESG 성과와 재무성과의 관계

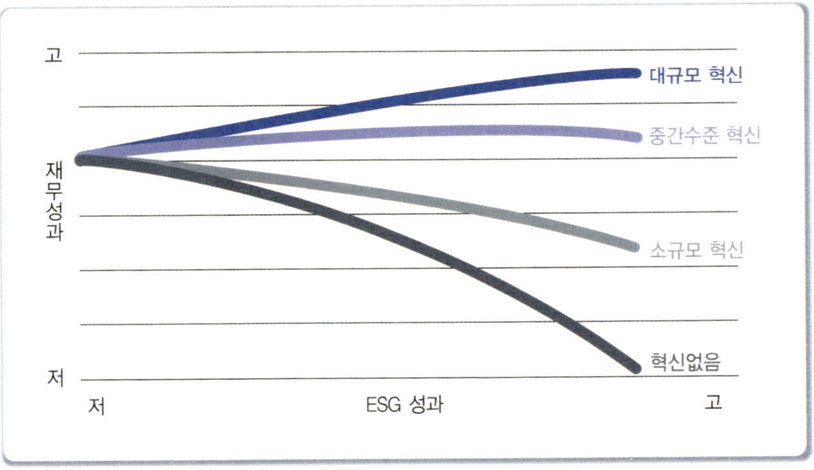

출처: Eccles & Serafeim(2013: 4).

ESG의 중요성을 기업의 위험관리 관점에서 보면, ESG 경영 실패로 인해 큰 재정적 손실을 입은 사례들이 적지 않다. 예를 들어, 페이스북은 2016년 미국 대선 당시 정치 컨설팅 회사인 캠브리지 애널리티카에 사용자 데이터를 판매한 사실이 밝혀져 큰 논란을 일으켰고, 이로 인해 주가가 7% 하락하면서 약 470억 달러의 시장 가치 손실을 보았다.37) 또한 테슬라는 저탄소 전략의 부재, 공장에서의 열악한 노동 조건과 인종차별 문제, 환경영향과 원자재 조달 관행에 대한 문제점이 지적되면서 2022년 S&P 500의 ESG 인덱스에서 퇴출되었다.[38] BP는 2010년 멕시코만에서 발생한 딥워터 호라이즌 시추선 폭발로 인한 대규모 석유 유출 사고로 인해 208억 달러에 달하는 벌금과 합의금을 지불하게 되었으며, 이는 미국 역사상 가장 큰 환경 벌금 중 하나로 기록되었다.[39] 이러한 사례들은 ESG 경영 실패가 기업에 막대한 재정적 손실을 초래할 수 있음을 보여주며, ESG는 기업의 장기적 생존과 재정적 안정성 확보를 위한 필수적인 전략적 요소임을 강조한다.

더불어 증가하는 ESG 관련 규제 또한 기업들에게 중요한 위험관리 대상으로 부각되고 있다. ESG 규제의 대표적인 예로는 탄소배출 규제를 들 수 있으며, 유럽연합은 여러 법안을 통해 기업의 탄소배출을 제한하는 데 주력하고 있다.[40] 'EU 탄소 국경세'는 유럽연합 국가로 수입되는 제품의 생산 및 이동 과정에서 발생한 탄소배출량을 비용으로 환산하여 관세로 부과하는 제도이다.[41] 기업들은 ESG 경영을 통해 이러한 규제 위험에 대응할 수 있을 뿐만 아니라, 정부로부터 지원을 받을 기회도 얻을 수 있다. 예를 들어, 미국은 2022년 자국 내 생산을 촉진하는 기업들에게 인센티브를 제공하는 '인플레이션 감소법(Inflation Reduction Act)'을 통과시켰으며, 이 법은 첨단 제조 생산과 에너지 효율적인 상업용 건물에 혜택을 제공하는 대표적인 사례이다.[42]

마지막으로, ESG는 소비자, 투자자, 기업의 선호도나 취향을 반영하는 수단으로 기능하기도 한다. ESG를 지지하는 사람들은 종종 '진보적'으로, 반대하는 사람들은 '보수적'으로 묘사된다.[43] 종교적 신념이나 환경에 대한 관심을 표명하는 방식으로 소비와 투자에서 기업의 ESG 성과를 고려할 수 있지만, ESG를 지나치게 가치나 이념의 문제로 해석할 경우 부작용이 발생할 수 있다. 예를 들어, 미국의 전 부통령 마이클 펜스(Michael Pence)는 ESG를 "해로운 전략"이자 "좌파가 선거나 자유시장에서 경쟁을 통해 달성할 수 없는 것을 가능하게 하는 수단"으로 묘사하며, ESG를 저지해야 한다고 주장한 바 있다.[44] 또한 ESG가 소비자의 선호도로 인식되면서, 표면적으로는 ESG를 지향하지만 실제로는 석탄과 석유에 투자하는 가짜 ESG 펀드가 증가하는 현상도 나타났다.[45] 이는 ESG가 일종의 취향으로 해석되면서, ESG를 정치적 도구나 그린워싱 수단으로 이용하는 사례로 볼 수 있다.

3 ESG 경영의 확산

한편, ESG의 개념적 논의보다 더 주목할 점은 ESG가 세계적으로 빠르게 확산되고 있다는 사실이며, 이는 그 중요성을 더욱 부각시키고 있다. 예를 들어, 2021년 말 기준으로 121조 달러를 운용하는 4,375명의 투자자들이 책임투자원칙(PRI)에 서명하였다.[46] 이러한 서명이 반드시 책임투자의 실천으로 이어지지 않더라도 이는 ESG가 시장에서 중요한 요소로 인식되고 있음을 시사한다.

마스코토(Mascotto, 2020)는 ESG 확산을 견인하는 몇 가지 트렌드 중 하나로 순환경제로의 전환을 강조하며, 경제 현실이 변화함에 따라 기업들이 ESG 규제 준수를 넘어 새로운 경제 모델에 적응하고 있다고 언급한다. 이는 투자자층이 새로운 세계관을 가진 젊은 세대로 교체되는 것과도 관련이 있다. 또한 기후변화의 심각성에 대한 인식이 높아짐에 따라 소비자들이 기업의 그린워싱에 대해 더욱 민감해지고 있으며, 소셜미디어를 통해 기업에 더 큰 영향을 미치게 될 것이라고 전망한다. 전자상거래와 소셜미디어 사용의 증가는 기업들로 하여금 데이터 관리와

사이버보안과 같은 새로운 ESG 활동을 요구하고 있다.[47]

이와 같은 ESG의 확산 추세는 전 세계적으로 ESG 공시 의무화 움직임에서도 확인할 수 있다. 우리나라에서는 기업들이 ESG 공시 의무화에 대비해 협력사들까지도 ESG 공시 준비를 진행하고 있다.[48] 미국에서는 바이든(Joe Biden) 정부가 2021년 국가기후대책위원회를 설립하고 전 정부적 차원에서 기후변화 대응을 추진하고 있다. 이에 따라 미국 증권거래위원회(SEC)는 '기후 및 ESG 수석 고문' 직위를 신설하였으며, 기업의 기후 관련 재무공시를 재검토하고, 공시 지침을 업데이트하여 기후 관련 정보의 공시를 강화할 계획을 발표하였다.[49] 유럽연합은 이미 2014년에 대규모 조직을 대상으로 비재무 및 다양성 보고를 의무화하는 지침 NFRD(EU Directive 2014/95/EU)를 도입하고, 2017년부터 이를 시행해 왔다. 이 지침은 유럽 그린딜 및 '지속가능 금융 플랫폼(Platform for Sustainable Finance)' 목표에 맞춰 2021년 '기업지속가능성보고지침(Corporate Sustainabiliity Reporting Directive)'으로 개정되었으며, 2022년 11월 EU 이사회에서 최종 승인을 받았다. CSRD는 기존 NFRD를 대체하며, 기업의 지속가능성과 관련된 비재무적 공시를 강화함으로써 EU의 지속가능금융과 투자환경 조성을 목표로 한다.[50][51]

또한 글로벌 차원에서 ESG 공시기준을 표준화하려는 다양한 노력도 확인할 수 있다. 국제 지속가능성 기준위원회(ISSB)는 2023년에 지속가능성 및 기후 문제 관련 정보공개를 위한 ESG 보고 표준초안을 발표했다.[52] 기후 관련 재무정보 공개 태스크포스(TCFD)와 자연 관련 재무정보 공개 태스크포스(TNFD) 역시 이러한 노력의 일환으로 볼 수 있다.[53][54] 이러한 글로벌 노력들은 ESG에 대한 투명하고 표준화된 접근을 촉진하고 있으며, 전 세계적으로 일관된 ESG 공시 기준을 마련하는 데 중요한 역할을 하고 있다.

4 ESG 경영 실천의 장애

1) ESG 해석과 평가의 모호함

폴만(Pollman, 2022)은 ESG라는 용어가 환경, 사회, 지배구조라는 폭넓은 주제를 포괄하고, 해석의 유연성으로 인해 여러 모호함을 초래한다고 지적했다. ESG 주제는 각 국가의 맥락에 따라 다르게 해석될 수 있으며, 각 구성 요소 내에서도 다양한 하위 항목들이 존재하여 복잡성을 증가시킨다. 또한 ESG는 그 용어 자체가 사용자에 따라 가치편향적으로 해석될 수 있으며, 이로 인해 목적이나 해석에 있어 의견 차이가 발생할 수 있다는 문제도 있다. 이와 같은 이유로, 전 세계적으로 600개 이상의 ESG 평가기관과 랭킹이 존재하며, 이들 간의 평가 기준에도 상당한 차이가 나타난다.[55] 글로벌 ESG 평가기관에는 모건스탠리캐피털인터내셔널(MSCI), 서스테이널리틱스(Sustainalytics), 블룸버그(Bloomberg) 등이 있으며, 국내에는 한국기업지배구조원(KCGS), 서스틴베스트(Sustinvest), 대신경제연구소 등이 대표적이다.[56] 문제는 이러한 평가기관들이 각기 다른 데이터와 평가방식을 사용하기 때문에, 동일한 기업이라도 평가기관에 따라 ESG 등급이 다르게 나올 수 있다는 점이다.

딤슨 외(Dimson et al., 2020)에 따르면, 기업의 ESG 평가 결과가 다를 수 있지만 중요한 것은 다양한 평가기관들의 결과가 어느 정도 일치하는 '수렴 타당성(convergent validity)'이다. 그러나 FTSE Russell, Sustainalytics, MSCI와 같은 세계적인 평가기관이 글로벌 기업 6곳에 대해 내린 ESG 평가 결과를 비교한 연구에서 이들 간의 차이가 놀랄 만큼 크다는 사실이 드러났다. 예를 들어, 환경부문에서 Sustainalytics는 Facebook

을 1%로 매우 낮게 평가한 반면, MSCI는 96%로 매우 높게 평가했다. 반대로 사회부문에서는 MSCI가 Facebook을 7%로 낮게 평가한 반면, Sustainalytics는 78%로 평가해 상반된 결과를 보였다.[57] 저자들은 이러한 평가 결과의 차이를 코찬토니스와 세라핌(Kotsantonis & Serafeim, 2019)의 연구를 인용하여 다음과 같이 설명하고 있다.

첫 번째 문제는 데이터의 불일치이다. 예를 들어, '조직원의 건강과 안전' 항목을 조사한 결과, 50개 대기업이 각기 다른 데이터를 제시하였으며, 이 데이터들은 20가지 이상의 다양한 측정방식과 단위를 사용하고 있었다. 두 번째 문제는 벤치마킹의 선택이다. ESG 평가는 샘플 내에서 성과의 범위를 정의하는데, 이는 동료집단을 기준으로 하거나, 미리 정의된 '최적' 수준의 성과를 기준으로 평가한다. 동료집단을 기준으로 평가할 경우, 평가기관이 어떤 방식으로 동료집단을 선정하는지가 평가 결과에 영향을 미치게 된다. 반면, 미리 정의된 ESG 기준은 더 객관적일 수 있지만, 이는 최적의 성과에 대한 합의가 있을 때만 유효하다. 예를 들어, '물 사용과 취수' 항목에서는 동료집단과 비교하지 않고서는 어느 정도의 취수가 적정한 수준인지 판단하기 어렵다. 세 번째 문제는 데이터 보정(data imputation)이다. ESG 공개에 대한 규제가 없는 상황에서 기업들은 ESG 항목을 선택적으로 공개할 수 있으며, 일관된 방식으로 보고하지 않는다. 즉, 평가기관이 누락 데이터나 결측치를 어떻게 처리하느냐에 따라 평가 결과가 달라질 수 있다.[58] 또한 딤슨 외(Dimson et al., 2020)는 평가기관마다 E, S, G 요소에 다른 가중치를 부여하는 문제를 지적한다. 예를 들어, Sustainalytics는 환경, 사회, 지배구조의 중요도를 동등하게 보는 반면, MSCI는 산업에 따라 각 요소의 중요도를 다르게 평가한다.[59] 이러한 불일치로 인해 평가기관 간에 ESG 평가 결과가 상이하게 나올 수 있다.

금융감독원은 이러한 ESG 평가 결과의 차이가 기업의 ESG 경영 활동에 혼란을 야기하여 결과적으로 ESG 성과개선의 동기를 약화시키고, ESG 평가시장의 투명성과 신뢰성을 훼손할 수 있다고 우려를 표명하였다. 또한 이는 평가시장의 발전을 저해할 가능성도 있다고 지적했다. 이에 대응하여 국내 주요 ESG 평가기관인 한국ESG기준원(구 한국기업지배구조원), 한국ESG연구소, 서스틴베스트는 '자율규제'의 일환으로 「ESG 평가기관 가이던스」를 마련하였다.[60] 그러나 이러한 규제가 자율적인 성격을 띠고 있어, 기업과 평가기관이 이를 얼마나 충실히 준수할지는 여전히 불확실하다.

2) 기업 내 ESG 경영 실행의 문제

ESG 실천의 또 다른 장애물은 기업 내부의 ESG 실행 과정에서 발생하는 문제들이다. 리우 외(Liou et al., 2023)는 전문가 인터뷰를 통해 ESG 실행의 장애물 중 특히 중요한 몇 가지 요소를 제시하였다. 가장 중요한 첫 번째 장애물은 경영진과 이사회의 지원 부족이다. 경영진과 이사회는 기업의 비즈니스 전략과 미래 발전방향을 결정하며, ESG의 채택과 실행에 있어 핵심적인 역할을 한다. 이들의 지원이 부족할 경우, ESG 목표 달성은 큰 어려움을 겪게 된다. 두 번째 장애물은 투자수익률(Return on Investment) 문제다. 기업이 ESG 목표를 실행하기 위해서는 프로세스 개선과 장비 업그레이드에 많은 자본을 투자해야 하며, 이는 전통적으로 이익을 최우선하는 기업문화에서 경영진과 이사회의 적극적인 지원을 저해하는 요인이 된다.

세 번째 장애물은 ESG 성과를 측정할 수 있는 명확한 기준의 부재다. 기업들은 ESG 목표를 계획하고 분석할 능력, 데이터 인프라를 구축할 역량, 그리고 내부 지배구조를 개선할 능력이 제한되어 있어, ESG 성과측정에 어려움을 겪고 있다. 네 번째 장애물은 부적절한 탄소 상쇄(carbon offsetting)의 문제다. 전문가들은 기업이 탄소배출권을 구매하는 방식이 실제로 온실가스 감소에 기여하지 못할 뿐만 아니라, 지역 환경에 부정적인 영향을 미칠 수 있다고 지적한다. 다섯 번째 장애물은 재생에너지 자원과 탄소제로 기술의 부족이다. 특히, 저탄소 에너지원에 대한 투자 부족과 특정 산업에서의 탈탄소 기술 개발의 부재는 기업들이 ESG 목표를 적극적으로 실행하는 데 큰 걸림돌이 되고 있다.[61] 이러한 문제들은 기업의 ESG 실행이 단순히 기업 내부의 문제에 그치지 않고, 국가의 재생에너지 전환 정책 및 세계적인 탄소배출권거래와도 밀접하게 연결되어 있음을 시사한다.

5 ESG 경영의 향후 과제

지금까지 살펴본 바와 같이, ESG는 기업이 환경 문제뿐만 아니라 공정하고 책임 있는 사회로의 전환에 기여하는 중요한 수단으로 활용되고 있다. 전 세계의 기관 투자자들이 ESG의 확산에 중요한 역할을 했지만, 기업이 이를 실행하는 과정에서는 여전히 많은 난관이 존재하는 것이 확인되었다. 그렇다면, 기업이 단순히 ESG 규제를 준수하는 데 그치지 않고, 이를 진정한 변화의 도구로 어떻게 활용할 수 있을까? 이 장에서는 그 몇 가지 방안을 논의하고자 한다.

1) 기업의 비즈니스 모델 전환

포터 외(Porter et al., 2019)는 기업의 ESG 성과가 재정적 성과로 이어지는지에 대한 결정적인 증거가 부족한 이유를 잘못된 평가기준 때문이라고 지적한다. 저자들은 ESG 평가에서 기업의 특정 사업성과에 대한 중대성(materiality)이 충분히 고려되지 않으며, 기업이 사회에 가장 큰 영향을 미치는 분야를 주목하지 않는다고 비판한다. 예를 들어, 은행이 탄소발자국을 줄이는 일은 은행의 경제적 성과와 큰 관련이 없고, 전 세계적인 탄소배출에도 영향이 미미하다. 반면, 은행이 신용점수가 낮은 고객에게 무분별한 서브프라임 대출을 제공하는 것은 사회와 경제에 엄청난 파장을 일으킬 수 있다는 것이다. 그럼에도 불구하고, ESG 평가는 전자의 활동을 더 높게 평가하는 경향이 있어, 사회적 중대성이 제대로 반영되지 않는다고 지적한다.

저자들은 기업이 중요한 사회적·환경적 요소에 집중할 때, 재정적 성과가 더 우수하다는 연구 결과를 제시하며, 사회혁신과 경제적 가치를 결합한 '공유가치(shared value)'를 창출해야 한다고 주장한다.[62] 이는 단순한 사회적 책임을 넘어 기업 전략과 사회적 영향을 결합해 경쟁의 본질을 재구성하고, 이를 통해 사회적 영향을 자본주의체제에 통합해야 한다는 것이다. 저자들은 이 공유가치 창출 전략을 세 가지 수준에서 제시하였다. 첫 번째로는 새로운 사회적 요구를 해결하거나 기존에 접근하지 못했던 고객층을 발굴하여 새로운 제품을 만드는 것이다. 예를 들어, 나이키(Nike)는 제로 웨이스트를 실현한 플라이니트(Flyknit) 운동화를 개발해, 쓰레기를 줄이면서도 경제적 성과를 달성했다. 두 번째로는 가치사슬 내에서의 생산성을 향상시키는 전략이다. 예를 들어, 피브리아(Fibria)는 "숲 살리기 프로그램"을 통해 지역 소작농을 목재 공급망에 통합하여 안정적인 수익원을 제공하고, 생물다양성을 증진하면서도 3,000만 달러를 절감했다. 세 번째로는 산업 클러스터나 사업환경을 개선하기 위한 투자이다. BHP는 칠레의 광산 지역에 5,000만 달러를 투자해 지역 공급업체의 품질을 향상시켜 일자리 창출과 비용 절감을 달성했다.[63] 결론적으로, 저자들은 기업이 자신만의 이익을 추구하는 데 그치지 않고, 가치사슬 내의 이해관계자와 협력하여 공유가치를 창출할 때, 사회적 혁신과 재정적 성과를 동시에 달성할 수 있다고 주장한다.

반면, 시핸 외(Sheehan et. al., 2023)는 기업의 기존 시스템에 ESG를 전면적으로 통합할 것을 제안했다. 저자들은 많은 기업이 ESG의 중요성을 선언하지만, 근본적인 변화를 이루기 위해서는 기업의 사고방식을 ESG 마인드셋으로 전환할 필요가 있다고 주장했다. 이를 위해 기업의 가치, 비전, 목표가 ESG 성과의 중요성을 명확히 반영하도록 수정되어야 하며, ESG 문제를 전담하는 위원회를 구성하고, ESG 성과관리를 책임질 최고 지속가능성 책임자(Chief Sustainability Officer: CSO)를 임명하는 등 조직 내에서 ESG 거버넌스를 구축할 필요가 있다고 지적했다. 또한 실무적인 측면에서는 ESG 관련 비용을 기업의 내부 회계관리제도에 통합하고, 수정된 기업 가치와 목적을 인센티브 계획과 연계시켜 직원들이 ESG 성과개선의 혜택을 직접적으로 누리도록 해야 한다고 제안했다.[64] 그러나 저자들은 이러한 전환을 완전히 이룬 기업이 아직 없으며, 기업이 ESG 마인드셋으로 전환하는 과정에 대한 심층 연구가 필요하다고 언급하였다.

2) 디지털 기술의 활용

기업의 ESG 실행에서 자료수집의 문제는 자주 제기되는 이슈 중 하나다. 이에 대해 아시프 외(Asif et al., 2023)는 블록체인, 디지털 트윈, 머신러닝, 인공지능과 같은 '5차 산업기술'이 기업의 ESG 보고(reporting)에 큰 영향을 미칠 수 있다고 주장한다. 예를 들어, 블록체인은 1대 1(peer-to-peer) 네트워크로 연결된 컴퓨터 시스템을 통해 정보를 안전하고 투명하게 거래할 수 있는 기술로 농업과 어업에서 이미 활용되고 있으며, 유니레버(Unilever)는 이 기술을 사용하여 팜오일의 출처를 추적하는 시스템을 운영하고 있다.

또한 물리적 과정을 가상으로 재현하는 디지털 트윈기술은 기업의 공급망을 디지털로 복제하여 원격으로 관리할 수 있게 해준다. 이를 통해 제품 생산 공정을 최적화하고, 예상치 못한 변동 상황에 신속하게 대응하며, 탄소배출량을 줄이는 등의 성과를 기대할 수 있다. 저자들은 이러한 5차 산업기술을 활용함으로써 ESG 보고에서 자료의 정확성을 높이고, 보고서 작성까지의 시간을 줄일 수 있으며, 더 나아가 기업 맞춤형으로 보고서를 제공하고 확장된 공급망 데이터를 효율적으로 관리할 수 있다고 강조한다. 또한 다양한 데이터를 실시간으로 수집하고 분석함으로써 ESG 성과가 더욱 개선될 수 있다.[65] 물론 데이터 소유권 문제, 방대한 데이터 관리, 데이터 센터의 환경적 영향 등 해결해야 할 과제가 남아 있지만, 디지털 기술을 활용한 ESG 경영은 이미 현실화되고 있다. 따라서 기업들은 이러한 변화를 주목하고, 지속적으로 대응할 필요가 있다.

3) 새로운 방식의 협력

마지막으로, 기업의 ESG 활동에서 중요한 요소는 협력이다. 협력은 ESG의 사회적(S) 측면에서 중대한 역할을 하며, 특히 기후변화와 같은 복잡한 문제는 협력을 통해서만 효과적으로 해결할 수 있다. 또한 기업의 온실가스 배출규제가 Scope 1, 2에서 Scope 3로 확대되면서 공급망에 연결되어 있는 다양한 이해관계자들과의 협력 필요성도 더욱 커졌다.

세계경제포럼의 에너지 전환 보고서는 협력의 중요성을 강조하며, 선도자 연합(First Movers Coalition: FMC)을 대표적 사례로 제시한다. FMC는 항공, 운반, 제철, 시멘트 등과 같이 전 세계 온실가스 배출량의 약 30%를 차지하는 7개 산업부문에서, 온실가스 감축이 어려운 기업들이 모여 청정기술을 지원하는 이니셔티브를 구축한 것이다. 이 연합은 각 산업부문별로 넷제로(Net Zero) 목표를 설정하고, 관련 기술과 지식을 지원하며, 목표 달성 과정을 지속적으로 모니터링하고 있다.[66] 보고서는 FMC를 게임 체인저로 묘사하며, 기후변화 문제 해결을 위해서는 "공급자와 고객, 업계 내 경쟁기업, 그리고 산업 생태계 전반의 이해관계자들 간에 미래지향적이고 야심찬 협력"이 필요하며, 이는 "이전에 본 적 없는 수준의 협력"이 요구된다고 강조했다.[67] 결론적으로, 기업이 ESG를 통해 환경영향을 줄이고, 사회혁신에 기여하며, 건강한 조직으로 발전하기 위해서는 비즈니스 모델과 조직 전체를 ESG 중심으로 재정비하고, ESG 전환 과정에서 새로운 디지털 기술을 적극 활용하며, 확장된 가치사슬의 이해관계자들과 협력하는 것이 필수적이다.

참고문헌

금융위원회 보도자료. (2023.5.24). ESG 평가시장의 투명성 · 신뢰성 제고방안 발표-「ESG 평가기관 가이던스」 제정.

김재필. (2023). 『ESG 혁명이 온다』(개정증보판). 한스미디어.

산업통상자원부. (2021). K-ESG 가이드라인 v.1.0.

이신혜. (2023.10.27). EU탄소국경세부터 프랑스판 IRA까지 규제는 몰리는데…준비 부족한 韓정부 · 기업. 조선비즈.

이재연. (2323.10.17). ESG 공시 의무화 2026년 이후로 연기 … "기업 요청 고려." 한겨레.

전현희. (2023.5.23). "ESG 못 맞추면 납품 마세요" … 中企 발등에도 불떨어져. 조선일보.

BP, 멕시코만 기름유출사건에 21조 원 배상. (2015.7.3). 연합뉴스.

Arvidsson, S., & Dumay, J. (2022). Corporate ESG reporting quantity, quality and performance: Where to now for environmental policy and practice? *Business Strategy and the Environment*, 31(3): 1091-1110.

Asif, M., Searcy, C., & Castka, P. (2023). ESG and Industry 5.0: The role of technologies in enhancing ESG disclosure. *Technological Forecasting and Social Change*, 195: 122806.

Baid, V., & Jayaraman, V. (2022). Amplifying and promoting the "S" in ESG investing: the case for social responsibility in supply chain financing. *Managerial Finance*, 48(8): 1279-1297.

Boffo, R., & Patalano, R. (2020). *ESG Investing: Practices, Progress and Challenges*. OECD Paris.

CDP. (2017). *The carbon majors database report*.

Dimson, E., Marsh, P., & Staunton, M. (2020). Divergent ESG ratings. *The Journal of Portfolio Management*, 47(1): 75-87.

Dorfleitner, G., Kreuzer, C., & Sparrer, C. (2020). ESG controversies and controversial ESG: about silent saints and small sinners. *Journal of Asset*

Management, 21(5): 393-412.

Eccles, R., & Serafeim, G. (2013) The Performance Frontier: Innovating for a Sustainable Strategy. *Harvard Business Review*, May 2013.4-10.

Edmans, A. (2023). The end of ESG. *Financial Management*, 52(1): 3-17.

European Commisssion. (n.d.) *Platform on sustainable finance.*

First Movers Coalition (FMC). (2024). https://www.weforum.org/first-movers-coalition/

Gabel, E. (June 7, 2023). The Future of ESG Legislation. *Industrial Decarbonization Network.*

Global Reporting Initiative (GRI). *GRI 302_Energy* (2016a); *GRI 305_Emmissions* (2016b); *GRI 303_Water and Effluents* (2018).

Hazen, T. L. (2020). Social issues in the spotlight: The increasing need to improve publicly-held companies' CSR and ESG disclosures. *University of Pennsylvania Journal of Business Law*, 23: 740.

Hunnicutt, T., & Randall, D. (2018, March 20). 'Socially responsible' investors reassess Facebook ownership. *Reuters.*

International Institute for Sustainable Development. (n.d.). *What is an externality?*

Khalid, S., Hung, K., & Wiley, J. (2021). The ESG value opportunity: A decision point for utilities. *Climate and Energy*, 38(5): 10-17.

Kishan, S., & Bloomberg. (March 21, 2022). 'It's a whirligig': ESG pioneer expects shakeout for funds hyped by 'fairy dust.' *Fortune.*

Kolodny, L. (2022, May 18). Why Tesla was kicked out of the S&P 500's ESG index. *CNBC.*

Kotsantonis, S., & Serafeim, G. (2019). Four things no one will tell you about ESG data. *Journal of Applied Corporate Finance*, 31(2): 50-58.

Krueger, P., Sautner, Z., Tang, D. Y., & Zhong, R. (2021). The effects of mandatory ESG disclosure around the world. *European Corporate Governance Institute-Finance Working Paper*, No.754: 21-44.

Latapí Agudelo, M. A., Jóhannsdóttir, L., & Davídsdóttir, B. (2019). A literature review of the history and evolution of corporate social responsibility. *International journal of corporate social responsibility*, 4(1): 1-23.

Liou, J. J., Liu, P. Y., & Huang, S. W. (2023). Exploring the key barriers to ESG adoption in enterprises. *Systems and Soft Computing*, 5: 200066.

Lykkesfeldt, P., & Kjaergaard, L. L. (2022). The Origin of ESG. In *Investor Relations and ESG Reporting in a Regulatory Perspective: A Practical Guide for Financial Market Participants*. Springer International Publishing.

MacNeil, I., & Esser, I. M. (2022). From a financial to an entity model of ESG. *European Business Organization Law Review*, 23(1): 9-45.

Mandell, M. (2022). Placing an Emphasis on the 'S' in ESG. *New York State Bar Association Journal*, 94(2).

Mascotto, G. (2020). ESG Outlook: Five Key Trends Are Driving Momentum in 2020. *American Century Investors-Institutional.*

O'Hare, J. (2022). Don't Forget the "G" in ESG: The SEC and Corporate Governance. Disclosure, *Arizona Law Review*. 64(417).

Pelosi, N., & Adamson, R. (2016). Managing the "S" in ESG: The case of indigenous peoples and extractive industries. *Journal of Applied Corporate Finance*, 28(2): 87-95.

Pollman, E. (2022). The making and meaning of ESG. University of Pennsylvania Carey Law School. *Institute for Law & Econ Research Paper*, No.22-23.

Porter, M., Serafeim, G., & Kramer, M. (2019). Where ESG fails. *Institutional Investor*, 16(2).

Principles for Responsible Investment. (n.d.). *About the PRI.* https://www.unpri.org/about-us/about-the-pri

Senadheera, S. S., Withana, P. A., Dissanayake, P. D., Sarkar, B., Chopra, S. S., Rhee, J. H., & Ok, Y. S. (2021). Scoring environment pillar in environmental, social, and governance (ESG) assessment. *Sustainable Environment*, 7(1): 1960097.

Sheehan, N. T., Vaidyanathan, G., Fox, K. A., & Klassen, M. (2023). Making the invisible, visible: Overcoming barriers to ESG performance with an ESG mindset. *Business Horizons*, 66(2): 265-276.

S&P Global. (2019). *Understanding the "E" in ESG*. https://www.spglobal.com/en/research-insights/market-insights/understanding-the-e-in-esg

Strine Jr., L. E., Brooke, J. L., Diamond, K. M., & Parker Jr., D. L. (Nov. 18, 2022). It's time to focus on the "G" in ESG. *Harvard Business Review*.

Task Force on Climate-related Financial Disclosures. (2024). https://www.fsb-tcfd.org/

Task Force on Nature-related Financial Disclosures. (2021-2024). https://tnfd.global/

Tsang, A., Frost, T., & Cao, H. (2022). Environmental, social, and governance (ESG) disclosure: A literature review. *The British Accounting Review*, 55(1).

Ubreti, D. (Aug. 19, 2023). ESGs long history: 1700s to today. *Wall Street Journal*.

UN. (n.d.). *SUSTIN-ESG Guidance and Verification Standard*. https://sdgs.un.org/partnerships/sustin-esg-guidance-and-verification-standard

World Economic Forum. (2022). *Fostering Effective Energy Transition 2022 Edition*.

주

1) 이재연, 2023.10.17.
2) Tsang et al., 2022: 2.
3) https://www.environmentandsociety.org/tools/keywords/hans-carl-von-carlowitz-and-sustainability
4) https://www.un.org/en/academic-impact/sustainability
5) Report of the World Commission on Environment and Development: Our Common Future. Brundtland. 1987. p.41.
6) https://sdgs.un.org/goals#implementation
7) McNeil & Esser, 2022: 12-13.
8) 상게서: 10.
9) Chaffee, 2017: Latapi Agudelo et al., 2019에서 재인용: 3.
10) Latapi Agudelp et al., 2019: 3-9.
11) Pollman, 2022: 8.
12) 상게서: 7-10.
13) PRI, n.d.
14) Pollman, 2022: 18-19.
15) https://sdgs.un.org/goals#implementation
16) https://www.fsb-tcfd.org/
17) https://www.blackrock.com/corporate/investor-relations/2020-larry-fink-ceo-letter
18) Hazen, 2021: 745-746; McNeil & Esser, 2022.
19) Senadheera et al., 2021: 2.
20) S&P Global, 2019.
21) Mandell, 2022: 24-25.
22) Baid & Jayaraman, 2022: 1281, 1286.
23) Pelosi et al., 2016: 88, 93.
24) O'Hare, 2022: 426-427.
25) Strine Jr. et al., 2022.
26) 산업통상자원부, 2021.
27) Boffo & Patalano, 2020: 18-20.
28) 상게서: 21-26.
29) Dorfleitner et al., 2020: 395.
30) Aouadi & Marsat, 2018; Dorfleitner et al., 2020에서 재인용: 396.
31) Halbritter & Dorfeitner, 2015; Auer & Schuhmacher, 2016; Dorfleitner et al., 2020: 396.
32) Eccles & Serafeim, 2013: 4.
33) Edmans, 2023: 7.

34) International Institute for Sustainable Development, n.d.
35) CDP, 2017: 8.
36) Edmans, 2023: 7-8.
37) Hunnicutt & Randall, March 20, 2018.
38) Kolodny, May 18, 2022.
39) BP, 멕시코만 기름유출사건에 21조 원 배상, 2015.7.3.
40) Gabel, June 7, 2023.
41) 이신혜, 2023.10.27.
42) Gabel, June 7, 2023.
43) Edmans, 2023: 10.
44) Pollman, 2022: 26-27.
45) Kishan & Bloomberg, March 21, 2022.
46) Edmans, 2023: 3.
47) Mascotto, 2020.
48) 전현희, 2023.5.23.
49) Khalid et al., 2021: 13.
50) European Commission, 2019; Arvidsson & Dumay, 2022에서 재인용: 1092.
51) '지속가능 금융 플랫폼'은 유럽 그린딜과 2050년 EU 기후 목표 달성을 지원하는 자문기구로 기업, 공공부문, 학계, 시민사회, 금융산업 등을 포함한다(European Commission, n.d.).
52) Krueger et al., 2021: 21.
53) TCFD는 투자자, 주주, 이해관계자, 대중에게 기업의 기후 관련 정보 공시 가이드라인을 제공하고 있다. TCFD, n.d.
54) TNFD는 기업의 자연 관련 정보(자연 의존성, 영향, 기회 및 위험) 공시에 관한 가이드라인을 제시하고 있다. TNFD, n.d.
55) Pollman, 2022: 31-32.
56) 김재필, 2023: 143-144.
57) Dimson et al., 2020: 2-3.
58) Kotsantonis & Serafeim, 2019: 51-54.
59) Dimson et al., 2020: 5.
60) 금융위원회 보도자료, 2023.5.24.
61) Liou et al., 2023: 6, 8, 9.
62) Porter et al., 2019.
63) 상게서.
64) Sheehan et al., 2023: 272-274.
65) Asif et al., 2023: 6, 8.
66) FMC, 2024.
67) World Economic Forum, 2022: 30-33.

제 2 장

기후변화와 국제협약

1_비엔나협약과 몬트리올 의정서
2_유엔기후변화협약과 교토의정서
3_파리협정
4_기후변화 대응의 과제

제2장

기후변화와 국제협약

오늘날 기후변화와 기후위기는 일상적 용어로 자리잡았으나 '기후'라는 개념이 정부의 공식 의제로 등장한 것은 비교적 최근의 일이다. 1900년대 초 산업혁명과 급속한 도시화는 대기오염을 환경 문제로 인식하게 만들었으나 당시에는 대기오염과 기후변화 등을 연계한 논의가 활발하지 않았다. 1970년대 들어서면서 크루첸(Crutzen, 1970)은 질소산화물(NO)이 대기권 오존층에 미치는 영향을 밝혀냈고,[1] 로렌드와 몰리나(Rowland & Molina)는 염화불화탄소(CFCs)가 대기 중 오존을 파괴한다는 사실을 증명하였다.[2] 이러한 연구들은 세계적인 주목을 받았으며, 1978년 미국 내 CFC 사용이 금지되면서 국제적인 논의가 본격화되었다. 이와 같은 노력들은 비엔나 협약과 몬트리올 의정서로 이어졌고, 1990년대 이후에는 과학자와 정치인, 각국 정부들이 협력하여 환경 관련 국제규범을 제정하기 위한 국제기구의 설립이 활발히 이루어졌다.[3]

1 비엔나협약과 몬트리올 의정서

비엔나협약(Vienna Convention for the Protection of the Ozone Layer)은 기후변화 문제를 국제사회가 함께 해결하고자 시도한 첫 번째 국제협약으로 평가된다. 당시 과학자들은 산업부문에서 널리 사용되는 염화불화탄소가 대기로 방출될 경우, 성층권에서 태양의 복사에 의해 분해되어 오존을 파괴한다는 사실을 발견하였다. 이는 피부암의 증가, 농작물 성장 저해, 농업 및 어업 생산 감소 등 심각한 우려를 불러일으켰다.[4] 1977년 유엔환경계획(UN Environment Programme)은 오존층에 대한 세계 행동 계획을 수립하고, 집중적인 연구와 모니터링을 촉구했다. 이어서 1981년 UNEP 이사회는 오존층 보호를 위한 글로벌 기본 협약의 초안을 작성하도록 승인했다.[5] 마침내 1985년 43개국이 모인 비엔나회의에서 협약이 채택되었고, 미국과 영국을 포함한 다수의 유럽 국가들이 서명하였다.[6][7] 오존층 보호를 위한 비엔나협약은 1988년에 발효되었고, 2009년에는 전 세계적으로 비준을 받았다.[8]

1) 비엔나협약과 몬트리올 의정서의 내용

비엔나협약은 국가들이 오존과 관련된 연구와 평가를 진행하고, 관련 정보를 교환하며, 오존층에 영향을 미치는 활동에 대해 조치를 취할 수 있는 큰 틀을 제시했다. 그러나 특정 화학물질에 대한 구체적인 내용은 포함되지 않았다.[9] 이는 화학물질의 세부적 이행 목표에 대한 의정서를 논의했지만 합의에 도달하지 못하였기 때문이다. 이에 UNEP 산하 실무그룹은 독자적으로 의정서 협상을 시작했고, 1986년 12월 공식적인 외교협상이 개시된 지 불과 9개월 후인 1987년 9월 몬트리올 의정서가 체결되었으며, 1989년 1월 1일 발효되었다.[10)]

몬트리올 의정서는 오존층을 파괴하는 화학물질의 사용금지 및 규제를 위한 기준으로, 화학물질의 소비량(consumption)과 생산량(production) 중 어떤 것을 채택할 지를 두고 논쟁이 있었다. 염화불화탄소(CFCs) 산업은 미국, 유럽 공동체, 일본 등 주요 국가에 집중되어 있었지만, 그 소비는 전 세계적으로 확산되어 있었다. 미국과 유럽연합 모두 CFCs의 대규모 생산국이었지만, 유럽연합만이 대규모 수출국 입장이었기에 유럽연합은 생산 기반의 통제 시스템을 주장한 반면, 미국은 소비 기반의 통제를 지지했다. 최종적으로 의정서에서 채택된 공식은 '생산에서 수출을 제하고 수입을 더한 양(Production－Exports＋Imports)'으로 소비를 정의하고, 각 국가들은 매년 자국에서 소비되는 지정 화학물질의 양을 이 공식에 따라 보고해야 한다.[11)]

비엔나협약과 몬트리올 의정서의 당사국들은 3년마다 모여 협의를 진행하는데, 비엔나협약 당사국 회의에서는 지속적인 연구와 관찰, 재정과 행정에 대한 논의가 이루어진다.[12)] 반면, 몬트리올 의정서 당사국 회의에서는 협약의 성공적인 실행을 보장하기 위해 필요한 조정이나 개정에 대한 논의들이 진행되며, 지금까지 여섯 차례 개정이 이루어졌다. 가장 최근에 이루어진 2016년 키갈리(Kigali) 개정안은 수소불화탄소(HFCs)의 단계적 감축을 추가 지정했다. HFCs는 초기 몬트리올 의정서에서 금지된 오존층 파괴 물질의 대체품으로 산업에서 사용되었으나, 오존층을 파괴하지는 않지만 강력한 온실가스로 알려지면서 최종적으로 수정안에 포함되었다.[13)]

2) 비엔나협약과 몬트리올 의정서의 성과

몬트리올 의정서는 당사국을 개발도상국(Article 5, A5국)과 그 외 국가(non-A5, A2국)로 구분하고 있다.[14] 오존 규제는 개발도상국을 포함한 모든 국가에서 오존 파괴 물질의 생산과 사용을 급격히 감소시켰다. 한때 냉동 및 공조 시스템과 에어로졸 스프레이 제품에 널리 사용되었던 CFCs, 할론, 사염화탄소, 메틸클로로포름, 브로모클로로메탄의 생산은 일부 실험실 등 필수적 소량 사용을 제외하고 원칙적으로 중단되었다. 수소염화불화탄소(HCFC) 생산은 1994년 기준으로 non-A5 국가에서 약 95%, A5 국가에서는 약 12% 감소했다.[15] 오존 파괴 물질의 생산 및 사용규제는 대기 중 온실가스 감소에 기여하였으며, 2000년 이후 대류권 오존은 비교적 안정적인 상태를 유지하고 있다. 몬트리올 의정서를 지속적으로 준수할 경우, 중위도와 북극에서는 2050년까지 대류권 오존층이 1980년의 수준으로 회복될 것으로 예상되며, 남극에서는 회복에 좀 더 많은 시간이 걸릴 것으로 보인다.[16]

비엔나협약과 몬트리올 의정서의 또 다른 성과는 기후 문제에 대해 전세계 국가들이 먼저 큰 틀에 합의하고, 그 후에 구체적인 의정서가 뒤따르는 UNEP의 선례를 만든 것이다.[17] 다시 말해, 이후에 체결되는 기후 관련 조약들(treaties)은 협약과 의정서의 형식을 따르게 되었다. 특히, 비엔나협약과 몬트리올 의정서는 기후변화에 대한 확신이 부족한 시기에 각국이 모여 불확실한 미래 사안에 대해 국제협약을 체결하고 공동 대응한 점에서 의미가 있다. 베네딕트(Benedick, 1998)는 이 시기의 딜레마에 대해 다음과 같이 회고했다. "과학적인 지식은 불확실했으며, 예상된 피해는 심각했지만 먼 미래였으며 증명되지 않았었다."[18]

3) 비엔나협약과 몬트리올 의정서의 한계

비엔나협약과 몬트리올 의정서는 놀라운 성과를 이룩했지만 안심하기에는 이른 상황이다. 이는 오존층이 아직 회복되지 않았으며 현재에도 오존층을 위협할 수 있는 물질들이 존재하기 때문이다. 수백만 톤의 CFCs, 할론, HCFC가 에어컨, 냉장고, 단열폼 및 기타 폼 소재와 같은 폐장비와 자재에 여전히 남아 있다. 이를 '오존층 파괴 물질 은행(ozone-depleting substance banks)'이라고 지칭하며,[19] 신속하고 구체적인 조치가 이루어지지 않는다면 이러한 물질이 대기로 누출될 가능성이 높다. 그러나 협약과 의정서에는 이러한 물질을 제거하기 위한 실행계획이 포함되어 있지 않다. HCFC와 메틸브로마이드의 완전한 퇴출, 즉, 불법적으로 제조되는 오존 파괴 물질, 의정서에 포함되지 않은 물질들의 존재, 당사국의 의정서 탈퇴 가능성 등은 여전히 오존층 회복을 저해할 수 있는 요소들이다.[20] 따라서 협약과 의정서 당사국들은 지속적인 회의와 규제 개선을 통해 신속하고 엄중하게 대응할 필요가 있다.

2 유엔기후변화협약과 교토의정서

1) 유엔기후변화협약의 탄생 배경

비엔나협약과 몬트리올 의정서 이후 이들 문서에 포함되지 않은 온실가스 배출 문제를 해결하기 위해 법적으로 구속력 있는 협약이 필요하다는 국제적 논의가 본격적으로 시작되었다. 이러한 논의는 기후변화에 관한 정부간 협의체(International Panel on Climate Change: IPCC)의 창설로 이어졌다. IPCC는 국제기상기구(International Meteological Organization)와 유엔환경계획(UNEP)에 의해 만들어졌으며, 조직의 목적은 다양한 수준의 정부에 기후정책 관련 과학적 정보를 제공하는 것이다.[21)]

IPCC는 기후변화에 관한 과학적 연구를 바탕으로 정기적으로 평가 보고서를 발간하며, 1990년에 첫 번째 보고서를 발표했다. 이 보고서는 지구가 자연적으로 온실효과를 통해 따뜻함을 유지하지만, 인간 활동에서 발생하는 이산화탄소(carbon dioxide), 메탄(methane), 염화불화탄소(CFC), 질소산화물(nitrous oxide)과 같은 온실가스 배출로 인해 필요 이상으로 지표면 온도가 상승한다고 설명했다. 보고서는 기존 연구 결과를 토대로 2050년까지 대기 중 이산화탄소 농도가 두 배로 증가하고, 이로 인해 글로벌 평균 기온이 1.5~4.5°C 상승하며, 해수면이 0.3~0.5미터 상승할 것으로 예상했다. 이러한 상황에 대한 대응전략으로 IPCC는 선진국과 개발도상국의 역할을 달리 언급하면서 강력한 국제협력이 필요하며, 이를 뒷받침 하기 위한 국제협약 논의가 신속히 이루어져야 한다고 주장했다.[22)]

한편, 1990년 제네바에서 열린 제2차 세계기후회의(World Climate Conference)에서는 선진국과 개발도상국 간 기후변화 인식의 차이가 나타났다. OECD 국가들은 전 세계 온실가스 배출량을 감축하는 협약 채택을 원했지만, 감축량에 대한 합의는 쉽게 이루어지지 않았다. 미국은 환경협약의 원칙에는 동의하였으나 배출량 감축 의무를 이행하는 데는 소극적이었으며, 석유 수출국들은 화석연료의 제한으로 인한 수익 감소를 우려하였다. 개발도상국들은 자신들의 의견이 적절히 반영되지 않았다고 판단하여 감축안을 거부하였다. 이에 따라 유엔기후변화협약을 위한 국제협상위원회(International Negotiating Committee for a Framework Convention on Climate Change: INC)가 설립되었고, 1992년 리우에서 열린 유엔환경개발회의(United Nations Conference on Environment and Development: UNCED)에서 전 세계 국가들의 서명을 목표로 협약안에 대한 협상이 시작되었다. 약 17개월 간에 걸친 INC의 노력 끝에 1992년 유엔환경개발회의에서 협약이 채택되었고, 그 이듬해까지 총 165개국이 유엔기후변화협약(United Nations Framework Convention on Climate: UNFCCC)에 서명하였다.[23)]

2) 유엔기후변화협약과 교토의정서의 내용

UNFCCC의 목표는 기후 시스템에 위험한 인위적 개입을 방지할 수 있는 수준으로 대기 중 온실가스 농도를 안정화하는 것이다(조항 2).[24)] UNFCCC는 당사국들이 이러한 목표를 달성하기 위한 일반적인 약속을 기술하고 있으며, 구체적인 실행내용은 교토의정서에서 결정하기로 하였다.

UNFCCC가 설립된 이후, 의정서 내용을 논의하기 위한 당사국 회의(Conference of the Parties: COP)가 1995년 독일 베를린에서 처음으로 개최되었다. 이 회의에서는 부속서(Annex) 1에 명시된 국가들의 약속(commitment)이 충분하지 않다는 판단 아래,[25)] 온실가스 배출 감축에 대한 보다 구체적인 의무와 기간을 협상하기 위한 계획안이 채택되었다. 또한 추가 협상을 위한 임시 작업그룹(ad hoc working group)이 구성되었다. 임시작업그룹은 교토에서 열리는 2차 COP 이전까지 의정서를 마무리하고 회의에서 채택될 수 있도록 노력하였으나, 감축 목표와 관련된 논의는 여러 난관에 직면하였다. 유럽 국가들은 배출량을 15%까지 제한하는 것에 찬성하며 미국에게도 동일한 수준의 제한을 요구했지만, 미국은 동의하지 않았다. 개발도상국들은 선진국에 엄격한 이행 약속을 요구하면서도 자신들의 의무에 대해서는 비협조적인 태도를 보였다. 결국 2008년부터 2012년까지 부속서 1 국가들의 총 배출을 1990년 기준에서 최소 5% 이하로 감축시키는 선에서 합의가 이루어졌다.[26] 부속서 1의 국가들은 대부분 OECD 국가들로 구성되어 있으며, 이들은 대기 중 온실가스 배출에 주된 책임이 있는 것으로 간주되었다. 이에 따라 개발도상국들에게는 배출 감축 의무가 부과되지 않았다.

교토의정서에는 부속서 1의 국가들이 배출 감축 목표를 달성할 수 있도록 세 가지 시장 기반 메커니즘이 포함되어 있다. 첫 번째 메커니즘은 배출권거래제(Emission Trading)로 배출 허용량을 초과하지 않은 국가가 남은 배출 허용량을 판매할 수 있도록 하는 제도이다(제17조).[27] 두 번째는 청정개발 메커니즘(Clean Development Mechanism: CDM)으로 개발도상국에서 배출 감축 프로젝트를 통해 감축 인증(Cirtified Emission Reduction: CER) 크레딧을 얻을 수 있게 한다. 각 CER은 이산화탄소 1톤에 해당하는 가치를 가지며, 거래 및 판매가 가능하고, 선진국은 이를 교토의정서의 배출 감축 목표를 달성하는 데 사용할 수 있다. CDM은 UNFCCC 적응기금(Adaptation Fund)의 주요 수입원으로, 이 기금은 기후변화의 부정적 영향에 특히 취약한 개발도상국 당사국들의 적응 프로젝트와 프로그램을 지원하는 데 활용된다.[28] 세 번째 메커니즘은 공동이행으로, 교토의정서 하에서 배출 감축 의무를 지는 당사국(부속서 B)이 다른 당사국의 배출 감축 프로젝트에 참여했을 때 배출 감축 단위(emission reduction units: ERU)를 획득할 수 있도록 허용하는 제도이다.[29] 각 ERU는 이산화탄소 1톤에 해당하는 가치가 있으며, 이러한 활동은 감축의 이행으로 인정된다.

[그림 2-1]은 글로벌 배출권거래 시장에서 정부와 기업, 그리고 공동 프로젝트 간의 배출 감축과 거래 메커니즘을 보여준다. 우선 부속서 1 국가의 정부는 할당량 단위(Assigned Amount Units: AAUs)와 제거 단위(Removal Units: RMUs)를 부여받게 된다. 이후 정부는 공동이행 프로젝트(Joint Implementation Projects)를 통해 이를 배출 감축 단위(Emission Reduction Units: ERUs)로 교환하거나, 청정개발메커니즘(Clean Development Mechanism: CDM) 프로젝트로부터 인증 감축량(Certified Emission Reductions: CERs)을 획득할 수 있다.

청정개발메커니즘 프로젝트와 공동이행 프로젝트는 각각의 배출 감축량(CERs, ERUs)을 생산해서 부속서 1 국가의 정부와 기업으로 이전한다. 기업들은 또한 할당량 인증 감축량, 배출 감축량 등을 탄소상쇄시장(offset market)의 다양한 주체로부터 수령하며, 이들을 장외거래 또는 거래소를 통해 거래한다. 이러한 탄소배출권거래제도는 국제협력과 시장 기반 접근을 통해 글로벌 기후변화 완화 노력에 기여할 수 있을 것이다.

그림 2-1 탄소배출권거래제 개념도

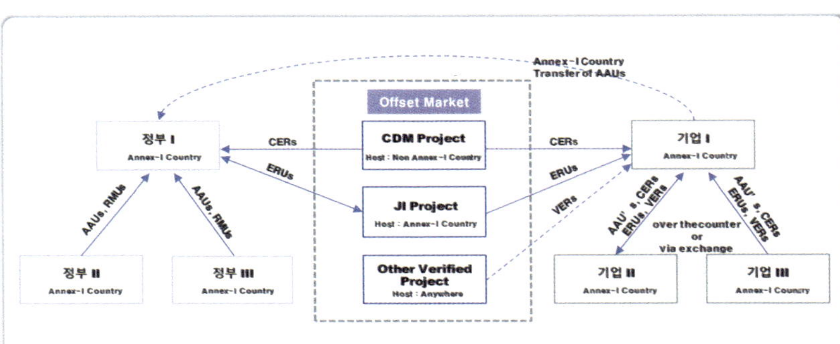

출처: https://www.greenrhinoenergy.com/climatechange/carbon_markets/ 수정.

3) 유엔기후변화협약과 교토의정서의 성과

유엔기후변화협약과 교토의정서의 성과에 대해서는 다양한 연구 결과가 제시되고 있다. 마아문(Maamoun, 2019)의 연구는 선진국에서 교토의정서의 온실가스 배출 감축 의무를 이행하였을 경우와 교토의정서가 채택되지 않았을 경우를 비교하여, 의무 이행 시 약 7% 배출이 감축된 것으로 보고하였다.[30] 또한 교토의정서를 채택한 선진국과 채택하지 않은 선진국을 비교한 그루네발트와 마르티네즈-자르조소(Grunewald & Martinez-Zarzoso, 2016) 연구에서도 유사한 결과가 나타났다.[31] 그러나 이러한 연구들은 온실가스 규제가 있는 상황과 없는 상황을 비교했기에, 교토의정서의 실제효과를 진단하는 데 한계가 있다. 바세티(Bassetti, 2022)는 교토의정서의 효과를 분석하기 위해 의정서에서 설정된 목표 중심으로 살펴보았는데, 연구 결과에 따르면 의정서는 실제 전반적인 목표를 달성한 것으로 분석되었다. 첫 번째 약속이행 기간(2008~2012) 동안 당사국들의 배출량 감축은 약속된 수준인 5.2%를 초과하여 7~12.5%에 달한 것으로 보고되었다. 그러나 저자는 이러한 감축량의 상당 부분이 소련의 배출기준이 적용된 구소련계 국가들의 실제 배출량이 적었던 데에서 기인한 것으로 해석했다.[32] 결과적으로 교토의정서가 실질적인 배출량 감소로 이어지지 않았더라도, 탄소중립을 향한 국제협력의 중요한 진전을 이루었다는 점에서 정치적인 의미가 큰 것으로 평가할 수 있다.[33]

4) 교토의정서의 한계

기후변화에 대한 국제협력의 진일보한 시도에도 불구하고 교토의정서는 실질적인 측면에서 많은 한계를 드러냈다. 미국과 캐나다가 참여하지 않았고, 대규모 탄소배출국인 인도와 중국이 개발도상국이라는 이유로 탄소 감축 의무에서 제외되었다는 점이 주요한 문제로 지적된다. 미국은 의정서에 서명했지만, 의정서가 미국 경제에 부정적인 영향을 미칠 것이라는 이유로 비준을 거부했다. 한편, 캐나다는 2005년 의정서를 비준했으나, 할당된 온실가스 감축 목표를 달성하지 못해 발생한 140억 달러의 벌금을 회피하기 위해 2012년 의정서에서 탈퇴했다.[34) 의정서는 법적 구속력이 있으나 미국과 캐나다처럼 탈퇴가 가능하다는 점에서 그 구속력에 대한 의문이 제기되었다.[35)] 또한 경제발전 속도로 볼 때 개발도상국의 연간 온실가스 배출량은 곧 선진국들의 배출량을 초과할 것으로 예상되며, 이는 미래 배출 증가의 주원인이 될 수 있다는 전망이 나오고 있다.[36)] 따라서 인도, 중국과 같은 개발도상국에 감축 의무를 부과하지 않은 교토의정서의 효과는 매우 제한적이었다.

3 파리협정

1) 파리협정의 탄생 배경

UNFCCC는 1992년 설립 이후, 참여국들이 온실가스 감축 약속을 이행하도록 촉구하는 데에 어려움을 겪어왔다. 여기에는 교토의정서에 대한 여러 국가들의 정치적 지지 약화가 영향을 미쳤다. 위에서 언급한 것처럼 미국과 캐나다가 교토의정서에 참여하지 않았으며, 2012년 당사국들의 첫 온실가스 감축 약속 이행 시기가 종료되었을 때 일본, 뉴

질랜드, 러시아와 같은 나라들이 교토의정서의 연장을 찬성하지 않았기 때문이다.[37] 예를 들어, 일본은 전 세계 에너지 관련 탄소배출의 40%를 발생시키는 미국과 중국이 온실가스 감축 의무에 참여하지 않는다는 점을 언급하며 교토의정서를 공정하지도 효과적이지도 않다고 비판했다.[38]

이에 UNFCCC와 교토의정서의 당사국들은 교토의정서보다 더 많은 국가들이 배출 감축에 참여할 수 있도록 장기적 차원의 협력이라는 새로운 행동 계획을 구상했다. 이러한 협상은 2007년 발리 액션 플랜(Bali Action Plan), 2009년 코펜하겐 합의(Copenhagen Accord), 2010년 칸쿤 협정(Cancun Agreement), 그리고 2011년 더반 플랫폼(Durban Platform)의 채택을 통해 진전을 이루었다. 2015년 파리협정(Paris Agreement)안은 파리에서 열린 당사국 회의(COP 21) 동안 지속적으로 수정되었으며, 파리 외무부 장관이자 COP 의장이었던 로랑 파비우스(Laurent Fabius)의 외교력과 실무역량 덕분에 회의 기간 내에 채택될 수 있었다.[39] 회의 기간 동안 196개국이 협정안을 채택하였고, 이는 2016년 11월에 공식적으로 발효되었다.[40] 파리협정은 교토의정서를 대신하여 유엔환경변화협약의 실행을 지원하는 메커니즘으로 인식되고 있다.[41]

2) 파리협정의 내용

파리협정은 기후변화에 대응하여 산업화 이전 수준 대비 지구 평균기온 상승폭을 2°C 이하로 유지하고, 나아가 1.5°C 이하로 제한하기 위한 구체적인 목표를 설정하였다(제2조 1항(a)). 특히, 모든 당사국이 자국에서 결정한 감축 기여(Nationally Determined Contribution: NDC)를 이행하도록 하여, 선진국만의 감축이 아닌 전 세계적인 참여를 유도하였다(제3조). 또한 제4조에는 당사국들이 5년마다 NDC를 투명하고 정확하게 보고해야 함을 규정하고 있다. 아울러 제9조에서는 개발도상국이 완화(mitigation)와 적응(adaptation) 전략을 효과적으로 추진할 수 있도록 선진국의 재정 지원 의무를 명시하고 있다.

파리협정은 또한 "금융의 흐름을 온실가스 배출 감축과 기후-회복적인(climate-resilient) 개발 경로와 일치시키는" 목표를 설정하였다(제2조 1항(c)).[42] 이는 교토의정서에서 선진국이 개발도상국을 지원하는 방식을 넘어, 민간 및 공공 금융에서 저탄소 산업을 지원하는 녹색금융을 활성화하고 그 규모를 확대하는 것을 의미한다.[43]

마지막으로, 최근 IPCC는 온도 상승이 1.5도를 초과하면 심각한 가뭄, 폭염 및 강우 등 기후변화의 영향이 발생할 위험이 있다고 경고하고 있다. 따라서 이번 세기 말까지 1.5도 목표를 유지해야 하며, 이를 위해서는 늦어도 2025년 이전에 온실가스 배출이 정점에 도달하고, 2030년까지 2019년 대비 43% 감소해야 한다고 주장한다.[44]

파리협정이 채택된 이후, 이를 실행하기 위한 세부이행규칙인 소위 '파리 룰북(Paris Rulebook)'을 완성하는 데에도 3년 이상의 시간이 소요되었다. COP 21 이후의 당사국 총회에서 지속적으로 파리 룰북에 대한 논의가 이루어졌으며, 많은 내용이 2018년 폴란드 카토비세에서 열린 COP 24에서 완성되었다.[45] 룰북은 각 국가들이 NDC를 어떻게 준비하고 평가할 것인지에 대한 가이드를 제시한다. 또한 투명성의 측면에서 각 국가들이 배출량, NDC 이행 상황, 적응, 기후 영향, 기후 금융의 제공 및 수령 등 일곱 가지 정보를 공유해야 한다고 명시했다. 아쉬운 점은 기후변화의 불가피한 영향으로 인한 손실과 피해(loss and damage)는 작은 섬나라나 개발도상국과 같은 취약국에게는 중요한 문제임에도 불구하고, 이러한 내용이 룰북에서 비중있게 다뤄지지 않았다는 것이다. 특히, 제6조의 탄소거래와 연관된 자발적 시장 메커니즘에 관한 규칙은 합의를 이루지 못한 채, 이후 당사국 총회에서 논의될 사안으로 연기되었다.46)

3) 파리협정의 성과와 한계

파리협정은 기후변화 문제에 대한 혁신적인 접근방식을 제시한 것으로 여러 학자들로부터 평가받고 있다. 헬드와 로저(Held & Roger, 2018)는 파리협정이 교토의정서나 코펜하겐 합의와는 다른 새로운 기후 거버넌스를 보여준다고 설명한다. 첫째, 파리협정은 가능한 한 빨리 세계의 탄소배출을 정점에 이르게 하고, 그 이후 몇 년 동안 급격한 감축을 통해 21세기 후반에 순배출 중립을 달성하는 장기 목표를 설정하였다. 둘째, 파리협정은 법적 구속력이 있는 요소와 비구속 요소를 조화롭게 연계하여 국가 간 공동이행 목표에 대한 합의를 도출하였다. 당사국들은 1.5~2도라는 목표를 법적으로 달성해야 하지만, NDC 달성에 있어서는 법적 구속력이 없다. 다만, NDC를 준비하고, 통보하며, 유지해야 하는 절차적 의무가 있으며, 이를 5년 주기로 업데이트하고 2년 주기로 진행 상황을 보고서 형태로 제출해야 한다. 셋째, 파리협정은 비국가 및 국가 하위 주체들(예: 도시, 시민사회 그룹, 다국적 기업)의 참여를 촉진하며, 이들이 기여할 수 있는 방안을 제시하였다.47) 사바레시(Savaresi, 2016)도 파리협정이 장기적인 기후변화 완화 목표를 설정하고, 논쟁적이고 반복적이던 논의에서 벗어나 국가 간 협력을 이끌어내며 국제 기후외교의 새로운 시대를 열었다고 평가했다.48)

파리협정에 대한 실질적인 성과 점검은 2023년 두바이에서 열린 COP28에서 수행되었다. UNFCCC가 발표한 종합보고서에 따르면, 파리협정은 기후변화에 대한 글로벌 행동을 촉진하고 온난화 위험을 줄였으나, 현재의 NDC는 2030년까지 온난화를 1.5도로 제한하기 위해 필요한 수준보다 CO_2 감축량이 20.3~23.9Gt 부족한 것으로 나타났다. 파리협정 목표를 달성하기 위해서는 전 세계 온실가스 배출량이 2019년 대비 2035년까지 약 60% 감축되어야 하며, 2050년까지는 넷제로를 달성해야 한다.[49] 다음 글로벌 이행점검은 2025년에 예정되어 있다.

당사국들이 계획한 NDC가 파리협정의 기후 목표에 미치지 못한다는 지적은 COP28 이전에도 제기되었다. 로겔리 외(Rogelj et al., 2016)는 당시 국가들이 제출한 NDC를 기준으로 계산했을 때, 2100년까지 2.6~3.1도 지구평균 온도가 상승할 것으로 예측했다. 저자들은 당사국들이 NDC의 적용범위를 확대하고, 이를 초과 달성하기 위한 국내 조치에도 집중해야 한다고 제언했다. 또한 파리협정을 항공 및 해상운송과 같은 비국가 주체로 확대하고, 국제기후자금에 대한 이들의 기여를 강화하는 동시에, 기술개발과 이전, 그리고 확산을 위한 국제협력의 중요성도 강조하였다.[50]

반면, 파리협정 목표를 달성할 가능성이 높다는 긍정적인 견해도 존재한다. 호네(Höhne et al., 2021)는 당사국들이 NDC 목표를 보수적으로 설정하는 경향이 있지만, 파리협정의 지속적인 논의가 점진적으로 더 높은 목표를 유도하고 있다고 주장하였다. 또한 NDC 설정과 제출이 당사국들의 국내 정책에 미친 영향이 크며, 비국가 주체들의 이니셔티브가 증가하고, 새로운 탄소 관련 기술이 발전하고 있다는 점을 긍정적인 근거로 제시했다.[51] 파리협정 이후 기후변화 대응 노력에 대해서는 상반된 시각이 공존하지만, 양자 모두 지속적이고 광범위한 온실가스 감축 노력이 필요하다는 점을 강조하고 있다.

4 기후변화 대응의 과제

이상에서는 1970년대 오존층 파괴 문제로 비엔나협약 논의가 시작된 이래, 국제사회의 기후변화 대응 노력이 어떻게 진전되어 왔는지 살펴보았다. 그간의 기후변화협약은 크게 세 가지 변화로 요약할 수 있다. 첫째, 선진국 중심의 기후대응 리더십에서 모든 국가가 협력하는 리더십으로의 전환이다. 이는 교토의정서, 코펜하겐 합의, 파리협정으로 이어지는 과정을 통해 더 성숙한 기후변화 거버넌스로 진화한 결과였다. 굽타(Gupta, 2010)는 코펜하겐 합의 이후 선진국들이 다소 보수적이지만 구체적인 감축 목표를 발표하였으며, 브라질, 중국, 인도와 같은 개발도상국들도 UNFCCC 감축 목표를 제시하기 시작했다고 설명하였다.[52] 둘째, 기후변화를 산업화 이전보다 1.5~2도 이상 상승하지 않도록 유지하자는 구체적인 목표를 설정하였다. 이는 기후변화의 개념을 명확히 이해하지 못했던 1970년대부터 오랜 과학적 연구와 국제사회의 정치적 합의를 통해 이루어진 결과이다. 가오 외(Gao et al., 2017)에 따르면, 기온 상승 2도에 대한 과학적 연구는 이전부터 진행되어 왔으나, 1996년 유럽연합(EU) 회의에서부터 구체적인 행동 목표로 간주되기 시작하였고, 2009년 코펜하겐 COP와 2010년 칸쿤 COP 이후 국제적 공감대가 형성되었다.[53] 셋째, 기후변화에 대한 대응 전략으로서 완화 못지않게 적응의 역할이 점차 부각되었다. UNFCCC 초기 문서에서는 적응이 주로 개발도상국의 기후변화 적응을 지원하기 위한 능력배양(capacity-building)과 재정지원의 문제로 언급되었다. 교토의정서 하에 설립된 적응기금이 그 예이다. 그러나 2005년 COP11에서 어느 정도의 기후변화가 불가피하다는 인식이 당사국들 사이에 공유되면서,

적응이 개발도상국에만 국한되지 않고 모든 국가가 고려해야 하는 기후변화 대응 전략으로 자리잡기 시작했다. 이어 2010년 COP16에서는 적응이 완화와 동일하게 중요시되어야 한다고 명시되었으며, 적응위원회(Adaptation Committee)도 창설되었다.[54]

그러나 이러한 변화와 노력에도 불구하고 2023년 제6차 IPCC 평가보고서는 1.5~2°C 목표 달성에 대해 여전히 비관적인 시각을 보이고 있다. 각국의 NDC와 실제 탄소배출 간의 차이가 존재하며, 기후목표를 달성하기 위해 필요한 저탄소 기술의 활용과 금융 지원이 모든 부문에서 기대에 미치지 못한다고 평가했다. 보고서는 미세한 온도 상승이 광범위하고 극단적인 변화로 이어질 수 있음을 경고하며, 추가적인 온난화로 인해 다양한 기후 및 비기후 위험 요인이 상호작용하여 연쇄적으로 그 피해가 확대될 수 있다고 주장했다. 예를 들어, 기후변화로 인한 식량 생산 및 공급 불안정성이 도시 확장으로 인한 농지 손실, 전염병, 지역 분쟁과 같은 비기후 위험 요인과 상호작용할 가능성이 있다는 것이다. 보고서는 "강력하고, 신속하고, 지속적인" 기후 완화와 적응 조치만이 생태계와 인간사회에 대한 피해를 줄일 수 있으며, 모든 부문과 시스템 차원에서 신속하고 철저한 전환이 필요하다고 강조한다. 또한 공정하고 정의로운 전환, 다층적인 거버넌스, 기술혁신과 원활한 자금 지원의 중요성을 제언하며, 이를 통해 기후변화 대응의 로드맵이 실행 단계로 나아가야 한다고 밝혔다.[55] 이제는 지난 몇십 년 간의 국제적 노력으로 마련된 이 로드맵을 실현하기 위해 전 세계가 협력과 행동에 나서야 할 시점이다.

참고문헌

Bassetti, F. (Dec. 8, 2022). Success or failure? The Kyoto Protocol's troubled legacy. *Foresight*.

Benedick, R. E. (1998). *Ozone diplomacy: New directions in safeguarding the planet*. Harvard University Press.

Bodansky, D. (2021). Paris Agreement. *United Nations Audiovisual Library of International Law*.

Chazournes, L. B. (2008a). United Nations framework convention on climate change. *United Nations Audiovisual Library of International Law*.

Chazournes, L. B. (2008b). Kyoto protocol to the United Nations framework. *United Nations Audiovisual Library of International Law*.

Downie, D. (2015). Still no time for complacency: Evaluating the ongoing success and continued challenge of global ozone policy. *Journal of Environmental Studies and Sciences*, 5: 187-194.

Evans, S., & Timperley, J. (Dec. 16, 2018). COP24: Key outcomes agreed at the UN climate talks in Katowice. *Carbon Brief*.

Ford, J., Maillet, M., Pouliot, V., Meredith, T., Cavanaugh, A., & IHACC Research Team. (2016). Adaptation and indigenous peoples in the United Nations framework convention on climate change. *Climatic Change*, 139: 429-443.

Gao, Y., Gao, X., & Zhang, X. (2017). The 2℃ global temperature target and the evolution of the long-term goal of addressing climate change-from the United Nations framework convention on climate change to the Paris agreement. *Engineering*, 3(2): 272-278.

Grunewald, N., & Martinez-Zarzoso, I. (2016). Did the Kyoto Protocol fail? An evaluation of the effect of the Kyoto Protocol on CO_2 emissions. *Environment and Development Economics*, 21(1): 1-22.

Gupta, J. (2010). A history of international climate change policy. *Wiley*

Interdisciplinary Reviews: Climate Change, 1(5): 636-653.

Gupta, A. (2016). Climate change and Kyoto protocol: An overview. In *Handbook of environmental and sustainable finance*, 3-23.

Held, D., & Roger, C. (2018). Three models of global climate governance: from Kyoto to Paris and beyond. *Global Policy*, 9(4): 527-537.

Höhne, N., Kuramochi, T., Warnecke, C., Röser, F., Fekete, H., Hagemann, M., Day, T., Tewari, R., Kurdziel, M., Sterl, S., & Gonzales, S. (2017) The Paris Agreement: resolving the inconsistency between global goals and national contributions. *Climate Policy*, 17(1): 16-32.

Howe, J. P. (2017). *Making Climate Change History: Documents From Global Warming's Past*. University of Washington Press.

IPCC. (1992). *Climate Change: The IPCC 1990 and 1992 Assessments*.

IPCC. (2023). Summary for Policymakers. In *Climate Change 2023: Synthesis Report. Contribution of Working Groups I, II and III to the Sixth Assessment Report of the Intergovernmental Panel on Climate Change*. IPCC, Geneva, Switzerland.

Maamoun, N. (2019). The Kyoto protocol: Empirical evidence of a hidden success. *Journal of Environmental Economics and Management*, 95: 227-256.

Ministry of Foriegn Affairs of Japan. (2010). *Japan's position regarding the Kyoto Protocol*.

Rogelj, J., Den Elzen, M., Höhne, N., Fransen, T., Fekete, H., Winkler, H., … & Meinshausen, M. (2016). Paris Agreement climate proposals need a boost to keep warming well below 2℃. *Nature*, 534(7609): 631-639.

Sand, P. H. (1985). Protecting the ozone layer: The Vienna Convention is adopted. *Environment: Science and Policy for Sustainable Development*, 27(5): 18-43.

Savaresi, A. (2016). The Paris Agreement: a new beginning? *Journal of Energy & Natural Resources Law*, 34(1): 16-26.

UN. (1992). *United Nations Framework Convention on Climate Change*.

UN. (Dec. 5, 2023). *What is the difference between signing, ratification and accession of UN treaties?*

UN. (n.d.). *Global Stocktake reports highlight urgent need for accelerated action to reach climate goals.*

UNEP. (n.d.a). *Treaties: Vienna Convention.*

UNEP. (n.d.b). *Treaties: Montreal Protocol.*

UNFCCC. (n.d.a). *Emission trading.*

UNFCCC. (n.d.b). *Joint implementation.*

UNFCCC. (n.d.c). *The Paris Agreement: What is Paris Agreement?*

UNFCCC. (2015). *Paris Agreement.*

UNFCCC. (2024). *What is CDM.*

Weiss, E. B. (2009). The Vienna Convention for the protection of the ozone layer and the Montreal Protocol on substances that deplete the ozone layer. *United Nations Audiovisual Library of International Law.*

주

1) Crutzen, P. J. (1970). The influence of nitrogen oxides on the atmospheric ozone content. *Quarterly Journal of the Royal Meteorological Society*, 96(408): 320-325.
2) Molina, M. J., & Rowland, F. S. (1974). Stratospheric sink for chlorofluoromethanes: chlorine atom-catalysed destruction of ozone. *Nature*, 249: 810-812.
3) Howe, J. P. (2017). *Making Climate Change History: Documents From Global Warming's Past*. University of Washington Press, p.209.
4) Sand, P. H. (1985). Protecting the ozone layer: The Vienna Convention is adopted. *Environment: Science and Policy for Sustainable Development*, 27(5): 18-43. pp.19-20.
5) Weiss, E. B. (2009). The Vienna Convention for the protection of the ozone layer and the Montreal Protocol on substances that deplete the ozone layer. *United Nations Audiovisual Library of International Law*. https://legal.un.org/avl/ha/vcpol/vcpol.html
6) Sand, P. H. (1985). p.19.
7) 서명의 의미는 조약 체결 과정을 계속하려는 서명국의 의지를 표현하는 것. UN. (Dec. 5, 2023). *What is the difference between signing, ratification and accession of UN treaties?* https://ask.un.org/faq/14594
8) UNEP. (n.d.a). *Treaties: Vienna Convention*. https://ozone.unep.org/treaties/vienna-convention
9) 부속서류에서 일산화탄소(CO), 이산화탄소(CO_2), 메탄(CH_4), 아산화질소(N_2O), 질소산화물(NOx), 할로겐화 알칸류(예: CCl_4, $CFCl_3$, CF_2Cl_2, CH_3Cl, CHF_2Cl, CF_3Br 등), 수소(H_2) 등의 물질이 오존층에 미치는 영향에 대한 연구가 필요함을 강조하며, 이들 물질의 특성 및 오존층과의 상호작용을 파악하는 것이 중요하다는 점을 밝히고 있다.
10) Weiss, E. B. (2009). p.1.
11) Ibid. p.2.
12) UNEP. (n.d.a).
13) UNEP. (n.d.b). *Treaties: Montreal Protocol*. https://ozone.unep.org/treaties/montreal-protocol
14) A5 국가들은 유엔이 개발도상국으로 지정한 국가들 또는 당사국 회의에서 A5로 지정된 국가들이다. A5에 속한 국가들은 제2조가 적용되는 A2 국가(non-A5 국가)보다 완화된 규제 일정을 적용받는다. A5국은 다시 그룹 1과 그룹 2로 나뉘며, 수소불화탄소의 생산량 및 소비량에 대한 감축 일정과 감축 한도가 각각 다르게 적용된다.
15) 메틸브로마이드의 생산 및 사용도 96% 이상 감소했지만, 메틸브로마이드 검역 및 선적 전 사용과 관련된 광범위한 예외는 이 수치에 포함되지 않는다. UNEP. (2014a. 18); UNEP. (2014b) cited in Downie, D. (2015). Still no time for complacency:

Evaluating the ongoing success and continued challenge of global ozone policy. *Journal of Environmental Studies and Sciences*, 5: 187-194. pp.188-189.

16) WMO. (2011); WMO. (2014) cited in Downie, D. (2015). p.189.
17) Weiss, E. B. (2009). p.1.
18) "The science was uncertain, and the predicted harmful effects,though grave, were remote and unproven." Benedick, R. E. (1998). *Ozone diplomacy: new directions in safeguarding the planet*. Harvard University Press. p.308.
19) WMO. (2014) cited in Downie, D. (2015). p.191.
20) Downie, D. (2015). pp.191-193.
21) Chazournes, L. B. (2008a). United Nations framework convention on climate change. *United Nations Audiovisual Library of International Law*. p.1. https://legal.un.org/avl/ha/ccc/ccc.html
22) IPCC. (1992). *Climate Change: The IPCC 1990 and 1992 Assessments*. pp.52-60.
23) Chazournes, L.B. (2008a). p.1.
24) UN. (1992). *United Nations Framework Convention on Climate Change*.
25) 1992년 경제협력개발기구(OECD) 회원국이었던 산업화 국가들뿐만 아니라, 러시아 연방, 발트해 국가들 및 몇몇 중부 및 동유럽 국가들을 포함한 경제 전환국(EIT 당사국)도 포함된다.
26) Chazournes, L. B. (2008b). Kyoto protocol to the United Nations framework. *United Nations Audiovisual Library of International Law*. pp.1-2.
27) UNFCC. (n.d.a). *Emission trading*. https://unfccc.int/process/the-kyoto-protocol/mechanisms/emissions-trading
28) UNFCC. (2024). *What is CDM*. https://cdm.unfccc.int/about/index.html
29) UNFCC. (n.d.b). *Joint implementation*. https://unfccc.int/process/the-kyoto-protocol/mechanisms/joint-implementation
의정서는 부속서 B 국가라고 명기하고 있는데, 이는 부속서 B에 명시된 37개 선진국을 말한다.
30) Maamoun, N. (2019). The Kyoto protocol: Empirical evidence of a hidden success. *Journal of Environmental Economics and Management*, 95: 227-256. p.244.
31) Grunewald, N., & Martinez-Zarzoso, I. (2016). Did the Kyoto Protocol fail? An evaluation of the effect of the Kyoto Protocol on CO_2 emissions. *Environment and Development Economics*, 21(1): 1-22. p.14.
32) Bassetti, F. (December 8, 2022). Success or failure? The Kyoto Protocol's troubled legacy. https://www.climateforesight.eu/articles/success-or-failure-the-kyoto-protocols-troubled-legacy/
33) Ralph Winkler cietd in Ibid.
34) Gupta, A. (2016). Climate change and Kyoto protocol: An overview. In *Handbook of environmental and sustainable finance*, 3-23. p.21.

35) Held, D., & Roger, C. (2018). Three models of global climate governance: from Kyoto to Paris and beyond. *Global Policy*, 9(4): 527-537. p.529.

36) Grunewald, N., & Martinez-Zarzoso, I. (2016). p.15.

37) Savaresi, A. (2016). The Paris Agreement: a new beginning? *Journal of Energy & Natural Resources Law*, 34(1): 16-26. p.17.

38) Ministry of Foriegn Affairs of Japan. (2010). *Japan's position regarding the Kyoto Protocol*. https://www.mofa.go.jp/policy/environment/warm/cop/kp_pos_1012.html

39) Bodansky, D. (2021). Paris Agreement. *United Nations Audiovisual Library of International Law*. pp.2-3.

40) UNFCCC. (n.d.c). *The Paris Agreement: What is Paris Agreement?* https://unfccc.int/process-and-meetings/the-paris-agreement

41) Bodansky, D. (2021). p.1.

42) UNFCCC. (2015). *Paris Agreement*.

43) Bodansky, D. (2021). p.5.

44) UNFCCC. (n.d.c).

45) Bodansky, D. (2021). p.3.

46) Evans, S., Timperley, J. (16 December 2018). COP24: Key outcomes agreed at the UN climate talks in Katowice. *Carbon Brief*. https://www.carbonbrief.org/cop24-key-outcomes-agreed-at-the-un-climate-talks-in-katowice/

47) Held, D., & Roger, C. (2018). pp.532-533.

48) Savaresi, A. (2016). p.26.

49) UN. (n.d.). *Global Stocktake reports highlight urgent need for accelerated action to reach climate goals*. https://www.un.org/en/climatechange/global-stocktake-reports-highlight-urgent-need-for-accelerated-action-to-reach-climate-goals

50) Rogelj, J., Den Elzen, M., Höhne, N., Fransen, T., Fekete, H., Winkler, H., … & Meinshausen, M. (2016). Paris Agreement climate proposals need a boost to keep warming well below 2℃. *Nature*, 534(7609): 631-639. p.634, 637.

51) Höhne, N., Kuramochi, T., Warnecke, C., Röser, F., Fekete, H., Hagemann, M., Day, T., Tewari, R., Kurdziel, M., Sterl, S., & Gonzales, S. (2017) The Paris Agreement: resolving the inconsistency between global goals and national contributions. *Climate Policy*, 17(1): 16-32. pp.21-26.

52) Gupta, J. (2010). A history of international climate change policy. Wiley Interdisciplinary Reviews: Climate Change, 1(5): 636-653. p.649.

53) Gao, Y., Gao, X., & Zhang, X. (2017). The 2℃ global temperature target and the evolution of the long-term goal of addressing climate change-from the United Nations framework convention on climate change to the Paris agreement. *Engineering*, 3(2): 272-278. p.273.

54) Ford, J., Maillet, M., Pouliot, V., Meredith, T., Cavanaugh, A., & IHACC Research

Team Dr. Shuaib Lwasa Dr. Alejandro Llanos Dr. Lea Berrang-Ford Dr. César Carcamo Didacus B. Namanya Dr. Sherilee Harper. (2016). Adaptation and indigenous peoples in the United Nations framework convention on climate change. *Climatic Change*, 139: 429-443. p.433, 436.

55) IPCC, 2023: Summary for Policymakers. In: *Climate Change 2023: Synthesis Report. Contribution of Working Groups I, II and III to the Sixth Assessment Report of the Intergovernmental Panel on Climate Change* [Core Writing Team, H. Lee & J. Romero (eds.)]. IPCC, Geneva, Switzerland. pp.11, 15, 20, 25, 31, 32, 33.

제 3 장

에너지 전환과 에너지 믹스

1_글로벌 에너지 믹스 현황
2_에너지 전환의 최신 동향
3_해외 주요국의 청정에너지 전환
4_에너지 믹스 정책의 시사점

제3장

에너지 전환과 에너지 믹스

에너지 믹스(energy mix)는 특정 지역의 최종 에너지 소비가 어떤 유형의 1차 에너지원(primary energy source)으로 구성되는지를 나타내며, 다양한 에너지원의 조합을 통해 에너지 공급의 효율성을 극대화하는 전략적 의미를 포함하고 있다. 에너지원에는 석유, 석탄, 천연가스와 같은 화석연료뿐만 아니라 태양력, 풍력, 지열, 수력 등 다양한 종류의 재생에너지와 원자력도 포함된다.[1)] 전 세계 에너지 생산의 대부분은 여전히 화석연료에 의존하고 있으며 이는 전 세계 온실가스 배출량의 70% 이상을 차지한다.[2)] 따라서 지속가능한 사회를 위해서는 재생에너지 중심의 에너지 전환(energy transition)이 필수적이다. 에너지 전환은 에너지 공급과 소비의 혁신적·구조적 변화를 요구하지만, 각국의 에너지 믹스 정책은 공급망의 경로의존성으로 인해 점진적으로 변화하는 경향을 보이고 있다.[3)] 베스트와 버크(Best & Burke, 2020)의 연구에 따르면, 142개국의 10년 간 에너지 믹스 변화를 비교한 결과, 대부분의 국가에서 에너지 사용량이 증가했음에도 불구하고 석탄 비율은 거의 변하지 않은 것으로 나타났다.[4] 푸케와 피어슨(Fouquet & Pearson, 2012)은 역사적으로 에너지 전환은 드물게 발생하는 현상이며, 이는 수십 년에서 수 세기에 걸쳐 이루어지는 장기적이고 복잡한 과정이라고 설명한다.[5] 즉, 한 국가의 에너지 믹스를 탈탄소화하고 재생에너지 중심으로 전환하는 것은 매우 도전적이고 어려운 과제임을 시사한다.

1 글로벌 에너지 믹스 현황

19세기 중반까지 인류는 나무와 같은 전통적인 바이오매스 연료를 주된 에너지원으로 사용하였다. 산업혁명을 기점으로 석탄이 주요 에너지원으로 등장하였고, 이후 20세기에 들어서는 석유와 천연가스가 주된 에너지원으로 자리잡았다. 이와 더불어 수력발전이 가능해지면서 에너지 믹스가 점차 다변화되기 시작했다. 1960년대에는 원자력이, 1980년대에는 태양광 발전과 풍력이 에너지 믹스에 추가되었다. 오늘날 전 세계 에너지 소비는 석유, 석탄, 천연가스, 수력발전 순으로 나타나고 있으며, 재생에너지 비율도 점차 증가하고 있다. 2022년 기준으로 전 세계 에너지원 중 저탄소 에너지원이 약 17%를 차지하며, 여기에는 원자력, 수력, 풍력, 태양광, 바이오, 지열, 조력 등이 포함된다. 특히, 원자력을 제외한 재생에너지 비율은 약 13%에 달하며, 이는 1960년대의 6%에서 두 배 이상 증가한 수치이다. 그러나 같은 기간 동안 전체 에너지 소비량은 약 네 배 증가한 것으로 나타났다.[6] 이러한 수치는 재생에너지 중심으로의 에너지 전환이 진행되고 있음을 보여주지만, 그 속도는 상대적으로 느리게 이루어지고 있음을 시사한다.

한국에서 재생에너지에 대한 논의는 1980년대부터 시작되었으나, 정부 차원에서 포괄적인 에너지정책을 수립한 것은 1997년의 국가 에너지기본계획이 처음이다.[7] 한국의 에너지 산업은 1960년대 정유산업의 시작과 무연탄 개발을 통해 그 기초가 마련되었고, 1970년대 두 차례의 석유 파동을 겪으면서 에너지원의 안정적 확보와 에너지 절약에 중점을 둔 정책들이 본격적으로 수립되었다. 1990년대에는 도시가스, 지역난방, 송유관 등의 전국적 에너지 공급망이 구축되었고, 1993년에는 상공자원부가 발족되어 산업정책과 에너지정책을 통합적으로 고려한 국가 및 지역 단위의 에너지계획이 수립되기 시작하였다.[8] 이 시기에 신재생에너지가 언급되기는 했지만, 주요 관심사는 에너지 수급의 안정성과 에너지 소비 효율성에 초점이 맞춰져 있었다. 1997년 한국의 에너지 믹스는 석유(58.8%), 석탄(19.5%), 원자력(10.7%), 천연가스(9.5%),

그림 3-1 세계 1차 에너지 소비량

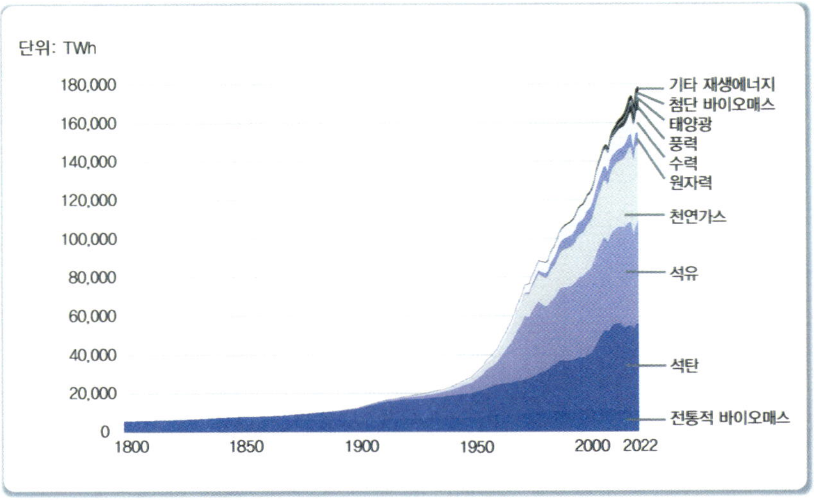

출처: Energy Institute-Statistical Review of World Energy(2023); Smil(2017).

재생에너지(1.6%) 순으로 구성되었다.[9]

한국 에너지정책의 중요한 전환점은 2008년 "저탄소 녹색성장" 정책이 도입되면서 마련되었고,[10] 2008년 에너지기본계획에서는 석유(43. 6%), 석탄(24.3%), 원자력(15.9%), 천연가스(13.7%), 기타(2.5%)의 비율로 에너지 믹스가 제시되었다. 또한 2030 비전에서는 녹색기술과 청정에너지를 신성장 동력으로 삼아 일자리 창출과 에너지 안보를 도모하며, 에너지 효율성 및 친환경 에너지정책을 통해 미래 세대의 수요에 대응하겠다는 목표를 세웠다. 특히, 저탄소 에너지 비율을 2006년 18%에서 2030년에는 39%까지 확대하겠다는 담대한 목표를 설정하였다.[11]

2023년 기준 한국의 에너지 믹스는 석유 43%, 석탄 22%, 천연가스 17%, 원자력 13%, 재생에너지 5%로 나타났다.[12] 과거와 비교하면 석유와 석탄의 비중은 다소 감소한 반면, 천연가스의 비중은 증가하였다. 그러나 전체적인 화석연료의 비중은 크게 줄지 않은 상황이다. 국제에너지기구(International Energy Agency: IEA)는 한국 에너지 믹스의 주요 특징으로 화석연료에 대한 높은 의존도, 높은 에너지 수입의존도, 그리고 IEA 회원국 중 가장 높은 산업 에너지 비중을 지적하고 있다.[13] 2019년 발표된 제3차 에너지기본계획에서는 2040년까지 재생에너지 비중을 30~35%로 확대하는 목표를 설정하였으나,[14] 최근 정부는 이 비율을 하향 조정하면서,[15] 세계적 흐름에 역행한다는 비판을 받고 있다.

2 에너지 전환의 최신 동향

IEA의 2023년 세계 에너지 전망 보고서에 따르면, 각국이 현재의 정책 기조를 유지할 경우, 석탄, 석유, 천연가스와 같은 화석연료의 비중은 2030년경 정점을 찍고 감소할 것으로 예상된다. 특히, 산업부문별 전기화가 빠르게 진행되고 있으며, 태양광 발전과 전기차가 청정에너지 시장을 주도하는 등 긍정적인 신호가 나타나고 있다. 그러나 에너지 시장의 변동성을 고려할 때, IEA는 각국이 저렴하고 안정적이며 탄력적인 에너지 공급을 보장할 수 있는 정책적 대응이 필요하다고 조언한다.[16)]

이와 같이 에너지 전환은 긍정적 전망을 띠고 있지만, 정책적 유연성과 공급 안정성을 담보하기 위한 전략 마련이 필수적이라는 점에서, 각국의 에너지정책 수립이 중요한 시점에 놓여 있다.

1) 태양에너지 중심의 재생에너지 하이브리드

전 세계가 일 년간 사용하는 에너지량보다 단 한 시간 동안 태양에서 받는 에너지량이 더 많다는 사실은 주목할 만하다.[17)] 물론 태양에너지를 전적으로 활용하는 것은 여러 제약이 따르며, 날씨나 지리적 조건에 따라 활용 가능성에도 차이가 있다. 그럼에도 불구하고, 태양에너지는 가장 지속가능하며 널리 이용가능한 에너지원으로 간주된다. 네이써 외(Nijsse et al., 2023)에 따르면, 2010년부터 2020년까지 태양광 발전 비용은 매년 15%씩 감소한 반면, 설치용량은 연평균 25% 증가했고, 같은 기간 동안 육상 풍력 용량 또한 매년 12%씩 증가했다. 이렇게 빠른 성장세가 지속될 경우 향후 10~20년 내에 태양광과 풍력이 주요 전력 공급원이 될 것이며, 경제성 측면에서도 다른 재생에너지 대비 큰 이점을 가질 것으로 전망된다.[18]

IEA의 세계에너지전망 보고서 역시 유사한 시나리오를 제시하고 있다. 2023년 보고서에 따르면, 중국을 중심으로 태양광 발전 용량이 계속 증가할 경우, 2030년까지 매해 800GW 이상의 신규 태양광 발전이 가능할 것으로 보이며, 이를 통해 중국, 남미, 아프리카, 동남아시아, 중동지역 등에서 석탄 소비가 줄어들고, 세계적인 탄소배출 감소에 기여할 수 있을 것으로 예측된다.[19]

그러나 태양광과 풍력을 포함한 대부분의 재생에너지는 불안정하고 간헐적이다. 태양 복사량과 풍속은 수 시간 또는 며칠 내에 크게 변동할 수 있어, 하나의 재생 에너지원만으로는 지속적인 에너지 공급을 보장하기 어렵다.[20] 이러한 문제를 해결하기 위해 다양한 재생 에너지원의 통합이 대안으로 제시되고 있다. 특히, 태양광과 풍력 같은 가변적 재생에너지(Variable Renewable Energy: VRE)는 보통 모듈 형태로 설치되며, 위치 제약이 있는 반면, 설치 후에는 저렴한 발전 비용이 강점이다.[21] 다만, 비동기적(non-synchronous) 재생에너지가 시스템에서 차지하는 비율이 높아지면, 전체 전력 시스템의 관성이 줄어들어 시스템 안정성에 부정적인 영향을 미칠 수 있다.[22] 이러한 한계를 극복하기 위해서는 유연한 전력 시스템 구축이 필요하며,[23] 전력망 확장, 태양광과 풍력의 비율 조절, 에너지 저장장치, 그리고 섹터 커플링(sector coupling) 등의 기술적 접근이 제시되고 있다.[24]

2) 섹터 커플링을 통한 에너지 부문 연계 강화

재생 에너지원 간의 하이브리드는 다양한 에너지 부문 간의 하이브리드와 밀접하게 연결되어 있다. 전 세계 온실가스 배출의 약 76%는 전기, 난방, 운송, 산업 부문에서 발생하며, 나머지 24%는 주로 농업과 토지이용에서 발생한다.[25] 이 중 전기부문은 탈탄소화가 가장 용이할 뿐만 아니라 다른 부문에 미치는 영향도 크기 때문에 최근에는 이들 부문 간을 연결해 시너지를 창출하는 '섹터 커플링' 전략에 많은 관심이 모아지고 있다.[26]

섹터 커플링은 전기부문이 에너지 시스템의 중심축이 되어 난방, 운송, 산업과 같은 다른 부문에 에너지를 공급하는 방식을 의미한다. 난방, 운송, 산업 부문을 직접 재생에너지로 전환하는 것은 어렵기 때문에 전기를 중심으로 각 부문의 탈탄소화 전환을 가속화하는 전략으로 볼 수 있다. 예를 들어, 태양열은 난방 수요가 가장 많은 시간에 태양에너지를 충분히 활용하지 못하는 문제를 안고 있으며, 바이오매스를 이용한 운송이나 산업 에너지는 한정된 토지로 인해 식량 생산과의 경쟁이 발생할 수 있다. 이에 따라 태양광과 풍력으로 생산된 전기를 난방, 운송, 산업 부문에 활용하는 방식이 섹터 커플링의 주요 전략이 된다.[27]

섹터 커플링은 재생에너지를 다양한 부문에 통합하여 에너지 시스템의 유연성을 높이는 데 중요한 역할을 한다.[28] 이를 구현하기 위해서는 전기를 다양한 방식으로 변환하여 각 부문에서 사용할 수 있어야 한다. 예를 들어, 전기로 물을 가열해 건물 난방에 사용하는 '전력-난방(Power-to-Heat: P2H)' 기술 또는 전기를 통해 수소 또는 합성가스를 생산하여 차량 연료로 사용하는 '전력-가스(Power-to-Gas: P2G)' 방식

등이 있다. 이러한 방식은 태양광이나 풍력 발전으로 생산한 전기를 저장하여 햇빛이 부족하거나 바람이 불지 않는 시간대에 다시 전력이나 열로 변환하여 사용할 수 있다.29) 국내에서도 한국지역난방공사가 P2H 사업을 추진 중이다.30) [그림 3-2]는 다양한 부문에서 재생에너지를 기반으로 한 섹터 커플링의 구조를 보여준다.

그림 3-2 섹터 커플링의 가능성

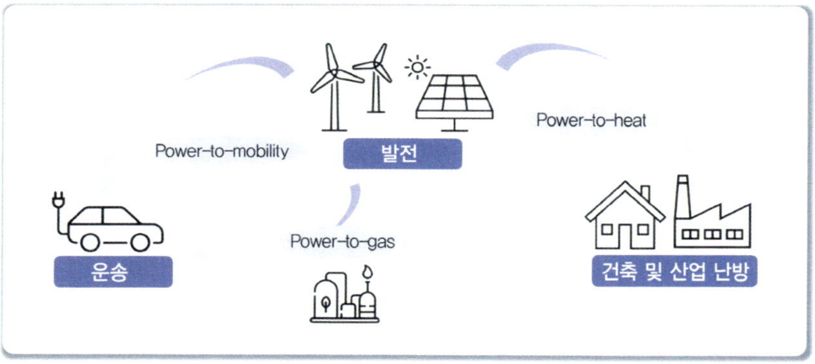

출처: Appunn(25 Apr 2018).

3) 공정하고 포용적인 에너지 전환

2021년 1월 미국 바이든(Joe Biden) 대통령은 에너지부에 에너지 정의 부국장(Deputy Director of Energy Justice)을 임명하였다. 에너지 정의란 에너지 전환 과정에서 정의라는 가치를 중심에 두고 사회 전체를 위해 정의로운 결과물을 가져와야 한다는 의미를 내포한다.31) 청정에너지로의 전환 과정에서 공정과 포용은 다양한 시각에서 논의될 수 있다.

헤프론(Heffron, 2021)은 에너지 활동과 관련하여 원자재 추출에서부터 생산, 공급, 소비, 폐기물 관리 단계에 걸친 다섯 가지 유형의 정의를 제시하였다. 첫째, 회복적 정의(restorative justice)는 에너지 부문에서 발생한 불공정이나 불평등을 해결하고 복구하는 데 중점을 둔다. 그 예로, 2019년 폴란드의 한 환경단체가 갈탄을 사용하는 회사를 상대로 민사소송을 제기하였고, 법원은 환경보호를 위해 해당 기업에 에너지 생산방식을 변경하라는 명령을 내린 바 있다.[32] 분배적 정의(distributive justice)는 에너지 부문에서 혜택과 부정적인 영향이 공정하게 분배되는지를 다루며, 예를 들어 에너지 수익이 충분히 공유되는지 여부가 중요한 문제로 제기된다. 인정적 정의(recognition justice)는 다양한 집단, 특히 지역사회나 원주민 공동체의 권리를 인정하는 것을 의미한다. 세계주의적 정의(cosmopolitan justice)는 전 세계 시민이 에너지 사용에서 국경을 초월한 책임과 영향을 고려해야 한다는 개념이다. 예를 들어, 콜롬비아는 세계를 위해 아마존을 보호할 의무가 있다는 주장도 포함된다. 마지막으로, 절차적 정의(procedural justice)는 사법적 절차가 공정하게 이루어졌는지를 다룬다. 예를 들어, 케냐에서는 환경영향평가 과정에서 시민의 의견이 제대로 반영되지 않은 것을 문제삼아 법원이 평가를 다시 실시할 것을 명령한 사례가 있다.[33]

한편, 국제에너지기구(IEA)는 가정, 산업, 국가 차원의 에너지 가용성에 대해 낙관적인 경제 전망을 제시하고 있다. 예를 들어, IEA는 청정에너지 전환을 가속화하기 위해 가정에서 실현가능한 수단으로 히트펌프, 에너지 효율 개선, 전기자동차를 언급하며, 이 세 가지는 정부의 추가적인 인센티브 없이도 이미 경제적 경쟁력을 갖추고 있다고 주장한다.[34] 그러나 이러한 낙관적인 전망은 유럽에서 최대 8,200만 가구가 에너지 요금 납부에 어려움을 겪고 있는 현실을 간과하고 있으며,[35] 에너지 빈곤에 시달리는 취약계층은 에너지 전환 논의에서 종종 배제되는 경향이 있다.

이러한 측면에서 에너지 정의를 실현하기 위한 방안 중 하나로 '재생에너지 커뮤니티(renewable energy communities)'가 제시되고 있다. 저소득층 및 에너지 빈곤가구는 이러한 커뮤니티에 참여함으로써 저렴한 에너지 요금과 에너지 효율 개선의 혜택을 얻을 수 있으며, 나아가 이들의 참여는 에너지 소외계층의 목소리를 반영하여 에너지 정의를 실현하는 데 기여할 수 있다.[36)]

3 해외 주요국의 청정에너지 전환

이하에서는 세계적으로 에너지 전환에 앞서가고 있는 유럽연합 국가 스웨덴과 독일, 그리고 우리와 인접한 일본과 중국의 사례를 살펴보고자 한다. 스웨덴은 2021년 세계경제포럼의 에너지 전환지수(Energy Transition Index: ETI)에서 1위를 차지한 국가로, 지속가능한 에너지 시스템 구축에서 선도적인 역할을 하고 있다.[37)] 반면, 독일은 탈원전을 선언하며 대부분의 유럽 국가들과는 다른 에너지 전환 경로를 선택한 나라로, 그 정책의 성과는 많은 주목을 받고 있다.[38)] 2011년 후쿠시마 원전 사고 이후 일본의 에너지 전환 과정에 전 세계의 이목이 집중되고 있으며, 마지막으로 에너지 블랙홀로 불리는 중국은 거대한 규모와 우리나라와의 지리적 근접성으로 인해 한국의 에너지 믹스 정책에 중요한 시사점을 제공할 수 있다.

1) 스웨덴

스웨덴은 유럽 국가들 중에서도 탄소 제로화에 앞서가고 있는 선두주자로 자리잡고 있다. 크루치아니(Cruciani, 2016)에 따르면, 스웨덴은 석탄, 석유, 천연가스의 저장량이 적지만, 풍부한 산림과 수력자원을 보유하고 있다. 제2차 세계대전 이후 전기 소비가 급증하면서 스웨덴은 다수의 댐을 건설하기 시작했으나, 수생태계 보호 운동으로 인해 발전사들은 화석연료로 전환하게 되었다.[39] 1973년에는 에너지원 중 석유가 차지하는 비율이 72%에 달했으며, 이로 인해 에너지 외부 의존도가 심화되자 스웨덴은 원자력에 주목하기 시작했다. 석유 파동의 여파로 원자력 발전이 빠르게 증가하여, 1986년에는 원자력이 가장 큰 비중을 차지하는 에너지원이 되었다. 1970년과 1990년 사이에 에너지원 중 석유 비중은 절반 가까이 줄어든 반면, 전력 소비는 두 배로 증가했다.[40]

스웨덴의 에너지 전환은 1980년대 말 경제 상황이 악화되면서 주요 개혁을 통해 더욱 가속화되었다. 전기와 가스 시장의 자유화가 이루어졌고, 석유 소비에만 부과되던 세금이 다른 에너지원으로도 확대 적용되었으며, 탄소배출세도 도입되었다. 1990년대에는 에너지 절약 노력이 강화되면서 스웨덴 에너지청(Swedish Energy Agency)과 14개의 지역 사무소가 설립되었고, 이를 통해 전국적으로 에너지 효율성 제고 정책이 추진되었다. 특히, 바이오에너지 네트워크가 구축되어 가정과 기업이 이를 활용할 수 있도록 보조금 지원이 이루어졌으며, 난방수요의 50%가 지역난방으로 전환되었다.

한편, 스웨덴의 원자력정책은 오랫동안 논란의 대상이었다. 1979년 미국 펜실베이니아에서 발생한 쓰리 마일 섬(Three Mile Island) 원전 사고 이후 원자력 발전에 대한 국민적 우려가 확산되었고, 체르노빌 사고 이후에는 원자력 폐지 여론이 더욱 강해졌다. 이에 스웨덴 의회는 2010년까지 원자력 발전소를 단계적으로 폐쇄하기로 합의했으나, 1990년대 경제 위기로 인해 저렴한 산업용 전기의 필요성이 대두되면서 계획에 차질이 생겼다. 이에 따라 원전 운영자들은 기존 법률을 준수하면서도, 원자로 설비를 개선해 전력 생산 능력을 늘리는 방식으로 대응하였다.41)

밀로 외(Millot et al., 2020)는 스웨덴과 프랑스가 유사한 자원 조건을 가졌음에도 불구하고 에너지 전환 경로에서 차이를 보였다고 지적했다. 프랑스는 원자력을 중심으로 에너지 전환을 추진한 반면, 스웨덴은 수력과 바이오에너지를 통한 지역난방을 주요한 에너지원으로 삼았다. 특히, 스웨덴의 탄소세는 건물과 전기부문에서 효과적인 역할을 했다고 평가받는다.42)

2022년 기준 스웨덴의 에너지 믹스는 재생에너지(53%), 석유(22%), 원자력(21%), 석탄(3%), 천연가스(1%)로 구성되어 있으며,43) 2045년까지 순 온실가스 배출 제로 경제를 구축하는 목표를 세우고 있다. 특히, 교통부문에서 전기화 및 바이오연료 사용을 통해 2030년까지 배출량을 70% 감축할 계획이다.44) 최근 스웨덴 정부는 2035년까지 신규 원자로 2기를 건설하고, 2045년까지 소형 모듈형 원자로(SMR)를 포함한 10기의 원자로를 추가로 건설할 계획을 발표했다.45)

2) 독일

헤이크 외(Hake et al., 2015)는 독일의 에너지 전환 역사를 담론분석을 통해 상세하게 묘사하고 있다. 전후 서독 정부는 에너지 인프라 재건과 에너지 부족 문제 해결에 주력했으며, 초기에는 국내 자원인 석탄 중심의 경제 전략을 채택하였다. 1955년에는 독일 원자력위원회가 설립되었으며, 1960년대에 이르러서는 수입 석유와 국내 석탄 간의 경쟁이 심화되었고, 석유 의존도가 증가함에 따라 원자력에 대한 관심도 높아졌다. 1963년 두 번째 원자력 프로그램이 시작되어 1970년대까지 지속적인 투자가 이루어졌다.

그러나 1960년대 말부터 환경운동이 본격적으로 전개되었고, 베트남 전쟁 반대 시위와 함께 정부에 대한 비판적 정서가 확산되면서 경제정책과 원자력에 대한 반대 목소리가 커졌다. 이 시기의 환경운동은 메도즈(Donella H. Meadows)의 『성장의 한계』와 슈마허의 『작은 것이 아름답다』와 같은 저서의 영향을 받았다. 독일 국민들의 환경 문제에 대한 관심은 정부 정책에 영향을 미쳤으며, 이러한 흐름 속에서 '지구의 친구 독일(Friends of the Earth Germany: BUND)'과 같은 단체들이 전국적인 반핵 시위를 주도했다. 1976~1977년에는 하노버와 본에서 10만 명 이상의 시민들이 반핵 시위에 참여했고, 이러한 반핵 및 환경운동은 독일 녹색당 창당에도 중요한 역할을 했다.

1980년, 독일 연방의회에서 발행한 '미래 원자력정책' 중간보고서에서는 원자력을 배제한 정책 시나리오가 제시되면서 에너지정책의 새로운 전환점이 마련되었다.[46] 특히, 1986년 체르노빌 원전 사고는 독일 내 원자력에 대한 반대 여론을 촉발시켰으며, 이 사고 직후 독일인의 86%가 원자력 발전 폐지를 지지하였다. 이와 함께 원자력에 찬성했던 사회민주당마저 반대 입장으로 돌아섰다. 1990년대에도 독일 내 원자력 반대 분위기는 지속되었으며, 독일은 이산화탄소 배출 저감 및 재생에너지 확대를 목표로 한 에너지정책을 수립하게 되었다.

1998년 사회민주당과 녹색당의 연립정부가 출범하면서 독일 에너지

정책에 큰 전환점이 마련되었다. 연립정부는 원자력 발전소의 단계적 폐쇄와 재생에너지 프로젝트를 발표하였으며, 2000년에는 재생에너지법(Renewable Energy Act)을 제정하고, 발전차액지원제도(feed-in-tariffs)를 통해 재생에너지 개발을 지원하였다.[47]

2005년, 앙겔라 메르켈(Angela Merkel) 총리가 이끄는 기독민주당(Christian Democratic Party) 중심의 대연립 정부는 기후변화 대응정책을 더욱 강화하였다. 2007년에는 독일의 주도 하에 유럽연합(EU) 리더들이 '20-20-20 목표'를 설정하여, 2020년까지 온실가스 배출을 20% 감축하고, 에너지 효율성을 20% 개선하며, 재생에너지 비율을 20% 증가시키기로 합의하였다.[48] 그러나 2010년 메르켈 정부는 원자력 발전소의 수명을 12년 연장하기로 결정하면서 대대적인 사회적 반발을 불러일으켰다. 2011년 후쿠시마 원전 사고는 독일에서 다시 한 번 원자력 반대 여론을 촉발시켰고, 메르켈 정부는 '원자력 모라토리엄(nuclear moratorium)'을 선언하며 2022년까지 원자력 발전소를 모두 폐쇄하기로 결정하였다.

그럼에도 불구하고, 저자들은 메르켈 연립정부의 에너지정책에 많은 문제가 있다고 비판했다. 에너지 요금은 거의 스무 배 이상 상승했고, 기업들은 재생에너지 확대가 전력 부족 사태를 초래했다고 주장했다. 이러한 비난에 직면한 정부는 2014년 에너지법을 개정하여 재생에너지 확대를 보다 점진적이고 다양한 방식으로 추진하게 되었다.[49]

2022년 기준 독일의 에너지 믹스는 석유(35%), 천연가스(23%), 재생에너지(20%), 석탄(19%), 원자력(3%)으로 구성되어 있다.[50] 독일은 2045년까지 넷제로를 달성하고, 2030년까지 전기 공급의 80%를 재생에너지로 충당하는 목표를 설정하였다. 국제에너지기구(IEA)에 따르면, 2035년까지 전기 공급의 100%를 재생에너지로 전환하고, 석탄사용은 완전

히 중단할 계획이다.[51]

3) 일본

2011년 후쿠시마 원전 사고는 일본 에너지정책의 중요한 전환점이 되었다. 자원이 부족한 일본은 1966년 첫 원자력 발전소를 설치한 이래 지속적으로 원자력 발전 비중을 확대해왔다. 그러나 후쿠시마 사고 이후, 원자력 발전 비율은 2010년 30.8%에서 2017년 3.1%로 급감하였으며, 현재까지 이 수준을 유지하고 있다.[52] 대체 에너지원으로 석탄, 천연가스, 석유의 수입이 증가하면서, 일본의 에너지 자립도는 2010년 20%에서 2012년 6%로 급락하였다.[53] 2019년에는 12.1%로 소폭 회복되었지만,[54] 화석연료 수입의 증가로 전기료가 상승하고 온실가스 배출량도 늘어났다.[55]

후쿠시마 사고 이후 원자력 중심의 에너지 전략을 수정하려는 논의가 본격적으로 시작되었다. 아베(安倍晋三) 정부는 원자력 의존도를 최대한 줄이고 재생에너지로의 전환을 추진하는 목표를 세웠다. 이를 위해 2012년 '발전차액지원제도(feed-in-tariff)'를 전면 확대하여, 전력 공급업체가 재생에너지를 일정 기간 정부가 정한 가격에 구매하도록 의무화하였다. 또한 2016년 전력시장의 완전 개방을 통해 소비자는 전력 공급업체를 선택할 수 있게 되었으며, 2020년에는 발전과 송배전 기능이 법적으로 분리되었다. 이러한 정책 덕분에 재생에너지 비중은 2013년 약 11%에서 2022년 21.7%로 증가했고, 온실가스 배출량은 2013년 1,408M 톤에서 2020년 1,147M 톤으로 감소하였다.[56]

2022년 기준 일본의 에너지 믹스는 석유 37%, 석탄 27%, 천연가스 20%, 재생에너지 13%, 원자력 3%로 구성되어 있다.[57] 후쿠시마 사고 이전에는 54개의 원자로가 가동되었으나, 2023년 8월 현재 재가동된 원자로는 10기뿐이며,[58] 이들 원자로는 모두 후쿠시마 원자력 발전소의 비등수형 원자로(boiling water reactors)와는 다른 가압경수로(pressurized water reactors)를 사용하고 있다.

발전차액지원제도의 도입에는 후쿠시마 사고뿐만 아니라 다양한 요인들이 영향을 미쳤다는 점이 널리 인정되고 있다. 와타나베(Watanabe, 2021)는 일본의 에너지정책이 오랫동안 자민당과 행정부, 그리고 산업계, 전력회사, 금융부문으로 구성된 '철의 삼각형(iron triangle)'에 의해 주도되어 왔다고 설명한다. 1973년 석유 파동 이후 저탄소 에너지원인 태양광 발전을 개발하려는 시도가 있었으나, 당시 재생에너지의 잠재력은 충분히 인정받지 못하였다. 1990년대 후반부터 전력시장의 자율화가 시작되면서 에너지정책에 구조적 변화가 생겼고, 독자적인 전력시장 참여자들이 등장하게 되었다. 이후 후쿠시마 사고와 그 이전의 여러 원전 사고들은 일본 사회에서 원자력에 대한 불신을 심화시켰고, 이는 재생에너지로의 전환을 가속화하는 계기가 되었다. 2009년 총선에서 민주당이 승리하면서 재생에너지를 지지하는 민주당 주도의 연합정부가 발전차액지원제도 법안을 발의하였으나, 법안 통과를 위한 2/3의 정족수를 충족하지 못하였다. 그러나 후쿠시마 사고 이후 원자력에 대한 국내 여론이 급격히 악화되자, 자민당도 발전차액지원제도 도입에 동의하게 되었다. 와타나베(Watanabe, 2021)는 정치인, 관료, 산업계 간의 '철의 삼각형'이 정권 교체와 후쿠시마 사고로 인해 결국 붕괴된 것으로 평가하고 있다.[59]

일본의 에너지 전환 과정에서 시민사회와 지방정부도 중요한 역할을 수행했다.[60] 2018년에 설립된 일본 기후 이니셔티브(Japan Climate Initiative)는 지방정부와 기업, 대학 등이 참여하여 넷제로 목표를 설정하고, 정부의 기후정책에 영향을 미치고 있다. 또한 홋카이도의 시모카와와 오카야마현의 마니와는 산림업을 육성하고 바이오매스 에너지를 활용한 성공적인 사례로 알려져 있다. 요코하마는 2050년까지 '제로 카본' 목표를 선언하고, 재생에너지 구매 협약을 체결하는 등 지방정부 주도로 에너지 전환을 추진하고 있다.61)

일본의 지열발전에서는 시민사회의 역할이 부각된다. 하이만(Hymans, 2021)은 일본의 지열발전이 더딘 이유로 초기 투자 비용과 온천법을 지적한다. 일본은 환태평양 조산대에 위치하여 지열에너지의 잠재력이 크지만, 온천산업과의 이해관계 충돌로 인해 발전이 제한되어 왔다. 그럼에도 불구하고 아키타현 유자와시는 지열발전과 온천산업이 성공적으로 공존한 사례로, 지역사회와 기업의 협력이 긍정적인 결과를 도출하였다. 유자와시의 지열발전소는 지역 토착기업이 설립하여 지역주민들에게 정기적인 고용 혜택을 제공하며, 온천 사업자들과도 긍정적인 관계를 유지한 것이 성공 요인으로 분석되었다. 코펜보르그(Koppenborg, 2021)도 유사한 맥락에서 모든 에너지정책은 지역적 특성에 좌우된다고 주장했다.

4) 중국

중국은 전 세계 에너지 관련 대기오염 배출의 약 1/4을 차지하고 있기 때문에 중국의 에너지 믹스는 세계적으로 중요한 의미를 가진다. 특히 중국은 중국을 제외한 전 세계 석탄 소비량보다 더 많은 석탄을 사용하고 있으며, 이로 인해 자국 내 CO_2 배출량의 70%가 석탄에서 발생하고 있다. 따라서 중국의 석탄 소비가 언제 정점을 찍을지에 대한 논의는 전 세계 에너지 전환에 큰 시사점을 제공한다.62)

장 외(Zhang et al., 2018)는 베이징의 에너지 전환 과정을 연구하며, 1987년부터 2015년까지의 기간을 네 가지 시기로 구분하였다. 첫 번째 시기인 1987년부터 1996년까지는 베이징의 경제성장이 석탄발전과 동일한 추세로 증가하며, 석탄 기반의 경제성장이 두드러졌다. 1996년부터 2000년까지는 에너지 소비 증가가 둔화되었는데, 이는 베이징 전력 중 많은 양이 중국 내 다른 지역에서 생산되면서 1차 에너지 소비가 줄어들었기 때문이다. 2000년부터 2007년까지는 에너지 믹스의 다양화가 이루어졌으며, 타 지역에서 유입된 전력 덕분에 석탄의 비중은 줄어들었으며 석유와 천연가스 소비는 증가했다. 마지막으로, 2007년부터 2015년까지는 경제성장과 에너지 사용량 간의 탈동조화 현상이 나타났으며, 2015년 기준으로 석탄 비중은 19.8% 수준으로 크게 낮아졌다.63)

탈석탄화와 전기 및 천연가스의 대체 에너지로의 전환은 베이징뿐만 아니라 상하이와 텐진에서도 유사하게 나타났다. 다칼(Dhakal, 2010)은 이러한 변화가 중국 정부의 에너지 절약정책과 경제구조 변화의 결과라고 설명한다.64) 특히, 베이징은 2008년 올림픽을 앞두고 전기와 천연가스 같은 청정에너지를 확대하며, 에너지 집약 산업 개발을 통제하고, 가정용 개량 보일러 도입, 자동차 배출기준 강화 등의 조치를 취했다. 또한 서비스 산업의 성장은 에너지 소비를 줄이는 데 중요한 역할을 했다.65)

반면, 중국 농촌지역의 에너지 전환은 도시와는 다른 양상을 보였다. 농촌 가구의 에너지 소비는 중국 전체 에너지 소비량의 약 5%에 불과하지만, 이들이 사용하는 석탄은 주로 질이 낮은 원탄(raw coal)이 대부분을 차지하고 있다.66) 또한 농촌 가구 에너지원의 약 30%를 차지하는 볏짚 등 농업부산물의 직접 연소는 최근 10년 간 중국을 뒤덮은 미세

먼지와 안개의 주요 원인으로 지목되고 있다.[67]

한 외(Han et al., 2018)는 1991년에서 2014년까지 중국 농촌지역 가구의 에너지 전환 과정 연구에서 가구의 수입, 가구원 수, 교육수준, 가전제품 수, 지역 에너지관리기관의 존재 등이 에너지 소비에 영향을 미칠 것으로 추정하였다. 그러나 분석 결과, 소득이 높을수록 석유, 천연가스 또는 전기를 사용하는 경향이 있었지만, 교육수준과 지역 에너지관리기관의 존재는 바이오매스와 같은 전통적인 에너지원의 전환에 큰 영향을 미치지 않는 것으로 나타났다. 저자들은 중국 농촌지역의 에너지 소비에서 상당한 관성(inertia)이 존재하며, 일부 전통적인 에너지원이 석유나 천연가스로 대체되었으나 전반적으로 현대적 에너지원으로의 전환은 미미하다고 분석하였다.[68]

모리(Mori, 2018)의 연구는 중국의 재생에너지 산업변화를 사회기술적 전환이론의 관점에서 분석하며, 국가의 기존 체제와 틈새 혁신가(niche innovators) 간의 정치적 대립관계를 강조한다. 에너지 산업은 경로의존적이고 사회문화적으로 토착화되어 있어, 많은 국가에서 독과점 공급이 정당화되는 경향이 있다. 그러나 청정에너지로의 전환은 경쟁과 다양성이 허용되는 시장을 필요로 하는데, 이러한 전환이 권위주의적 체제인 중국에서 어떻게 전개되는지는 주목할 만한 부분이다. 중국 정부는 에너지 안보가 최우선 과제가 된 시점에 이르러서야 에너지 부족을 해결하기 위해 재생에너지 출현을 환영하며 틈새 혁신가로서의 역할을 인정하였다. 이후 풍력터빈 제조업체의 육성과 풍력발전 보급을 통해 재생에너지 비중이 확대되었고, 이 과정에서 석탄발전과 국가전력망은 풍력터빈을 경쟁이 아닌 보완적 에너지원으로 인식되었다.[69]

하지만 재생에너지가 가격 경쟁력을 갖추고 발전용량이 수요를 초과하기 시작하면서, 기존 화석연료 사업자들은 이를 기득권과 정권안정에 대한 위협으로 간주하고, 동맹조직을 구성하여 제도적 개혁을 저지하려는 움직임을 보였다. 정부의 규제와 전력 할당체계는 재생에너지 출력을 제한하고, 기존 석탄 중심 에너지 동맹에 유리한 구조를 형성하였다. 또한 2015년 이후 경기 침체와 에너지 수요 증가 둔화도 이 전환점에서 중요한 역할을 했다.

특히, 석탄발전과 재생에너지 발전의 비즈니스 모델이 유사해짐에 따라 이 두 에너지원 간의 갈등은 심화되었지만, 전력공급 시스템은 석탄발전에 우호적인 방식으로 설계되어 있었다. 석탄발전에 대한 전력연결 우선권과 느슨한 환경규제로 인해 불공정한 경쟁구도가 형성되었고, 그 결과 석탄과 재생에너지의 하이브리드 시스템에서는 충돌이 불가피해졌다.[70] 저자는 이러한 이해관계를 [그림 3-3]을 통해 설명하고 있다.

2022년 기준, 중국의 에너지 믹스는 석탄이 55%로 가장 큰 비중을 차지하며, 그 뒤를 이어 석유 18%, 재생에너지 17%, 천연가스 8%, 원자력 2%로 구성되어 있다.[71] 국제에너지기구(IEA)는 2019년부터 2024년까지 중국이 에너지 전력망 통합 시스템의 개선과 태양광 및 육상풍력의 경쟁력 강화에 힘입어 전 세계 재생에너지 증가의 40%를 차지할 것으로 전망하고 있다. 이와 함께 에탄올 혼합 연료의 도입 및 생산용량에 대한 투자 증가로 인해 중국은 바이오연료 생산에서도 전 세계 성장을 이끄는 주요 국가로 자리매김할 것으로 보인다.[72]

그림 3-3 중국의 에너지 전환 과정에서 나타난 이해관계자들의 관계

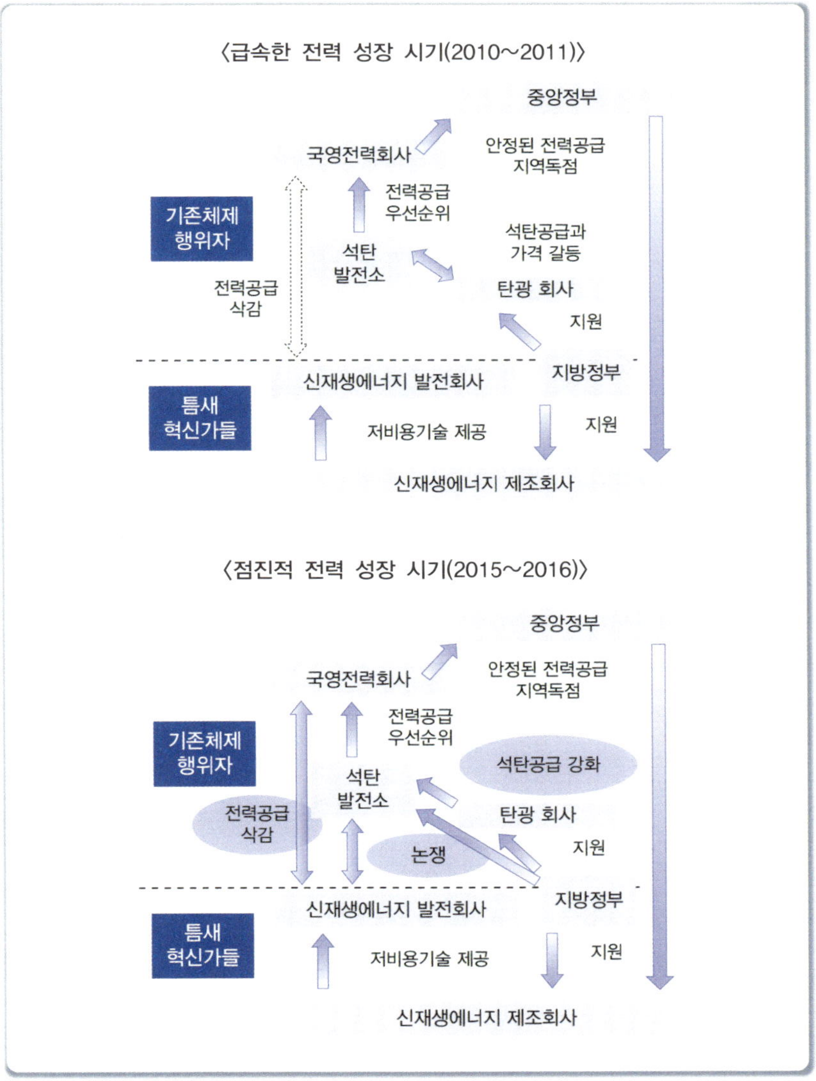

출처: Mori(2018).

4 에너지 믹스 정책의 시사점

한 국가의 에너지정책은 오랜 기간 다양한 요인들이 상호작용하며 점진적으로 진화해왔다. 자연자원의 분포뿐만 아니라 정부의 통치방식, 국내·외 경제 상황, 특정 사건의 발생, 기후위기 대응 노력, 그리고 자국 내 다양한 이해관계자들 간의 관계가 복합적으로 얽혀 있다. 스웨덴의 사례는 재생에너지와 원자력을 적절히 활용하고 탄소세와 같은 정책수단을 통해 기후변화에 성공적으로 대응한 사례로, 정책도구의 중요성을 보여준다. 독일과 일본의 에너지 전환 과정에서는 특정 정당의 정치적 결단력과 정부, 시민사회 간의 협력과 논의가 결정적인 역할을 했음을 확인할 수 있다. 중국의 경우, 국가가 에너지정책에 대한 절대적인 권한을 가지고 있는 체제임에도 불구하고, 글로벌 환경변화와 국제사회의 압력이 재생에너지라는 새로운 기회를 창출하는 계기가 되었음을 시사한다.

이상에서 살펴본 스웨덴, 독일, 일본, 중국의 청정에너지 전환 사례는 아직 진행 중이지만, 이들 사례는 우리에게 중요한 시사점을 제공한다. 재생에너지 사업자가 안정적으로 자리잡기 위해서는 일정 기간 동안 국가의 정책적 지원이 필수적이며, 전력시장의 개방과 자유로운 경쟁시장의 형성, 독립적 전력시장 참여자의 등장, 그리고 시민의 선택권 보장이 중요하다. 이러한 조건들이 갖춰질 때, 우리나라에서도 청정에너지 전환이 더욱 촉진될 수 있을 것이다.

참고문헌

대한민국정부. (1997). 제1차 국가에너지 기본계획 1997~2006.

대한민국정부. (2008). 국가에너지기본계획 2008-2030.

박소정. (2022.11.3). 보급 급급했던 '재생에너지 정책' 손질…산업부 "2030년 신재생 목표 30.2 → 21.6%." 조선비즈. https://biz.chosun.com/policy/policy_sub/2022/11/03/OAOE2W5YTBAIRACIA3U42O73D4/

산업통상자원부. (2019). 제3차 에너지기본계획.

소진영 · 윤세진 · 성지영 · 김재언 · 전영환. (2014). 계통안정성을 고려한 태양광 풍력발전의 경제성연구. 에너지경제연구원.

장동환. (2021.10.12). 탄소중립을 위한 섹터커플링 기술과 국내 · 외 현황. 『전기저널』. http://www.keaj.kr/news/articleView.html?idxno=4293

Allen, P. J., & Wagner, D. (n.d.) *Achieving energy independence*. Parthenon Japan. https://www.parthenonjapan.com/2023/02/15/japans-rural-revitalization-achieving-energy-independence/

Appunn, K. (25 Apr. 2018). *Sector coupling-Shaping an integrated renewable energy system*. Clean Energy Wire. https://www.cleanenergywire.org/factsheets/sector-coupling-shaping-integrated-renewable-power-system

Best, R., & Burke, P. J. (2020). Energy mix persistence and the effect of carbon pricing. *Australian Journal of Agricultural and Resource Economics*, 64(3): 555-574.

Bogdanov, D., Gulagi, A., Fasihi, M., & Breyer, C. (2021). Full energy sector transition towards 100% renewable energy supply: Integrating power, heat, transport and industry sectors including desalination. *Applied Energy*, 283: 116273.

Couture, T., Cory, K., Kreycik, C., & Williams, E. (2010). *Policymaker's Guide to Feed-in Tariff Policy Design*. National Renewable Energy Laboratory, U.S. Dept. of Energy.

Cruciani, M. (2016). *The energy transition in Sweden*. Études de l'Ifri, Paris.

Dhakal, S. (2010). Urban energy transitions in Chinese cities. In *Cities and Low Carbon Transitions* (pp.89-103). Routledge.

Fessler, D. C. (2019). *The energy disruption triangle: three sectors that will change how we generate, use, and store energy*. John Wiley & Sons.

Fouquet, R., & Pearson, P. J. (2012). Past and prospective energy transitions: Insights from history. *Energy policy*, 50: 1-7.

Guerra, K., Haro, P., Gutiérrez, R. E., & Gómez-Barea, A. (2022). Facing the high share of variable renewable energy in the power system: Flexibility and stability requirements. *Applied Energy*, 310: 118561.

Guo, S., Liu, Q., Sun, J., & Jin, H. (2018). A review on the utilization of hybrid renewable energy. *Renewable and Sustainable Energy Reviews*, 91: 1121-1147.

Hake, J. F., Fischer, W., Venghaus, S., & Weckenbrock, C. (2015). The German Energiewende-history and status quo. *Energy*, 92: 532-546.

Han, H., Wu, S., & Zhang, Z. (2018). Factors underlying rural household energy transition: A case study of China. *Energy Policy*, 114: 234-244.

Hanke, F., Guyet, R., & Feenstra, M. (2021). Do renewable energy communities deliver energy justice? Exploring insights from 71 European cases. *Energy Research & Social Science*, 80: 102244.

Heffron, R. J. (2022). Applying energy justice into the energy transition. *Renewable and Sustainable Energy Reviews*, 156: 111936.

Hymans, J. E. (2021). Losing steam: why does Japan produce so little geothermal power? *Social Science Japan Journal*, 24(1): 45-65.

IEA. (2021a). Korea-contries & regions. https://www.iea.org/countries/korea

IEA. (2021b). Sweden-contries& regions. https://www.iea.org/countries/sweden

IEA. (2021c). Germany-contries& regions. https://www.iea.org/countries/germany

IEA. (2021d). China-contries& regions. https://www.iea.org/countries/china

IEA. (2023). *World energy outlook 2023*.

IRENA. (2022). *Sector Coupling: A key concept for accelerating the energy transformation*. International Renewable Energy Agency, Abu Dhabi.

Johnson, S. (November 16, 2023). Sweden plans new nuclear reactors by 2035, will share costs. *Reuters*. https://www.reuters.com/business/energy/sweden-plans-new-nuclear-reactors-by-2035-can-take-costs-2023-11-16/

Kameyama, Y. (2021). Climate change policy: Can new actors affect Japan's policy-making in the Paris Agreement era? *Social Science Japan Journal*, 24(1): 67-84.

Kim, C. (2021). A review of the deployment programs, impact, and barriers of renewable energy policies in Korea. *Renewable and Sustainable Energy Reviews*, 144: 110870.

Klein, C. (Aug. 22, 2023). Greenhouse gas emissions in Japan from fiscal year 2000 to 2021. *Statista*. https://www.statista.com/statistics/678128/japan-annual-greenhouse-gas-emissions/

Klein, C. (Feb. 12, 2024). Share of renewable energy in electricity production in Japan from fiscal year 2013 to 2022. *Statista*. https://www.statista.com/statistics/745908/japan-share-of-renewables-in-electricity-production/

Koppenborg, F. (2021). Introduction: Japan's Energy Transition 10 Years after the Fukushima Nuclear Accident. *Social Science Japan Journal*, 24(1): 3-7.

Krüger, C. (Nov. 2, 2022). *What is "sector coupling" and what is its roles as part of the energy transition?* Israel Public Policy Institute.

Lawson, A. J. (2019). *Variable Renewable Energy: An Introduction*. Congressional Research Service.

Millot, A., Krook-Riekkola, A., & Maïzi, N. (2020). Guiding the future energy transition to net-zero emissions: Lessons from exploring the differences between France and Sweden. *Energy Policy*, 139: 111358.

Mori, A. (2018). Socio-technical and political economy perspectives in the Chinese energy transition. *Energy Research & Social Science*, 35: 28-36.

Müller, S. (June 6, 2014). *The Power of Transformation: Wind, sun and the economics of flexible power systems.* International Energy Agency.

Nakagame, S. (2020). Energy mix in Japan post-Fukushima. In *Green energy to sustainability.* John Wiley & Sons Ltd (pp.45-55).

Nijsse, F. J., Mercure, J. F., Ameli, N., Larosa, F., Kothari, S., Rickman, J., … & Pollitt, H. (2023). The momentum of the solar energy transition. *Nature Communications*, 14(1): 6542.

Nippon.com. (Aug. 14, 2023). *Japan's Nuclear Power Plants in 2023.* https://www.nippon.com/en/japan-data/h01752/#:~:text=On%20July%2028%2C%202023%2C%20Kansai,more%20than%2048%20years%20ago

Ritchie, H., & Rosado, P. (2024). Energy Mix. *Our World In Data.* https://ourworldindata.org/energy-mix

Sabin Center for Climate Change Law. (2024). ClientEarth v. Polska Grupa Energetyczna. https://climatecasechart.com/non-us-case/clientearth-v-polska-grupa-energetyczna/

UN. (n.d.). *Energy mix.* https://archive.unescwa.org/energy-mix

Watanabe, R. (2021). Breaking iron triangles: Beliefs and interests in Japanese renewable energy policy. *Social Science Japan Journal*, 24(1): 9-44.

World Economic Forum. (Apr. 21, 2021). *These countries are leading the energy transition race.* https://www.weforum.org/agenda/2021/04/energy-transition-race-which-countries-leading/

Zhang, P., Zhang, L., Tian, X., Hao, Y., & Wang, C. (2018). Urban energy transition in China: Insights from trends, socioeconomic drivers, and environmental impacts of Beijing. *Energy Policy*, 117: 173-183.

주

1) 이러한 1차 에너지원은 전기를 생산하고, 교통 수단에 연료를 공급하며, 주거 및 상업 건물을 냉난방하는 데에 사용된다. UN. (n.d.).
2) Ritchie & Rosado, 2024.
3) Best & Burke, 2020: 555.
4) World Bank and Ecofys (2018); IEA (2019) cited in Ibid. pp.555-556.
5) World Bank and Ecofys, 2018; IEA, 2019; 상게서에서 재인용: 555-556.
6) Ritchie & Rosado, 2024.
7) Kim, 2021: 1.
8) 대한민국정부, 1997: 5.
9) 상게서: 29.
10) Kim, 2021: 1.
11) 대한민국정부, 2008: 44.
12) Ritchie & Rosado, 2024.
13) IEA, 2021a.
14) 산업통상자원부, 2019: 53.
15) 박소정, 2022.11.3.
16) IEA, 2023: 17-18.
17) Fessler, 2019: 3-4.
18) Nijsse et al., 2023: 1.
19) IEA, 2023: 20.
20) Guo et al., 2018: 1121.
21) 반면, 비가변적 재생에너지는 조절가능한 재생에너지(dispatchable renewable energy)라고 불린다. 수력, 지열 발전 등이 이에 속한다(Lawson, 2019).
22) 소진영 외, 2014: 16.
23) Müller, 2014: 4, 9.
24) Guerra et al., 2022: 2.
25) IPCC, 2014; Bogdanov et al., 2021에서 재인용: 2.
26) Bogdanov et al., 2019; Bogdanov et al., 2021에서 재인용: 2.
27) Krüger, Nov 2, 2022.
28) IRENA, 2022: 6.
29) Appunn, 25 Apr. 2018.
30) 장동환, 2021.10.12.
31) Heffron, 2022: 1.
32) Sabin Center for Climate Change Law, 2024.
33) 상게서.
34) IEA, 2023: 53.

35) Bouzarovski et al., 2020; Hanke et al., 2021에서 재인용: 1.
36) Hanke et al., 2021: 6-7.
37) World Economic Forum, Apr 21, 2021.
38) Johnson, November 16, 2023.
39) Cruciani, 2016: 8.
40) Energimyndigheten, 2015a; Cruciani, 2016에서 재인용: 8.
41) Cruciani, 2016: 9-17.
42) Millot et al., 2020: 11.
43) Ritchie & Rosado, 2024.
44) IEA, 2021b.
45) Johnson, November 16, 2023.
46) Mez, 2009; Hake et al., 2015.
47) 발전차액지원제도(feed-in-tariffs)는 재생에너지의 개발을 지원하기 위해 정부가 재생에너지 전기의 장기 구매 계약을 통해 기준가격보다 시장가격이 낮은 경우 그 차액을 전력생산자에게 지원해주는 제도이다(Couture et al., 2010: 6).
48) Rat der EU, 2007; Hake et al., 2015에서 재인용.
49) 이 부분은 Hake et al., 2015: 534-543을 요약.
50) Ritchie & Rosado, 2024.
51) IEA, 2021c.
52) METI, 2011a; METI, 2019; Watanabe, 2021에서 재인용: 10.
53) Nakagame, 2020: 47.
54) Allen & Wagner, n.d.
55) Koppenborg, 2021: 4.
56) 상게서: 4; Klein, Feb. 12, 2024; Klein, Aug. 22, 2023.
57) Ritchie & Rosado, 2024.
58) Nippon.com, Aug 14, 2023.
59) Watanabe, 2021: 14, 16, 38, 39, 40.
60) Kameyama, 2021.
61) Kameyama, 2021: 10, 11, 13.
62) IEA, 2023: 238.
63) Zhang et al., 2018: 174-176.
64) Dhakal, 2010: 78-80.
65) Zhang et al., 2018: 177-178.
66) Luo & Wang, 2015; Tian, 2016; Han et al., 2018에서 재인용: 235.
67) Cheng et al., 2014; Yang et al., 2015; Sun et al., 2016; Han et al., 2018에서 재인용: 235.
68) Han et al., 2018: 242.
69) Mori, 2018: 34.
70) Mori, 2018.

71) Ritchie & Rosado, 2024.
72) IEA, 2021d.

제 4 장

순환경제: 자원순환의 새로운 패러다임

제4장

순환경제: 자원순환의 새로운 패러다임

매년 세계 경제에는 1,000억 톤에 달하는 자원이 유입되고 있으나, 그 중 재사용되는 양은 10%에 미치지 못하며, 2023년 기준으로는 7.2%에 불과하다.[1] 이는 인간이 오랫동안 당연하게 누려온 '쓰고 버리는(take-make-waste)' 선형적 경제 모델의 한계를 여실히 보여주는 사례이다. 이러한 삶의 방식은 결과적으로 지구온난화를 초래하였다. 전 세계 200여 개 국가가 파리협정에서 약속한 바와 같이, 지구온도 상승폭을 산업화 이전 대비 2℃ 이내로 제한하기 위해서는 자원 사용의 절감, 공급망 내 협력의 강화, 자원의 순환을 촉진하는 '순환경제적(Circular Economical)' 접근이 필수적이다. 이미 유럽연합을 중심으로 핀란드, 프랑스, 독일, 이탈리아, 네덜란드 등의 여러 회원국은 선형경제 모델의 대안으로 제시된 순환경제 로드맵을 완성하거나 이에 대한 작업을 진행 중이다.[2] 우리 정부 역시 2023년 석유, 철강, 자동차, 기계 등의 9대 핵심산업에서 순환경제를 지원하는 'CE(Circular Economy) 9' 프로젝트를 추진하여 순환경제 활성화를 목표로 하고 있다.[3] 이러한 노력은 다양한 폐자원의 산업적 활용을 촉진하는 동시에 순환경제를 본격적으로 추진하기 위한 전략의 일환으로 볼 수 있다.

1 순환경제의 이해

1) 순환경제의 기원과 발전

인류는 수 세기 동안 자연과 공존하며 스스로를 자연의 일부로 인식해 왔다. 그러나 18세기 중반 산업혁명의 시작과 함께 우리 사회는 경제발전의 수단으로 자연을 개발하는 데 집중하게 되었다. 방적기와 증기기관의 발명, 제철산업의 발전 등은 정치구조와 경제에 큰 변화를 초래하였으며, 자유주의 경제체제 하에 경제성장은 지상 최고의 목표가 되었다.[4)]

순환경제 개념의 기원에 대해 명확한 증거는 없지만[5)] 순환경제 개념에 큰 영향을 미친 초기 학자로는 케네스 볼딩(Kenneth E. Boulding)이 자주 언급된다.[6)] 볼딩은 그의 저서 『우주선 지구호의 경제학(*The Economics of the Coming Spaceship Earth*)』(1966)에서 지구 자원을 무한히 사용할 수 있다고 여겼던 과거의 경제 시스템을 '카우보이 경제'로 묘사하며, 지구를 제한된 자원을 가진 '우주선'에 비유했다. 그는 지구를 무한히 착취할 수 있는 대상으로 보는 대신, 제한된 자원을 지닌 닫힌 시스템으로 인식하고 지속가능한 자원 이용의 필요성을 역설했다. 이를 통해 볼딩은 자원 순환을 강조하는 새로운 경제 패러다임을 제안한 초기 학자 중 한 사람으로 평가받는다.[7)]

1972년 로마 클럽의 「성장의 한계」 보고서는 이른바 '카우보이 경제'와 과잉 소비 때문에 100년 이내에 지구환경의 한계에 도달할 것이라고 경고하였다.[8] 1982년에는 스위스 건축가인 발터 스타헬(Watler R. Stahel)이 제품의 소유권 대신 사용권을 판매하여 사용주기를 연장하고 폐기물로 인한 환경적 위험을 감소시키는 아이디어를 제안하였다.[9] 그는 이 시스템을 물질과 에너지의 흐름을 최적화하고 환경에 미치는 영향을 최소화하면서도 경제성장과 사회적·기술적 발전을 제한하지 않는 '나선형 루프 시스템'으로 명명하였다.[10]

한편, 순환경제 개념의 역사를 글로벌 노스(north)의 관점에 국한하지 않고 글로벌 사우스(south)의 시각까지 확장하여 고찰한 연구도 존재한다. 프리언트 외(Friant et al., 2020)는 간디주의 경제, 빅터 파파넥(Victor Papanek)의 생태 디자인, 불교, 유교, 도교 등 동양사상에서 생태주의를 해석한 이론을 포함하여 순환경제의 개념과 역사를 폭넓게 검토하였다. 이들은 순환경제의 발전을 세 시기로 구분하여 설명한다. 첫 번째 시기인 1945년에서 1980년까지는 자연자원의 한계와 생태주의적 접근 및 폐기물 관리에 주목한 '서막의 시기(preamble stage)'로 정의한다. 두 번째 시기인 1980년에서 2010년까지를 순환경제와 관련한 다양한 혁신적 연구가 발전한 '급성장 시기(excitement period)', 그리고 2010년부터 현재까지를 미완의 순환경제 이론들을 검증하는 '유효성 검증의 시기(validity challenge period)'로 구분한다. 이를 통해 순환경제 개념이 어떻게 발전해왔는지를 입체적으로 조망하고 있다.[11]

현재 순환경제를 이끄는 두 개의 큰 축은 자본주의 시스템 내에서 작동하는 개혁주의적 관점과 사회경제 질서의 근본적 변화를 추구하는 변혁주의적 접근으로 구분된다. 두 담론 모두 지구환경의 한계, 리바운드 효과,[12] 사회 정의, 좋은 지배구조 문제를 다루고 있지만, 자본주의가 자원의 한계를 극복하고 경제성장과 생태학적 퇴보 간의 탈동조화를 실현할 수 있는지에 대해서는 상반된 입장을 취하고 있다.

2) 순환경제 개념의 정의

"순환경제"라는 용어는 1989년 데이비드 피어스(David W. Pearce)와 케리 터너(R. Kerry Turner)의 저서에서 처음 사용된 것으로 알려져 있다.[13] 이들은 자원의 소비와 생산에서 자연자원의 투입(input)과 산출(output)을 설명하며, 현대 경제 시스템의 선형적이고 개방적인 특성을 논의하였다.[14] 이후 순환경제에 대한 연구는 지속적으로 발전하였으며, 현재 통용되는 순환경제 개념에 가장 근접한 정의는 맥도노우(W. A. McDonough)와 브라운가트(M. Braungart)의 2002년 저서 『요람에서 요람까지: 우리가 물건을 만드는 방식의 재창조(*Cradle to Cradle: Remaking the Way We Make Things*)』에서 찾아볼 수 있다.[15] 이 저서는 "폐기물은 음식이다(Waste equals food)"라는 개념을 포함한 순환경제의 주요 원칙들을 제시하고 있다. 여기에는 제품이 사용된 후에도 완전히 자연으로 환원가능한 "생물학적 영양소(biological nutrients)"와 산업 내에서 재순환될 수 있는 "기술적 영양소(technical nutrients)"를 통해 가치 하락(down-cycling)을 방지하는 접근법이 포함된다.[16] 또한 재생 디자인(regenerative design), 자연모방(biomimicry), 제품-서비스 통합 시스템(product-service system), 생태효율성(eco-efficiency) 등의 다양한 개념들 역시 순환경제에 큰 영향을 미쳤다.[17]

한편, 엘런 맥아더 재단(Ellen MacArthur Foundation)은 2012년 『순환경제를 향하여: 전환 가속화를 위한 경제적 · 사업적 근거(Toward the Circular Economy: an economic and business rationale for an accelerated transition)』를 시작으로 다수의 순환경제 관련 보고서와 서적을 발간하여, 순환경제 개념을 대중화하는 데 크게 기여한 것으로 평가된다.[18)]

이러한 논의를 종합하여 프리언트 외(Friant et al., 2020)는 순환경제에 대한 네 가지 관점을 제시하고 있다. 첫째, 기술중심적(Technocentric) 시각에서는 순환경제를 통해 경제적 번영과 환경보전이 동시에 가능하다고 본다. 이 관점은 시스템 통합을 통해 경제적 이익과 효율성을 극대화하기 위한 다양한 전략에 초점을 맞추고, 공정한 전환이나 참여보다는 신기술, 혁신, 비즈니스 모델을 통해 녹색 성장을 추구한다. 둘째, 개혁주의적(Reformist) 시각에서는 사회, 경제, 산업, 환경의 혁신을 통해 인간의 사회적 활동과 기술적 변화를 함께 추구한다. 이 시각은 현재의 경제 시스템을 순환적으로 개혁함으로써 생태적 붕괴를 막고 지속가능한 사회경제 시스템을 구축할 수 있다고 본다. 셋째, 변혁주의적(Transformational) 시각은 개혁주의보다 더 근본적인 변화를 지향하며 전체적(holistic), 포용적 세계관으로의 전환을 강조한다. 물질주의, 인류중심주의, 가부장제, 개인주의와 대조되는 시각으로, 개인과 지역사회, 그리고 온 지구가 조화를 이루는 새로운 사회체제 구축을 목표로 한다. 넷째, 방어주의적(Fortress) 시각은 자원 희소성, 인구 과잉, 생물리적 한계에 대응하기 위해 강력한 하향식(top-down) 조치가 필요하다고 주장한다. 그러나 이러한 시각은 주로 글로벌 노스에서 비롯된 백인 남성 중심의 관점에 치우쳐 있다고 비판을 받아 왔다.[19)]

이상에서 논의된 바와 같이 순환경제에 대한 정의는 연구자의 전문분야와 소속기관 또는 주체에 따라 다소 차이를 보이며, 이는 순환경제에 대한 각자의 열망과 목표를 반영한 것으로 볼 수 있다.[20)] 예를 들어, 유럽연합 의회는 순환경제를 "제품, 자원, 소재의 가치를 가능한 한 오랫동안 유지하고 폐기물 생성을 최소화하기 위해 제품이 재사용, 수리,

재제조 또는 재활용되는 시스템"으로 설명한다.[21] 반면, 엘런 맥아더 재단은 순환경제를 "의도와 설계에 따라 회복 또는 재생이 가능한 산업 시스템"으로 정의하며, 여기에 세 가지 주요 원칙을 추가한다. 첫째, 순환경제의 핵심 목표는 폐기물이 발생하지 않도록 제품을 설계하는 것으로, 제품이 분해 및 재사용 주기에 맞게 설계되고 최적화되어, 단순한 재활용과는 구별된다. 둘째, 순환성(circularity)은 제품의 소모품과 내구재를 명확히 구분하는 것을 의미한다. 소모품은 독성이 없고 유익한 생물학적 성분으로 제작되어 사용 후에는 안전하게 생물권으로 돌아갈 수 있어야 한다. 반면, 엔진이나 컴퓨터와 같은 내구재는 금속이나 플라스틱과 같은 '기술적 영양소'로 구성되며, 처음부터 재사용을 목적으로 설계된다. 셋째, 순환에 필요한 에너지는 자연에서 재생가능한 에너지를 사용해야 하며, 이를 통해 자원 의존도를 낮추고 시스템의 회복성을 높이는 데 기여해야 한다.[22] 이처럼 유럽연합의 정의는 폐기물 관리에 초점을 두고 있는 반면, 엘런 맥아더 재단의 정의는 회복과 재생가능성에 중점을 두고 있음을 알 수 있다.

커처 외(Kirchherr et al., 2017)는 순환경제에 관한 문헌에서 114개의 정의를 분석한 결과, 순환경제 정의들이 주로 '감축(reduction), 재사용(reuse), 재활용(recycling), 회수(recovery)'라는 네 가지 개념을 포함하고 있으며, 그 중에서도 재활용이 가장 빈번하게 언급된다는 점을 발견했다. 저자들은 이 네 가지 개념의 우선순위를 정립함으로써 순환경제에 대한 보다 체계적인 접근이 가능하다고 주장한다. 또한 순환경제의 시스템적 관점을 강조하는 연구로 카로니스(Charonis, 2012)는 순환경제를 "회복적(restorative)이고 재생적(regenerative)으로 설계된 시스템"으로 설명하였다.[23] 한편, 코르벨렉 외(Corvellec et al., 2020)는 순환경제에 대한 정의가 100개 이상 존재한다는 사실이 순환경제의 의미와 실행방식

그림 4-1 선형경제와 순환경제

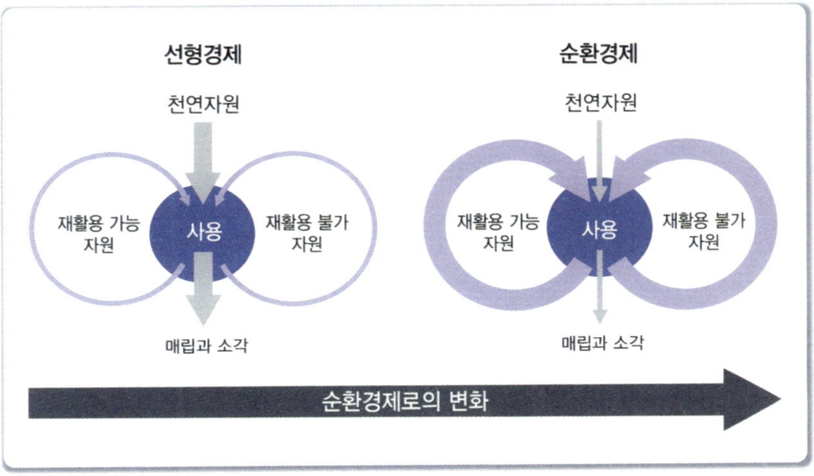

출처: Circular economy: measuring innovation in the product chain. Sillanpaa, M., & Ncibi, C. (2019). p.18, 재인용.

에 대한 해석이 다양하고 논쟁적임을 보여준다고 지적했다.[24]

일련의 연구자들은 순환경제 개념을 보다 명확히 이해하기 위해 '지속가능성' 개념과 비교하기도 한다. 두 개념은 모두 글로벌 관점에서 지구 전체의 공유된 책임과 다양한 주체 간 조화의 중요성을 강조하며, 이해관계자의 행동 변화를 촉구하기 위한 규제와 의도적인 인센티브 구조 설계를 강조한다. 특히, 기업의 역할을 중시하며, 비즈니스 모델의 혁신을 통해 사회적·기술적 변화를 이끌어 낼 수 있다고 본다. 그러나 순환경제는 지속가능성보다 최근에 등장한 개념으로, 두 개념의 목표에는 차이가 있다. 순환경제는 투입 자원에 대한 폐기물과 배출량을 완전히 제거하는 '폐쇄형 시스템'을 지향하는 반면, 지속가능성은 '열린 시스템'에서 이해관계자의 목표에 따라 우선순위나 접근방식이 유연하게 조정될 수 있다.[25] 순환경제가 경제적 행위자를 중심으로 환경과 경제적 이익을 고려하는 것이라면, 지속가능성은 환경, 경제, 사회의 전체적 이익을 포괄하는 접근법이라고 할 수 있다. 따라서 순환경제는 지속가능성을 달성하기 위한 도구이자 지속가능성 원칙들의 일부로 이해될 수 있다.[26] 이상의 논의는 순환경제의 개념 정의가 다양하게 존재하는 만큼, 그 실행방식 또한 정의에 따라 달라질 수 있음을 시사한다.

2 순환형 비즈니스 모델

순환경제는 어떻게 실현될 수 있는가? 머레이 외(Murray et al., 2017)는 순환경제의 실현을 위한 두 가지 핵심 개념으로 '폐쇄형 경제'와 '재설계를 위한 디자인(design to re-design)'을 제시하였다. 순환경제는 단순히 오염을 줄이기 위한 예방적 차원뿐만 아니라 기존의 환경 피해를 극복하고자 더 나은 시스템 구축을 목표로 한다. 여기서 '더 나은 시스템'이란 산업이 환경에 미치는 영향을 제거하고 폐기물을 배출하지 않는 방식으로 운영되는 폐쇄형 시스템을 의미한다.[27] 이러한 새로운 시스템을 구축하기 위한 도구로서 순환형 비즈니스 모델이 활용된다.

1) 순환형 비즈니스 모델

'비즈니스 모델'이라는 개념은 1990년대 닷컴 버블 시기에 대중화되었으며, 당시에는 복잡한 비즈니스 아이디어를 투자자에게 설명하기 위한 수단으로 활용되었다.[28] 그러나 시간이 흐르면서 비즈니스 모델은 체계적인 분석, 기획, 커뮤니케이션을 위한 도구로 발전하여 기업의 경쟁 우위와 성과를 위한 전략적 자산으로 자리잡게 되었다.[29] 비즈니스 모델 혁신은 "완전히 새로운 비즈니스 모델의 개발, 기존 모델의 다각화, 새로운 모델의 도입 또는 다른 비즈니스 모델로의 전환"을 의미하며,[30] 이러한 변화는 기업의 전체 비즈니스 모델뿐만 아니라 구체적인 가치 제안, 가치 창출과 전달방식, 가치 포착의 요소와 이들 간의 관계, 그리고 가치 네트워크에 영향을 미칠 수 있다.[31]

'순환형 비즈니스 모델(circular business model)'은 2010년대 초반 엘런 맥아더 재단과 세계경제포럼에서 순환경제의 확산을 위해 처음 제안되었으며(WEF, 2014; EMF, 2012), 이후 장기적인 관점에서 순환경제 촉진을 위한 핵심 수단으로 인식되었다.[32] OECD 보고서(2018)는 순환형 비즈니스 모델을 통해 "경제 전반의 제품 및 자재 흐름 패턴을 조정함으로써 천연자원과 재료의 추출, 사용 및 폐기 과정에서 발생하는 환경적 부작용을 줄일 수 있다"고 강조한다.

순환형 비즈니스 모델은 순환공급(circular supply), 자원 회수(resource recovery), 수명 연장(product life extension), 공유(sharing), 제품-서비스 시스템(product-service system)의 다섯 가지 특성으로 설명할 수 있다.

첫째, '순환 공급 모델'은 천연 원자재(virgin resources)를 생물 기반, 재생가능 또는 회수된 자원으로 대체하여 장기적으로 천연자원에 대한 수요를 줄이는 데 목표가 있다. 둘째, '자원 회수 모델'은 폐기물을 2차 원자재로 재활용함으로써 최종 폐기물 처리를 줄이고, 동시에 천연자원의 추출과 사용을 대체한다. 셋째, '제품 수명 연장 모델'은 새 제품의 생산 속도를 줄이고, 해당 제품에 사용되는 재료들이 경제시스템 내에서 이동하는 속도를 늦춰 자원 추출과 폐기물 발생률을 감소시킨다. 넷째, '공유 모델'은 활용도가 낮은 제품의 공유를 촉진하여 신

표 4-1 순환형 비즈니스 모델

		가치 제안	가치 창출 & 제공	가치 확보
		• 주요 상품/서비스 • 고객/시장 • 고객 니즈/문제 • 이를 어떻게 해결할 것인가?	• 주요 가치사슬 요소 • 핵심 역량 • 자원과 역량	• 수입원 • 비용 요인 • 수익 모델
순환	• 재사용 • 수리 • 재제조/재정비 • 재활용 • 모듈화 설계 • 역물류 • 핵심부품 반환 인센티브	• 사용, 수리, 재생산, 정비 혹은 재활용된 상품/물건/원재료 • 저렴하고 친환경적 상품, 재료, 공정 또는 EOL(end-of-life), 폐기물 관리 솔루션을 필요로 하는 기존 또는 신규 고객 • 상품, 물건, 원재료를 회수하고 새로운 자원으로 변형	• 상품을 수리, 재제조, 재정비, 재활용하는 작업 • 순환고리를 닫기 위해 공급업체 아웃소싱 및 협력 • 고객으로부터 폐기제품 수거 • 역물류 체인	• 상품/물건/원재료의 남은 가치로부터 추가적 수입 • 자원투입에서 절감된 비용 • 자원의 직접판매 혹은 거래를 통한 수익모델
연장	• 오래가는 제품 • 업그레이드 가능성 • 타임리스 디자인 • 장기사용에 대한 마케팅/소비자 교육 • 유지보수/제품 지원	• 오래 지속되는 상품과 유행을 타지 않는 디자인, 업그레이딩, 보증과 지원, 유지보수/수리/재개조/개선 서비스 • 우수한 질의 상품과 서비스를 제공	• 서비스 운영 • 내구성 있고 수리 가능한 제품 디자인 • 디지털 역량 • 서비스 네트워크 협력 • 장기사용에 대한 마케팅/소비자 교육 • 소비자와의 장기적 관계	• 고품질 상품 및 서비스의 재사용, 고객 로열티 • 서비스 패키지 혹은 맞춤형 계약, 서비스 거래당 지불
강화	• 공유 모델 • 렌트/리스 모델 • 사용자 조합 • 개방적 요소/크리에이티브 커먼즈 • 자원공유 모델	• 서비스로서의 제품, 공동소비 서비스 • 적은 투자의 소유권을 원하는 기존 또는 신규 고객 • 소유권 대신 기능 또는 제품의 임시적 소유를 제공	• 역량 관리(제품의 수요 및 공급) • 디지털 역량 • 수송과 운송 • 상품의 재판매 혹은 재분배 • 자원사용의 속도를 줄이고 순환체계를 완성하는 역량 혹은 협력 • 제품-서비스 시스템 디자인 • 공급업체 관리 • 계약과 소비자 관계 관리	• 서비스 임시 계약, 장기적 고객 관계를 통해 반복적으로 발생하는 수익 • 장기간 제품 사용으로 인한 비용 절감, 작업에서의 잠재적 효율성 향상 • 서비스 단위당 가격, 렌트 혹은 리스 수수료
비물질화	• 하드웨어 대신 소프트웨어 • 제품 대신 서비스 • 수요합리화에 대한 소비자 교육	• 하드웨어의 필요성을 대체하거나 줄이는 서비스 • 특정 비핵심 활동에 대한 전문 지식, 편의성, 총소유 비용을 낮추고자 하는 기존 또는 신규 고객 • 고객의 니즈에 따라 턴키 방식의 해결책 제공	• 디지털화를 위한 기술 디자인 • 제품 - 서비스 시스템 디자인 • 자원사용의 속도를 줄이고 순환체계를 완성하는 역량 혹은 협력 • 수요를 개선하는 소비자 교육(그것이 정말 필요한가?)	• 서비스 가입, 계약, 장기고객 관계에서 반복적으로 발생하는 수익 • 독창성으로 인한 부가가치와 제품 장기사용으로 인한 효율성 및 비용 절감으로 이익률 증가 • 합의된 결과에 따른 가격 책정

출처: Geissdoerfer, M., Pieroni, M. P., Pigosso, D. C., & Soufani, K. (2020). Circular business models: A review. *Journal of Cleaner Production*, 277: 123741. p.19.

제품 및 원자재에 대한 수요를 줄일 수 있다. 다섯째, '제품-서비스 시스템 모델'은 제품의 소유 대신 서비스 제공을 강조하여 기업이 보다 효율적이고 환경친화적인 제품을 설계하도록 장려한다. 기업은 이러한 다섯 가지 비즈니스 모델 특성을 개별적으로 혹은 조합하여 적용할 수 있다.[33)]

문헌조사를 바탕으로 한 가이스도어퍼 외(Geissdoerfer et al., 2020)의 연구도 유사한 맥락에서 순환형 비즈니스 모델의 전략을 네 가지로 제시하고 있다. 첫 번째로 순환(cycling)은 재사용(reuse), 재제조(remanufacturing), 개조(refurbishing), 재활용(recycling)을 통해 시스템 내에서 자원과 에너지의 재활용이 이루어지는 과정을 의미한다. 두 번째로 확장(extending)은 타임리스(timeless) 디자인과 장기사용을 장려하는 마케팅 전략, 그리고 유지보수와 수리를 통해 제품의 사용 수명을 연장하는 전략이다. 세 번째 강화(intensifying)는 공유경제나 대중교통 같은 솔루션을 통해 제품 사용 단계를 촉진하여 자원의 순환을 증진시키는 것을 목표로 한다. 마지막으로, 비물질화(dematerializing)는 제품의 기능을 하드웨어가 아닌 서비스 및 소프트웨어 솔루션으로 대체하여 제공하는 방식을 의미한다.[34)]

특히, 비물질화는 제품-서비스 시스템(product-service system: PSS)의 관점과 밀접하게 연결되어 있다. PSS는 후드쿱 외(Goedkoop et al., 1999)에 의해 처음 소개된 개념으로, 소비자가 제품 자체가 아니라 제품을 통해 제공되는 사용가치를 경험하는 것에 초점을 맞춘다. PSS는 크게 세 가지 유형으로 구분된다. 첫째, 제품 중심의 PSS는 제품 판매와 함께 유지보수, 제품 관련 컨설팅 등의 부가적인 서비스를 제공한다. 둘째, 사용 중심의 PSS는 리스나 렌트와 같은 방식으로 제품의 기능을 소비자에게 제공하지만, 제품 소유권은 PSS 제공자에게 남겨둔다. 셋째,

결과 중심의 PSS는 제품을 직접 제공하지 않고 서비스만을 이용하는 방식으로, 예를 들어 세탁 서비스나 인쇄 서비스가 이에 해당한다.35)

PSS는 제품 수명 연장과 제품 공유와 같은 비즈니스 모델을 통해 순환경제를 실현하는 전략으로 볼 수 있다. 그러나 이러한 시스템을 효과적으로 운영하기 위해서는 제품의 견고성, 주기적인 업데이트, 원활한 운영, 기존 시스템 대비 자원 소비 감소와 같은 전략적 요건이 비즈니스 모델에 적합해야 한다.36)

2) 순환형 비즈니스 모델의 사례

산업 시스템을 순환경제 모델로 전환하기 위해서는 산업생태계 전반에 걸친 다양한 수준에서의 변화가 필요하다. 미시적 수준에서는 개별 기업의 변화를 통해 순환형 비즈니스 모델을 적용하는 것이 중요하며, 중범위 수준에서는 가치사슬 내 여러 조직 간의 협력적 변화가 필수적이다. 또한 거시적 수준에서는 지역 및 국가 차원의 정책과 구조적 변화가 뒷받침되어야 한다.37) 이하에서는 각 수준에서 순환형 비즈니스 모델이 어떻게 실행될 수 있는지 구체적인 사례를 통해 살펴보고자 한다.

인터페이스(Interface)사의 순환형 비즈니스 모델 사례

인터페이스사는 미국 애틀랜타에 본사를 둔 상업용 바닥재 제조 회사로, 1994년 창립자 겸 CEO 레이 앤더슨(Ray Anderson)의 주도 하에 지속가능한 기업으로의 전환을 목표로 설정하였다. 이 회사는 기존의 판매 중심 비즈니스 모델에서 'Evergreen Services Agreement(ESA)' 프로그램을 통해 리스 중심 모델로 전환을 시도하였다. 이 프로그램은 바닥재의 설치, 유지보수 및 제거 서비스를 월 단위 요금으로 제공하고, 사용된 바닥재를 재활용하는 시스템이다. 그러나 7년 간의 ESA 프로그램 운영에도 불구하고 많은 고객이 리스 대신 바닥재 구매를 선호했다. 고객은 매달 지불해야 하는 리스 요금이 비싸다고 생각했고, 바닥재 유지보수는 비용 절감으로 인식하지 않는 등 경제적 요인이 장벽으로 작용했기 때문이다.

이에 따라 인터페이스사는 재생가능한 나일론 섬유와 재활용 가능한 자재를 활용한 모듈형 카펫 타일 생산으로 방향을 전환하였다. 이 제품은 생산 단계에서 기존 산업 평균 대비 탄소배출을 75% 줄였으며, 재생에너지를 사용함으로써 인터페이스사의 전체 탄소 발자국이 총 69%까지 감소하였다. 아타수 외(Atasu et al., 2021)는 지속가능한 순환 비즈니스 모델을 구축하는 데 있어 다양한 전략이 존재할 수 있으나, 기업의 능력과 자원을 고려하여 적절한 전략을 선택하는 것이 성공적인 전환을 위해 중요하다고 강조하였다.38)

순환형 비즈니스 모델을 통한 기업 가치사슬 혁신: HP Brazil & Sinctronics 사례

2019년 이후 매년 전 세계에서 5,000만 톤 이상의 전자폐기물이 발생하고 있으며, 2030년에는 그 양이 7,400만 톤 이상에 이를 것으로 전망된다.39) 이러한 문제에 대응하고자, 주식회사 HP는 2012년 브라질의 제조 파트너인 Flex와 협력하여 Sinctronics를 설립하였으며, 이를 통해 사용된 전자기기를 회수하여 가치를 재창출하는 '역물류체계'를 구축하였다. Sinctronics의 비즈니스 목표는 역물류 관리 시스템부터 재활용 자재를 새로운 IT 제품의 부품으로 통합하는 기술에 이르기까지 전체 서비스 및 솔루션 포트폴리오를 제공하는 데 있다. 특히, HP의 폐기 제품에서 회수된 플라스틱을 재사용하기 위한 폐쇄형 순환 프로세스를 개발하는 데 주력하고 있다.

HP와 Sinctronics 기술팀 간의 긴밀한 협업을 통해 이 계획은 획기적인 성과를 거두었다. 이들은 최소 94%의 재활용 플라스틱과 최대 6%의 안료 및 첨가제를 활용하여 순도 96%의 흰색 재활용 플라스틱을 제조하는 데 성공했다. 2021년 기준 HP 브라질의 플라스틱 재활용률은 30%에 달하며, 2023년까지 이를 45%로 높이는 것을 목표로 하고 있다. Sinctronics가 수집한 자재의 97%는 회수되어 다시 공급망으로 투입되며, 일부는 HP 제품에 사용되고, 금속과 같은 기타 자재는 지역 내 다른 공급망에 활용된다.[40]

지역의 순환형 비즈니스 모델: 핀란드 파이야트-헤메 사례

반하마키 외(Vanhamäki et al., 2020)는 지역 차원에서 순환경제를 실현하기 위해서는 바이오경제(bioeconomy)를 기반으로 한 폐쇄형 순환체계(closed loop)를 설계해야 한다고 주장한다. 바이오경제란 재생가능한 생물 자원(예: 작물, 산림, 동물, 유기성 폐기물)과 이를 전환하여 생산된 음식, 사료, 제품, 에너지 및 서비스 등에 의존하는 경제 형태를 의미하며, 농업, 임업, 어업과 같은 주요 생산부문뿐만 아니라 생물 자원에 의존하는 모든 경제 분야를 포함한다.[41] 순환경제체계의 사례지역인 파이야트-헤메(Päijät-Häme)는 핀란드 남부의 라티(Lahti)를 중심으로 약 20만 명의 인구가 거주하고 있으며, 산림, 가구 제조, 금속, 플라스틱 및 직물 분야의 전통적인 공정 산업이 지역경제의 주축을 이루고 있다. 특히, 이 지역에서 숲과 물은 중요한 자원으로 인식되고 있으며, 농업은 시골지역의 주요 수입원으로 자리잡고 있다. 즉, 농업과 임업, 식품 산업에 기반을 둔 지역적 특성을 고려할 때, 생물학적 순환경제의 중요성을 알 수 있다.

지방정부, 대학, 공기업, 민간기업 등이 참여한 파이야트-헤메의 순환경제 프로젝트는 다섯 가지 전략 목표를 바탕으로 실행되고 있다. 첫째, 가치 창출을 위한 기술적 흐름의 폐쇄형 순환체계 구축, 둘째, 지속가능한 교통 및 에너지 솔루션을 통해 에너지 자급자족 달성, 셋째, 새로운 소비 모델 및 비즈니스 기회 탐색, 넷째, 혁신적인 순환경제 솔루션의 시범적 실행, 다섯째, 바이오 순환경제 관점에서 지속가능한 비즈니스 창출이다.

이를 구체적으로 살펴보면 첫째, 파이야트-헤메 지역의 기술자원인 철, 플라스틱, 직물 등을 포함한 핵심 자원들의 절반 이상이 소각되고 있는 현실을 개선하고, 중소기업이 순환경제로 전환할 수 있도록 지원하기 위해 '순환 재료 도서관'을 설립하였다. 이 도서관은 지역 내 중소기업과, 학계 및 지역개발 주체 간 연구 및 개발 협력의 장으로 활용되고 있다.

둘째, 에너지 자급자족 달성을 위해 석탄 보일러를 나무칩 등 바이오 기반 에너지원으로 대체하고, 건물의 에너지 효율 개선, 전기 및 바이오가스 차량 도입 등을 통해 지속가능한 에너지 사용을 촉진하고 있다.

셋째, 디지털 기술을 활용한 새로운 제품과 서비스 디자인을 통해 임대, 공유, 수리 서비스와 관련된 새로운 비즈니스 기회를 창출하고 있다. 최근 소비자 간 거래가 활발히 이루어지며, 숙박, 교통 및 다양한 종류의 대여 서비스에서 디지털 플랫폼을 통한 경제적 교환방식이 확산되고 있다. 이는 소유 중심의 경제에서 사회적 네트워킹 기반 경제로의 전환을 보여준다.

넷째, Kujala 폐기물 센터와 라비오(LABIO Ltd)를 중심으로 지역 내 다양한 산업 간 재료 및 에너지 교환을 통해 바이오가스와 비료를 생산하는 폐쇄형 순환 시스템을 구축하였다. 일반 가정을 포함하여 각종 산업부문에서 발생하는 생분해성 물질과 폐수처리장의 하수 슬러지로부터 생산된 바이오가스는 지방정부와 공기업 등에 공급되고 있다. 그러나 슬러지 기반 비료는 오염물질에 대한 우려로 인해 이중 생산라인 체제로 전환되었으며, 이를 통해 비료와 산림용 기질로 각각 분류하여 생산하고 있다.

다섯째, 지속가능한 비즈니스 개발의 일환으로 식품 공급망에서 발생하는 폐기물과 자원 손실을 줄이기 위해 영양소 순환체계(closing nutrient loops)를 구축하였다. 현재 유럽연합에서 생산된 음식물의 30%가 낭비되고 있으며, 식품 경제의 비효율성으로 인해 에너지와 자원이 손실되고 음식물쓰레기로 인해 엄청난 비용이 발생한다. 식품 시스템의 폐쇄 순환은 음식물 쓰레기를 비료와 같은 자원으로 전환하여 시스템 내에서 재사용함으로써, 비용과 자원 손실을 최소화하는 데 목적이 있다.

3 순환경제에 대한 비판

지속가능한 사회 구현을 위한 모델로서 순환경제가 주목받고 있음에도 불구하고 이론적 한계와 모형의 불완전성에 대한 비판이 지속적으로 제기되고 있다.[42)]

코르호넨 외(Korhonen et al., 2018)에 따르면 첫째, 순환경제는 '자원을 창조하거나 파괴할 수 없다'는 열역학적 원칙을 간과하고 있다는 점에서 비판을 받는다. 즉, 자원순환의 완전한 폐쇄체계는 현실적으로 불가능하며, 순환 시스템이 구축되더라도 일정 수준의 폐기물 배출은 불가피하다. 코르벨렉 외(Corvellec et al., 2022)는 이를 볼딩이 제시한 '우주선 지구호'에 대한 환상에서 비롯된 개념이라고 비판한다.[43]

둘째, 순환경제를 평가하는 데에 있어 공간적, 시간적 경계 설정의 문제를 들 수 있다. 대부분의 산업 제품은 특정 지역에서 생산되지만, 국제적인 수명주기를 가지고 있다. 예를 들어, 한 국가의 바이오매스 산업은 높은 생태효율성을 달성할 수 있지만, 바이오매스를 수입하는 국가의 생물다양성에 부정적인 영향을 미칠 수 있다.[44] 또한 인간이 동원하는 물질과 에너지의 흐름은 장·단기적인 환경영향을 모두 고려해야 하지만, 이러한 영향을 완벽하게 측정하는 것은 어려운 일이다.

셋째, 순환경제는 제품의 재사용, 재제조 및 개조를 통해 전 세계 경제의 자원사용 효율성을 높일 수 있을 것으로 기대된다. 하지만, 생산효율이 증가할수록 생산비용이 감소하고 결국 최종 제품의 가격이 하락하여 소비가 촉진되는 '제번의 역설(Jevon's paradox)'이 발생할 수 있다. 이는 경제성장에 따라 자원 수요가 늘어나면서 순환경제의 환경적 이익이 상쇄될 수 있음을 의미한다.[45] 또한 부유한 국가가 환경정책을 통해 지속가능성을 강화할 때, 경제성장으로 인한 자원수요가 동시에 증가하는 경우, 환경에 해로운 생산활동이 가난한 국가로 이전될 수 있다. 이로 인해 가난한 국가의 생물다양성이 감소하면 특정 희귀종의 이주가 줄어들고, 결과적으로 부유한 국가의 생물다양성도 감소하게 된다. 이러한 현상은 '부메랑 효과'로 알려져 있다.[46]

넷째, 순환경제 전환에는 경로의존성과 락-인(lock-in) 효과가 존재한다. 이는 기존 조직의 관행이 일종의 관성을 형성하여 순환경제와 같은 새로운 아이디어를 수용하기 어려운 상황을 의미하며,[47] 오랜 기간

확립된 선형경제 시스템을 쉽게 변화시키기 어렵다는 점을 시사한다.

다섯째, 순환경제 구현을 위한 조직 내·외의 협력이 부족하다는 점이 지적된다. 자연과 생태계는 인위적으로 만들어진 행정적, 지리적 경계를 따르지 않기 때문에, 지속가능성을 위해서는 기관 간, 기업 내·외, 생산자와 소비자 간의 협력이 필수적이다. 자원순환과 에너지 사용 측면에서 기업과 정부가 협력하는 산업 생태계 네트워크 사례가 존재하지만, 여전히 네트워크 내 리더십, 책임, 이익 분배 등의 문제에서 갈등이 발생한다.

여섯째, 순환경제 관련 용어들이 명확히 정의되지 않아 정책적, 법적 실행에 어려움이 있다. 예를 들어, 폐기물 발생량과 재활용은 환경통계에서 명확하게 범주화되어 있으나, 제품 재사용, 재제조와 같은 순환경제 관련 용어들은 아직 명확하게 정의되지 않고 있다. 이러한 문제는 순환경제를 위한 구체적인 법적·정책적 수단 마련에 장애가 된다.[48)]

이 외에도 순환경제가 지속가능한 성장을 비정치화한다는 비판도 제기되고 있다. 밀러 외(Millar et al., 2019)는 지속가능성이 환경, 경제, 사회 측면을 포함하고 순환경제가 지속가능성의 수단으로 설명됨에도 불구하고, 순환경제에서 사회적 측면이 종종 간과되고 있음을 지적한다.[49)] 코르벨렉 외(Corvellec et al., 2022) 또한 순환경제가 기술적 문제로만 다루어져 기업활동에 종사하는 다양한 사회적 계층을 포괄하지 못하고 있다고 비판한다. 예를 들어, 폐기물 수거, 재사용 등의 작업은 주로 사회적으로 소외된 계층의 사람들이 수행하는 경우가 많기 때문이다.[50)]

그러나 이러한 비판들이 순환경제가 선형경제 모델의 대안으로서 근본적인 문제가 있음을 의미하지는 않는다. 2023년 발표된 「순환성 격차 보고서(Circularity Gap Report)」[51)]에 따르면, 식량, 건설, 제조, 교통 분야에서 순환경제가 실행되었을 때, 원천자원 소비를 1/3로 줄이고 온실가스 배출을 감소시켜 지구온난화를 2도 이하로 억제할 수 있다고 한다.[52] 이는 순환경제가 현재 선형경제 모델의 유일한 대안은 아닐지라도, 매우 중요한 대안임을 시사한다.

4 순환경제로의 전환을 위한 노력

세계의 많은 국가가 순환경제를 국가정책의 중요한 부분으로 수용하고 있지만, 실제 순환경제로의 전환은 여전히 미미한 상태이다. 세계 순환성 지수(global circularity index)는 최근 더욱 악화되는 추세로, 2018년 9.1%, 2020년 8.6%, 2023년 7.2%로 계속 하락하고 있다.[53] 이러한 상황을 극복하기 위해 「순환성 격차 보고서」(2023)는 정부와 기업의 동시적 노력이 필수적임을 강조하며, 세 가지 권고 사항을 제안하고 있다.

첫째, 효율성보다 충분성(sufficiency), 탄력 회복성(resilience), 적응성(adaptability)을 중시하는 라이프스타일로의 전환이 필요하다. 이를 위해 정부는 복지(wellbeing)를 경제발전의 주요 지표로 설정하고, 기업은 충분성에 기반한 가치를 고객에게 제공하는 전략을 고려해야 한다고 권고한다.

둘째, 자연에서 자원을 추출하는 대신 재생의 관점으로 전환해야 한다. 이를 위해 정부는 자연자본(natural capital)을 체계적으로 모니터링하고, 세제 혜택과 보조금을 통해 탄소 감축과 자연자원의 관리를 지원해야 한다. 한편, 기업은 생태계를 고갈시키는 비재생 자원의 사용을 제한하고, 지구의 재생 능력을 강화하는 방향으로 비즈니스 모델을 재구성할 필요가 있다.

셋째, 경제의 초점을 소유와 축적(accumulation)에서 공평한 분배(distribution)로 전환해야 한다. 이를 위해 정부는 공공인프라와 서비스에 투자하고, 순환경제로의 공정한 전환을 지원해야 하며, 기업은 서비스 기반의 비즈니스 모델로 전환하여 소비자의 주요 욕구를 충족시키고, 순환적 제조과정과 디지털 기술을 활용해 제품의 서비스화를 추진해야 한다.54)

이상의 내용을 종합해보면, 순환경제는 아직 이론과 실천의 격차로 이상적인 비전 실행에 어려움이 존재하지만, 자원의 과잉소비 문제를 해결하고 지구온난화를 완화할 수 있는 중요한 솔루션임은 분명하다. 순환경제의 실행은 산업 생태계 전반에 필요하며, 이러한 변화를 촉진하기 위해서는 정부, 기업 및 이해관계자 간의 협력적 노력이 필수적이다.

순환경제를 지원하는 정책이 실제로 효과가 있는지 공정한 비전을 제시하는지, 그리고 기업 활동의 시간적·공간적 경계를 고려한 순환경제로의 계획과 평가가 어떻게 이루어질 수 있는지는 중요한 문제이다. 또한 순환경제라는 새로운 업무방식을 확산하기 위한 방안, 제품 가치사슬 내 이해관계자들과의 협력을 강화하기 위한 대안, 제조 중심에서 서비스 중심으로 기업을 전환할 수 있는 방법, 그리고 지역 단위의 순환경제 실행을 위한 지방정부의 역할 등은 모두 현장에서의 전환을 기반으로 상호 시너지를 창출해야 할 핵심적인 과제이다.

참고문헌

환경부 · 산업통상자원부. (2023.6.21). "다양한 폐자원을 산업에 원활히 활용"…'순환경제' 본격 추진. 대한민국 정책 브리핑.

Aarikka-Stenroos, L., Chiaroni, D., Kaipainen, J., & Urbinati, A. (2022). Companies' circular business models enabled by supply chain collaborations: An empirical-based framework, synthesis, and research agenda. *Industrial Marketing Management*, 105: 322-339.

Atasu, A., Dumas, C., & Van Wassenhove, L. (Jul.-Aug. 2021). The circular business model. *Harvard Business Review*.

Birat, J. P. (2015). Life-cycle assessment, resource efficiency and recycling. *Metallurgical Research & Technology*, 112(2): 206.

Boulding, K. E. (1966). The Economics of the Coming Spaceship Earth. In H. Jarrett (ed.) 1966. *Environmental Quality in a Growing Economy*, pp.3-14. Baltimore, MD: Resources for the Future/Johns Hopkins University Press.

Circular Economy & Deloitte. (2023). *The circularity gap report*.

Corvellec, H., Böhm, S., Stowell, A., & Valenzuela, F. (2020). Introduction to the special issue on the contested realities of the circular economy. *Culture and Organization*, 26(2): 97-102.

Ekins, P. (2019). Part I: Theoretical and conceptual foundations. In *The circular economy: What, why, how and where*, Background paper for an OECD/EC workshop on 5 July 2019 within the workshop series "Managing environmental and energy transitions for regions and cities," Paris.

Ellen MacArthur Foundation. (2013). *Towards the circular economy Vol. 1: An economic and business rationale for an accelerated transition*.

Ellen MacArthur Foundation. (2021). *Creating a reverse logistics ecosystem: HP Brazil & Sinctronics*.

Eur-Lex: Access to European Law. (n.d.). *Circular Economy.*

Friant, M. C., Vermeulen, W. J., & Salomone, R. (2020). A typology of circular economy discourses: Navigating the diverse visions of a contested paradigm. *Resources, Conservation and Recycling*, 161: 104917.

Geissdoerfer, M., Pieroni, M. P., Pigosso, D. C., & Soufani, K. (2020). Circular business models: A review. *Journal of Cleaner Production*, 277: 123741.

Geissdoerfer, M., Savaget, P., Bocken, N. M., & Hultink, E. J. (2017). The Circular Economy-A new sustainability paradigm? *Journal of Cleaner Production*, 143: 757-768.

Geng, Y., Fu, J., Sarkis, J., & Xue, B. (2012). Towards a national circular economy indicator system in China: an evaluation and critical analysis. *Journal of Cleaner Production*, 23(1): 216-224.

Isles, J. (June 28, 2021). Which country is leading the circular economy shift? *Ellen MacArthur Foundation.*

Kirchherr, J., Reike, D., & Hekkert, M. (2017). Conceptualizing the circular economy: An analysis of 114 definitions. *Resources, Conservation and Recycling*, 127: 221-232.

Kjaer, L. L., Pigosso, D. C., Niero, M., Bech, N. M., & McAloone, T. C. (2019). Product/service systems for a circular economy: the route to decoupling economic growth from resource consumption? *Journal of Industrial Ecology*, 23(1): 22-35.

Korhonen, J., Honkasalo, A., Seppälä, J. (2018). Circular economy: The concept and its limitations. *Ecological Economics*, 143: 37-46.

Lingegård, S. (2020). Product service systems: Business models towards a circular economy. In M. Brandão, D. Lazarevic, G. Finnveden (eds.), Handbook of the Circular Economy (pp.61-73). Edward Elgar Publishing.

Mahoney, J., & Schensul, D. (2006). Historical context and path dependence. In *The Oxford Handbook of Contextual Political Analysis*. Oxford University Press.

Millar, N., McLaughlin, E., & Börger, T. (2019). The circular economy:

swings and roundabouts? *Ecological Economics*, 158: 11-19.

Murray, A., Skene, K., & Haynes, K. (2017). The Circular Economy: An Interdisciplinary Exploration of the Concept and Application in a Global Context. *Journal of Business Ethics*, 140(3): 369-380.

OECD. (2018). *Business Models for the Circular Economy*. OECD Publishing.

Sillanpaa, M., & Ncibi, C. (2019). *The circular economy: Case studies about the transition from the linear economy*. Academic Press.

Su, B., Heshmati, A., Geng, Y., & Yu, X. (2013). A review of the circular economy in China: moving from rhetoric to implementation. *Journal of Cleaner Production*, 42: 215-227.

Tiseo, I. (2024). Projected electronic waste generation worldwide from 2019 to 2030 (in million metric tons). *Statista*.

Vanhamäki, S., Virtanen, M., Luste, S., & Manskinen, K. (2020). Transition towards a circular economy at a regional level: A case study on closing biological loops. *Resources, Conservation and Recycling*, 156: 104716.

Winans, K., Kendall, A., & Deng, H. (2017). The history and current applications of the circular economy concept. *Renewable and Sustainable Energy Reviews*, 68: 825-833.

주

1) Circular Economy & Deloitte, 2023.
2) Isles, June 28, 2021.
3) 환경부 · 산업통상자원부, 2023.6.21.
4) Sillanpaa & Ncibi, 2019: 1-3.
5) Winans et al., 2017: 825.
6) Ghisellini et al., 2016; Andersen, 2006; Lieder & Rashid, 2016; Millar et al., 2019에서 재인용: 13.
7) Boulding, 1966: 7-8.
8) Meadows et al., 1974; Ekins, 2019에서 재인용: 6.
9) Geissdoerfer et al., 2017: 759.
10) Geissdoerfer et al., 2017: 759.
11) Friant et al., 2020: 7.
12) 에너지 효율성이나 자원 절약을 위한 조치를 취하더라도 실제로는 에너지 사용량이나 자원 사용량이 줄어들지 않고 오히려 증가하는 현상. 더 효율적인 자원 활용이나 에너지 절약 기술이 도입되어도 그 결과로 인한 비용 절감이나 이득을 재사용하여 더 많은 자원을 소비하는 경우가 발생. 이로써 원래 의도했던 에너지나 자원 절약 효과가 상쇄되는 현상을 의미.
13) Anderson, 2007; Ghisellini et al., 2016; Su et al., 2013; Geissdoerfer et al., 2017에서 재인용, 2017: 759.
14) Geissdoerfer et al., 2017: 759.
15) Sillanpaa & Ncibi, 2019: 6; Geissdoerfer et al., 2017: 759.
16) Sillanpaa & Ncibi, 2019: 6.
17) Millar et al., 2019: 13.
18) Geissdoerfer et al., 2020: 3.
19) Friant et al., 2020: 11-12.
20) Sillanpaa & Ncibi, 2019: 7.
21) Eur-Lex: Access to European Law, n.d.
22) Ellen MacArthur Foundation, 2013: 7.
23) Kirchherr et al., 2017: 227.
24) Corvellec et al., 2020: 97.
25) Geissdoerfer et al., 2017: 762, 764.
26) Sillanpaa & Ncibi, 2019: 286.
27) Murray et al., 2017: 373.
28) Writz et al., 2010; Zott et al., 2011; Geissdoerfer et al., 2020에서 재인용: 3.
29) Geissdoerfer et al., 2020: 3.
30) Geissdoerfer et al., 2018; Geissdoerfer et al., 2020에서 재인용: 3.

31) Geissdoerfer et al., 2020: 3.

32) 상게서: 8.

33) OECD, 2018.

34) 상게서: 7-8.

35) Lingegård, 2020: 62-63.

36) Kjaer et al., 2019.

37) Aarikka-Stenroos et al., 2022: 322.

38) Atasu et al., Jul.-Aug. 2021.

39) Statista, 2024.

40) Ellen Macarthur Foundation, 2021.

41) Vanhamäki et al., 2020: 2.

42) Korhonen et al., 2018.

43) Corvellec et al., 2022: 423.

44) Mayer et al., 2005; Korhonen et al., 2018에서 재인용: 42.

45) Mayumi et al., 1998; Jevons, 1990; Korhonen et al., 2018에서 재인용: 43.

46) Mayer et al., 2005; Korhonen et al., 2018에서 재인용: 43.

47) Mahoney & Schensul, 2006.

48) Korhonen et al., 2018.

49) Millar et al., 2019: 16.

50) Corvellec et al., 2022: 428.

51) 이 보고서는 유엔환경계획, 맥아더 재단 등과 협력하는 순환경제재단(Circular Economy Foundation)의 주도로 매해 만들어지며, 세계 148개국의 데이터를 기반으로 한다(Circular Economy & Deloitte, 2023).

52) 상게서: 16

53) 전 세계의 순환성은 2018년, 2020년, 2023년에 각각 9.1%, 8.6%, 7.2%로 악화되고 있다(상게서: 8).

54) 상게서: 29-30.

제 5 장

순환 디자인: 지속가능한 제품설계

1_순환 디자인의 이해
2_순환 디자인의 개념적 구조
3_순환 디자인의 사례들
4_순환 디자인의 확산을 위한 정책적 노력

제5장

순환 디자인: 지속가능한 제품설계

순환 디자인(Circular Design)은 환경을 고려한 그린 디자인에서 출발해 기업 활동의 생애주기(life-cycle)와 비즈니스 모델까지 포괄하는 시스템 차원의 디자인으로 발전해왔다. 인류 역사에 디자인의 공과는 다양하게 평가되고 있지만, 그린 디자인, 에코 디자인, 지속가능한 디자인, 순환 디자인으로 이어지는 환경친화적 디자인 방법론은 지속가능한 사회를 모색하는 중요한 수단으로 볼 수 있다. 우리가 입는 옷, 거주하는 집, 이동하는 교통 수단 등은 모두 '디자인'된 것이기 때문이다. 우리는 삶의 모든 순간에 디자인을 경험하는 만큼 인류세(Anthropocene)에 디자인의 역할과 영향은 누구도 부정할 수 없을 것이다.

순환 디자인은 앞서 논의한 순환경제와도 긴밀한 관계에 있다. 순환경제에 부합하는 제품 여부는 이미 디자인에서 판별되며, 환경영향을 최소화하고자 하는 디자인이 순환경제 성공의 핵심 요인이기 때문이다. 유럽연합의 에코 디자인 지침(Ecodesign Directive)은 제품의 환경영향 80%가 디자인 단계에서 결정된다고 추정하며, 제품의 라이프 사이

클에서 환경영향과 관련해 고려해야 할 디자인 요소들을 명시하고 있다.[1)]

1 순환 디자인의 이해

환경을 고려한 디자인의 시초는 생태학 용어를 처음 만든 독일의 동물학자 에른스트 헤켈(Ernst Haeckel)로 알려져 있다. 헤켈은 1866년에 발표한 책 『생물체의 일반 형태론(*The General Morphology of Organisms*)』에서 그리스어로부터 파생된 "oekologie"라는 단어를 사용했다. 칼리폴리티(Kallipoliti, 2018)는 헤켈의 계통도나 괴테(J. Wolfgang von Goethe)의 원조식물(Urpflanze)과 같이 자연세계의 질서와 근원을 시각화한 지도를 언급하며, 이 시대를 에코 디자인의 전기(prehisotry)로 간주할 수 있다고 설명한다.[2)]

한편, 산업 디자인의 관점에서 보면 친환경 디자인은 1980년대 생태학과 환경주의로부터 영감을 받아 발전해왔다. 마지(Madge, 1997)에 따르면, '그린 디자인(green design)'에서 출발한 친환경 디자인은 '에코 디자인', '지속가능 디자인'으로 용어가 확장되면서 이론과 실무의 범위를 넓혀나갔다. 1980년대에는 환경 문제에 대한 대중의 관심이 높아지면서 유럽을 중심으로 녹색 정당들이 탄생했다. 영국 디자인협회는 1986년 '그린 디자이너'라는 제목의 전시회를 개최하면서, 관련 저서도 발간하였다. 물론, 그린 디자인이 단편적인 생태적 영향에만 초점을 두었다는 비판도 존재한다.[3)] 그러나 과학과 기술을 기반으로 환경을 관리할 수 있다는 믿음도 강하였다.[4)]

한편 '에코 디자인(ecological design)'이라는 용어는 1989년 에코 디자인 저널이 발간되면서 본격적으로 사용되었다.[5] 초기의 에코 디자인은 "재료와 제품, 시스템, 환경, 지역사회를 생명체와 지구 생태계에 친화적으로 디자인하는 것"으로 정의되었다. 1990년대 초에는 네덜란드와 영국을 비롯한 유럽 국가에서 정부의 지원을 받은 에코 디자인 연구와 프로젝트가 다수 이루어졌다. 에코 디자인은 세부적 실행에 중점을 두어 개별 제품부터 전체 산업까지 시스템적인 관점에서 고려하였고, 제품의 생산에서 폐기까지 에너지와 물질의 흐름을 분석하는 생애주기(life-cyle) 모델도 포함되었다.[6]

지속가능성 개념은 1987년 브룬틀란(Brundtland) 위원회가 발간한 「우리 공동의 미래(Our Common Future)」 보고서 이후 주목받게 되었다. 브룬틀란 위원회는 전 지구적 시각에서 에너지와 자원의 소비를 논의했고, 빈곤과 환경보전의 문제를 연계하였다. 따라서 자연스럽게 '지속가능 디자인(sustainable design)'은 도덕적이고 사회적인 책임에 대한 시각을 포함하게 되었다.[7] 헤인스-개드 외(Haines-Gaad et al., 2023)는 지속가능 디자인을 생태적, 사회적 고려에 경제적 관점까지 통합한 디자인으로 정의하였다.[8] 그린 디자인이 제품에 초점을 둔 단기적인 관점의 접근이라면, 지속가능 디자인은 제품이 포함된 시스템 전반을 장기적 관점에서 설계하는 디자인으로 볼 수 있다.[9]

그러나 브룬틀란 보고서보다 앞서 디자이너들에게 환경과 사회에의 기여를 촉구한 이는 빅터 파파넥(Victor Papanek)이다.[10] 1971년 파파넥의 저서 『인간을 위한 디자인(*Design for the Real World*)』은 세계적으로 수많은 디자이너와 연구자들에게 영향을 끼쳤다. 그는 디자이너가 사회에 미칠 수 있는 부정적인 영향을 다음과 같이 제시했다. 첫째, 소비를 조장하며 사람들에게 필요하지 않은 물건을 디자인하는 것, 둘째,

안전하지 않은 제품을 만들어 인류에게 해를 끼치는 것, 마지막으로 자원을 고갈시키고 폐기물을 늘리며 공기를 오염시키는 세 가지이다. 파파넥은 디자이너들이 그들이 다루는 인공물(artefact) 자체에만 주목하고, 그 인공물로 인해 파생되는 사회적, 물리적 영향은 고려하지 않는다고 비판했다.[11] 이에 따라 그는 다학제적인 디자인 팀 구성을 제안하며, 주어진 문제를 다양한 관점에서 종합적으로 고려할 수 있는 통합 역량(comprehensive synthesist)을 갖춘 디자이너의 중요성을 강조하였다.

'순환 디자인(circular design)'은 가장 최근에 등장한 친환경 디자인 개념으로 기존의 접근이 제품의 최적화에 중점을 둠으로써 한계가 있었다면, 순환 디자인은 제품 및 시스템의 근본적인 혁신을 통해 순환경제를 지원하는 방법이다.[12] 관련 전문가들은 제품과 시스템의 근본적인 재디자인(radical redesign)을 위해 디자이너와 제품 개발자는 시스템 수준의 사고(system-level thinkers)를 할 수 있어야 하며, 제품의 수명주기 연장 전략과 비즈니스 모델을 주의깊게 고려할 수 있어야 한다고 주장했다.[13]

순환형 비즈니스 모델은 기업 활동 흐름의 한 부분 혹은 전체를 수정하여 환경에 대한 영향을 줄이거나 긍정적으로 돌리는 것이다. 비즈니스 모델 혁신은 제품 전체 생태계를 고려하고, 다양한 제품 수명 연장 전략을 통해, 제품의 가치를 경제적, 환경적 관점에서 극대화하는 것이다.[14] 기업이 순환형 비즈니스 모델을 계획할 때 순환 디자인은 도구로 사용될 수 있다. 요약하면, 그린 디자인에서 순환 디자인에 이르기까지 디자인을 통해 환경영향을 줄이자는 핵심 메시지는 유사하며, 제품의 수명주기에 기반한 에코 디자인과 순환 디자인은 상호 보완적으로 발전해왔다고 볼 수 있다.

2 순환 디자인의 개념적 구조

순환 디자인은 거시(Macro), 중간(Meso), 미시(Micro)의 각 수준에서 에코 디자인과 조직의 통합을 강조한다. 거시 단계에서는 생애주기 사고를 기반으로 조직의 혁신 전략과 지속가능성을 고려하며, 중간 단계에서는 제품개발과 포트폴리오 관리에 있어서 에코 디자인을 통합한다. 미시 단계에서는 프로젝트 수준에서 에코 디자인 도구(tool)를 사용한다.[15] 각 수준은 상호 중복될 수 있으며, 이하에서는 각 수준별로 순환 디자인이 실무에서 어떻게 적용될 수 있는지 살펴본다.

1) 미시 단계: 순환 디자인 도구

순환 디자인 도구(tool)는 현장 실무자와 학계 연구자에 의해 각각 발전해왔다. 앨런 맥아더 재단(Ellen MacArthur Foundation)과 세계적으로 유명한 디자인 회사 아이데오(Ideo)가 함께 개발한 '순환 디자인 가이드(circular design guide)'는 현장 실무자의 작품으로 볼 수 있다. 이 가이드에 따르면, 순환 디자인은 이해하기(understand)-정의하기(define)-만들기(make)-출시하기(release)의 네 단계로 구성된다.[16] '이해하기'는 순환경제에 대한 기본적인 이해를 바탕으로 기업이 자연과 지역사회에 기여할 수 있는 가치를 모색하며, 자연생태계 시스템의 순환적 방식에 기초하여 기업의 제품을 고객의 니즈에 맞게 전달할 수 있는 서비스 방식에 대해 검토한다. '정의하기' 단계에서는 기업이 당면한 문제를 구체적으로 파악한다. 이 단계에서는 해결하고자 하는 문제를 설정하고, 이를 함께 풀어나갈 다학제적 팀을 구성한 후, 이해관계자를 파악하고, 이들의 참여를 이끌어 낼 전략을 개발한다. 마지막으로, 순환경제 관점에서 고객에게 새롭게 제공할 수 있는 가치제안을 기획하는 활동으로 구성된다. '만들기' 단계에서는 디자인의 전형적인 접근법으로 사용자 중심의 연구와 순환적 설계원칙을 바탕으로 아이디어 도출부터 프로토타입 제작까지의 과정을 포함한다. 이 과정은 신속한 프로토타이핑을 통해 가능한 아이디어를 발전시키고, 환경친화적 제품개발을 목표로 한다. '출시하기' 단계는 제품이나 비즈니스 모델의 개념을 시장에 시범적으로 출시하고 피드백을 수집하여 더욱 발전시키는 단계로, 제품 및 조직의 가치를 극대화하는 데 중점을 둔다.[17)]

반 스테인과 흐라우스(Van Stijn & Gruis, 2020)는 기존의 순환 디자인 구조(framework)를 분석하여 디자인 과정에서 고려해야 할 변수(parameter)와 옵션을 파악하고, 건조환경에 특화된 도구를 제안했다. 이는 학계에서 제시한 순환 디자인 도구의 예로서 "순환형 건축 요소 생성(Circular Building Components Generator)" 모형이라 불린다. 이 모형은 기술 모델, 산업 모델, 비즈니스 모델의 세 단계로 구성되어 있다. 기술 모델에서는 건축 자재와 에너지, 이들의 생애주기 등이 고려되며, 산업 모델에서는 공급망 파트너, 자원, 운송 등이 포함된다. 비즈니스 모델에서는 비즈니스 파트너, 고객, 수익구조, 가치사슬 등이 고려될 수 있다. 이러한 모델을 도식화하여 순환 과정을 분석한 후 디자인 카드와 캔버스를 통해 기존 모형을 고려함과 동시에 새로운 순환적 구조를 디자인할 수 있는 옵션들을 구상하게 된다. 이 디자인 과정은 구상하기(ideate), 생성하기(generate), 정제하기(refine)의 반복을 통해 다양한 순환 디자인 요소를 도출할 수 있다.[18)] 이 외에도 순환 디자인의 전략을 분류하고 제품을 평가할 수 있는 모라노 외(Moreno et al., 2017)의 연구,[19)] 반 스테인과 흐라우스(Van Stijn & Gruis, 2020)의 아이디어를 카드 형태로 발전시킨 독터 외(Dokter et al., 2020)의 '순환을 위한 카드(Cards for circularity)'[20] 등이 있다.

2) 중간 단계: 제품 개발을 위한 '디자인 포 엑스'

제품 개발과 포트폴리오 관리에서 에코 디자인의 적용은 'X를 위한 디자인(Design for X: DfX)'이라는 다양한 접근법으로 설명된다. 여기에서 X는 다양한 에코 디자인 전략을 의미하며,[21] 이하에서는 도어셀러(Doorsselaer, 2022)의 설명을 바탕으로 DfX 전략들을 살펴보고자 한다.[22]

첫째, 제품의 수명을 연장하기 위해서는 유지, 보수, 업그레이드가 용이하고, 제품의 분해와 조립이 가능하도록 설계되어야 한다(Design for Assembly/Disassembly: DfA/DfD). 일반적으로 표준 나사와 드라이버 같은 표준도구 및 결합 구성 요소의 사용, 해체가 용이한 스냅 피팅(snap fitting) 활용, 접착제 사용 금지, 접합부의 접근가능성 허용, 부품 수 최소화, 조립 및 해체가 용이한 모듈형 요소를 활용한 디자인, 조립이나 분해시 일관성 유지를 위해 한 방향으로 조립 가능한 디자인 등이 포함된다. 볼트와 너트, 스크류, 벨크로, 지퍼 등을 활용하는 것이 DfA/ DfD 전략의 사례가 될 수 있으며, 이러한 요소가 결합하기 쉬운 방식으로 디자인되었을 때, 제품의 조립과 해체가 더욱 용이해진다.[23]

둘째, 제품의 수명 연장을 위해서는 제품들이 쉽고 저렴하게 유지보수될 수 있도록 하는 것이 중요하다(Design for Maintainability: DfM). 이를 위해 디자이너는 제품을 쉽게 청소할 수 있도록 설계하거나 제품의 유지보수에 도움이 되는 설명서를 제공하고, 유지보수 프로그램 혹은 서비스를 제공하는 방안을 고려할 수 있다. 자전거는 DfM의 전형적인 사례로서 일반적으로 페달이나 기어, 바퀴 등 고장난 부품만을 쉽게 유

지보수할 수 있도록 모듈형으로 디자인되어 있다.[24)]

셋째, 소비자가 제품을 쉽게 수리할 수 있도록(Design for Repair: DfR), 디자이너는 제품의 구성 부품별 마모 속도를 쉽게 파악할 수 있게 하고, 부품을 손쉽게 교체할 수 있도록 설계해야 한다. 또한 수리 키트, 안내서, 도구를 함께 제공하고, 구성 부품을 장기간 공급할 수 있는 체계를 마련해야 한다. DfR의 사례로 암스테르담에 위치한 스마트폰 회사 페어폰(Fairphone)을 들 수 있다. 페어폰은 모듈식 구조와 5년 보증기간 동안 예비부품을 사용해 누구나 쉽게 수리할 수 있는 스마트폰을 판매한다. 최근 프랑스에서 시행된 전자제품의 수리 가능성 평가 결과에 따르면, 2021년 페어폰의 최신 모델 8GB 버전은 10점 만점에 9.3점, iPhone 12는 6점을 받은 것으로 알려져 있다.[25)]

넷째, 재제조를 위한 디자인 전략(Design for Remanufacture: DfRem)은 제품과 서비스를 함께 제공하는 비즈니스 모델에서 특히 유용하다. 제품을 공유하거나 대여하는 등 제품 대신 서비스를 판매하는 기업은 제품이 기업의 소유로 남기 때문에 기업 입장에서는 제품을 쉽고 빠르고 저렴하게 수리하거나 업그레이드하는 것이 중요하다. 보르스마 외(Boorsma et al., 2022)는 제조와 재제조를 성공적으로 결합한 프린트 회사의 사례를 연구하였다. 이 회사는 1980년대 신규 프린터 120대를 생산할 때, 재제조 제품도 100대 정도 생산할 만큼 재제조가 활발했다. 그러나 제품의 종류가 다양해지면서 재제조의 비중은 줄어들고, 빠르게 발전하는 프린트 기술과 변화하는 소비패턴으로 인해 재제조는 제품개발과 점차 거리가 멀어지게 되었다. 2018년 이 회사는 재제조를 다시 중점 사업으로 삼고 이를 위해 별도 부서를 설립했다. 이 부서는 30개의 재제조 관련 제품을 생산하는데, 이 중 2개는 100% 재제조 제품이며 나머지는 부분적 재제조 제품이었다. 그동안 회사는 신제품 개발 및 생산과 별개로 재제조를 진행해왔고, 이로 인해 회사의 전반적인 비즈니스 전략과 재제조 사이에 간극이 벌어진 것이다. 저자들은 신제품 개발 시 재제조를 고려한 통합적 설계를 통해 자원의 효율적 활용 등 더 큰 가치를 창출할 수 있다고 제언하였다.[26)]

다섯째, 제품이나 그 구성 요소가 폐기될 때, 재료에 따라 재활용하거나, 생분해가 가능하도록 설계할 수 있다(Design for recycling & design for composting: DfRecy & DfC). 따라서 디자이너는 제품의 소재를 선택할 때 두 가지 기준을 고려해야 한다. 첫째, 속성이 손상되지 않으면서 재활용될 수 있는 소재인가? 둘째, 해당 소재를 수집하고 재활용할 수 있는 시설이 있는가? 소재가 재활용에 적합하더라도 수집 및 재활용 시설이 부족할 수 있기 때문이다. 또한 디자인적 요소로 표준소재를 선택하고, 오염의 원인이 될 수 있는 첨가제, 충전재, 표면 처리를 피하며, 제품의 소재와 재활용 가능성을 추적할 수 있는 디지털 여권[27)]의 활용을 고려할 수 있다. 특히, 퇴비화를 위해서는 해당 재료가 생분해되어야 하며, 수거 및 퇴비화 시설이 이용가능해야 한다.

여섯째, 지속가능한 행동을 위한 디자인(Design for Sustianable Behaviour: DfSB)은 소비자의 행동을 지속가능한 행태로 유도하는 것을 목표로 한다. 소비자는 순환경제의 고리(loop)를 닫는 데 핵심적인 역할을 하기 때문에 개인 맞춤화를 통해 소비자와 제품의 관계를 강화하는 디자인, 장기 사용이 가능하도록 유행을 타지 않는 디자인이 중요하다. 전자는 정신적으로 내구성있는 디자인(Psychologically Durable Design),[28)] 혹은 감성적으로 내구성있는 디자인(Design for Emotional Durability)이라고도 표현된다.[29)] DfSB의 예로는, 적당히 낡았을 때 더 멋스러워지는 청바지, 시간이 지날수록 가치가 높아지는 한정판 제품 등이 있다.[30)] 이 외에도 적응성을 위한 디자인(Design for Adaptability), 사회적 책임을 위한 디자인(Design for Social Responsibility) 등 다양한 DfX 전략들이 존재한다.[31]

3) 거시 단계: 조직과 산업 생태계에서의 순환 디자인 통합

최근 순환 디자인에 대한 관심이 높아지고 있음에도 기업들은 여전히 협소한 의미로 순환 디자인을 받아들이고 있다.[32] 조직 차원에서 순환 디자인은 비즈니스 모델이 변화하는 하향식 접근과 제품 디자인이 변화하는 상향식 접근이 동시에 이루어져야 한다.[33] 또한 기술적 변화와 조직구성원의 변화도 함께 이루어져야 한다.[34] 즉, 조직에서 순환 디자인이 확산되기 위해서는 조직 내에서 순환 디자인에 대한 변화관리(change management)가 필요하다는 것이다. 브론스 외(Brones et al., 2021)는 5년 간의 액션 리서치를 통해 브라질의 한 화장품 회사에서 순환 디자인이 확산되는 과정을 조사하였다. 초기에는 조직의 맥락에 맞는 순환 디자인 도구와 가이드라인이 개발되었고, 다음 단계에서는 조직 내에서 순환 디자인 실행을 광범위하게 늘려나가는 시도가 이루어졌다. 저자들은 '에코 디자인 전환 프레임워크(Ecodesign Transition Framework: ETF)' 구축을 통해 전략, 전술, 운영수준에서 기업이 에코 디자인을 통합해야 한다고 주장했다. [그림 5-1]과 같이 전략수준에서는 지구(planet) 중심의 관점에서 조직의 목적과 포트폴리오에 에코 디자인을 통합하며, 전술수준에서는 조직의 프로세스, 플랫폼, 파이프라인에 에코 디자인을 반영한다. 운영수준에서는 조직원들의 일상 실무, 과정, 프로젝트 매니지먼트에 있어 에코 디자인을 실행하는 것이 중요하다.[35]

그림 5-1 에코 디자인 전환 프레임워크 구축을 위한 주요 요소

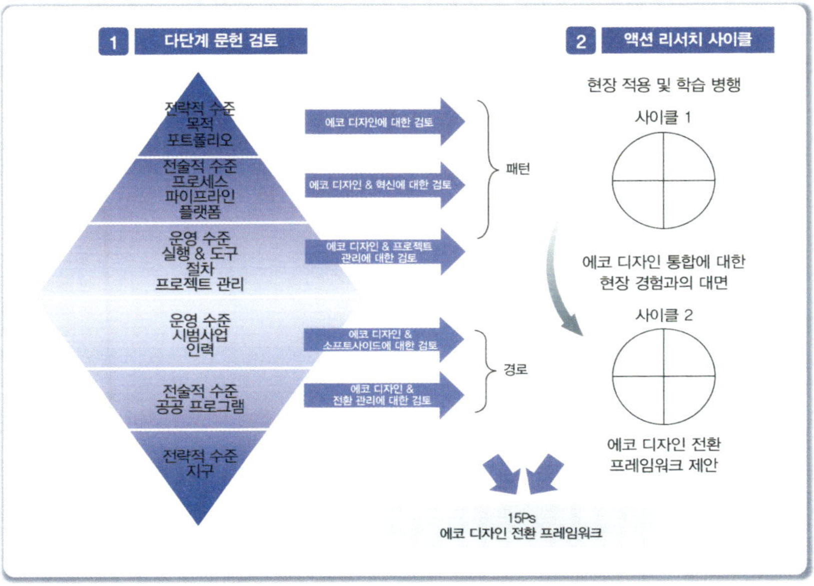

출처: Brones et al.(2021: 155, 167).

그림 5-2 에코 디자인 전환 프레임워크의 15P

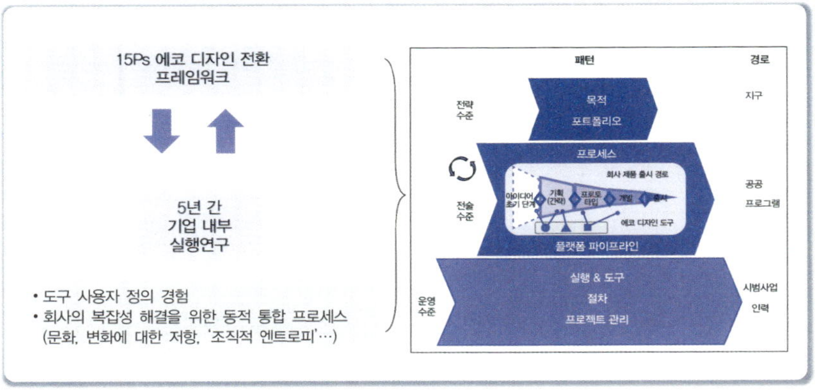

출처: Brones et al.(2021: 155, 167).

순환 디자인의 적용은 산업 생태계에까지 확장될 수 있다. 조직이 자원의 지속적인 활용과 순환을 가능하게 하려면 전체 공급망을 포함한 협력이 중요하다. 이는 자원 회수를 위한 상류의 공급업체부터 제품의 역물류를 위한 하류의 유통업체에 이르기까지 다양한 단계에서 협력이 필요하다는 것을 의미한다.[36]

3 순환 디자인의 사례들

순환 디자인은 앞서 설명하였듯이 개별 프로젝트, 제품과 포트폴리오, 조직, 더 나아가 산업 생태계에까지 다양하게 적용될 수 있다. 이하에서는 다양한 수준에서 적용된 순환 디자인의 사례를 구체적으로 살펴보고자 한다.

1) 의약제품 패키징의 순환 디자인

바사니 외(Bassani et al., 2022)는 포르투갈의 지역 약국에서 판매하는 의약제품의 패키징을 분석하여 새로운 에코 디자인 전략을 제안하였다. 저자들은 50개 이상의 다양한 의약품 포장을 검토하여 블리스터(blister), 병, 사셰(sachet)를 연구대상으로 선택하였다.[37] 저자들은 문헌연구를 바탕으로 관련 전문가들과 협업하여 포장 용기의 환경영향을 줄일 수 있는 에코 디자인 전략을 세 가지로 제시하였다.[38] 첫째, 포장의 부피 또는 무게 축소, 둘째, 포장 대체재 사용, 셋째, 환경영향이 적은 운송방법이다. 저자들은 모든 의약품에서 약과 포장 사이에 여분의 공간이 있음을 파악하고, 새로운 용기 디자인으로 블리스터, 병, 사셰 등에서 약 두 배 정도 부피를 줄일 수 있다고 주장하였다. [그림 5-3]은 의약품 블리스터의 공간 활용에 따라 폐기물의 양이 달라질 수 있음을 보여준다. 이렇게 불필요한 재료의 사용 및 제품의 무게와 부피를 줄임으로써 생산과 운송 과정에서의 환경영향을 감소시킬 수 있다는 것이다. 또한 사셰보다 블리스터 포장의 환경영향이 더 적다는 사실도 발견하였다. 저자들은 전과정평가 결과 에코 디자인을 활용한 새로운 패키징이 모든 환경 범주에 대해 생애주기 영향을 최대 1/2까지 줄일 수 있다고 밝혔다.

그림 5-3 블리스터 디자인: 미활용 공간 분석

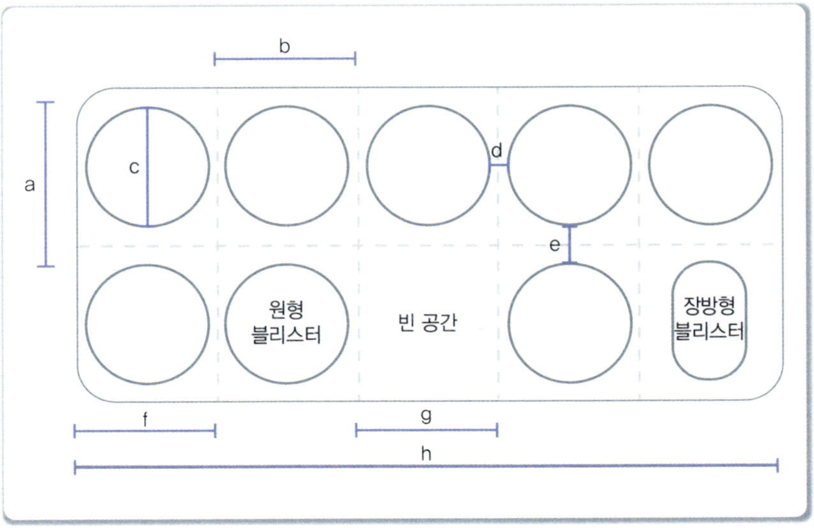

2) 조명산업의 순환 디자인, 시그니파이

시그니파이(Signify)는 2016년 필립스로부터 독립하여 새롭게 론칭한 회사로, 필립스의 순환 디자인 여정은 1993년부터 시작되었다(Brummelhuis and Marinelli, 2021). 당시 필립스는 순환 디자인이 회사의 경쟁력임을 깨닫고 에너지 효율, 재료 선택, 패키징과 운송, 화학물질, 제품 수명, 재활용성이라는 여섯 가지 분야에 주목하였다. 그러나 2020년 시그니파이는 "더 밝은 삶과 더 나은 세계(Brighter Lives, Better World)" 프로그램을 출시하면서 순환 디자인의 주요 분야를 재정의하였다. 새롭게 선정된 분야는 에너지와 태양(energy and solar), 순환성(circularity), 무게와 재료(weight and material), 패키징(packaging), 물질(substance), 식품접근성(food availability), 안전과 보안(safety and security), 건강과 웰빙(health and wellbieng)으로 구성되었다. 시그니파이는 빛이 단순한 조명을 넘어 도시화, 자원 부족, 건강과 같은 더욱 중대한 문제들과 연결되어 있다고 보고 있다.[39]

시그니파이의 기본적인 비즈니스 모델은 조명제품 판매 외에 조명 서비스를 제공하는 것이다. LaaS(Lighting-as-a-Service) 계약에 따라 시그니파이는 조명 시스템을 설치, 운영 및 유지 관리하며, 고객은 조명에 대한 월 서비스 요금을 지불한다. 조명 시스템의 소유권은 시그니파이가 보유하고, 대신 조도, 가동시간 및 에너지 절약과 같은 일련의 KPI를 토대로 고객과 5년 계약을 체결한다. 고객은 조명장비에 대한 초기 설치비용을 지불할 필요가 없으며, 시그니파이의 스마트 조명 시스템을 사용함으로써 에너지를 절감할 수 있다. 예를 들어, 네덜란드 스키폴 공항은 LaaS를 이용하면서 이전 시스템에 비해 에너지 소비를 50%나 줄였다고 한다.[40] 시그니파이는 ① 교체가능한 구성 요소, ②

수리가능한 조명제품, ③ 수명 모니터링을 위한 조명자산 관리 시스템, ④ 계약 종료 시 반환 옵션을 갖춘 순환 서비스 등 순환경제를 위한 네 가지 조명 카테고리를 제시했다.[41] 시그니파이는 이 외에도 농업에서의 조명과 데이터전송에 대한 프로젝트도 진행하고 있다.[42]

3) 리빙랩을 통한 주방가구 순환생태계

독터 외(Dokter et al., 2023)는 네델란드와 스웨덴의 주방가구 산업 이해관계자들과 순환경제 모델로의 전환에 대해 4년 간 협업연구를 진행하였다. 주방가구 산업은 주거용 건물의 지속가능성에 크게 기여하는 바, 스웨덴의 경우 환경영향의 약 57%가 아파트의 주방가구 및 주방가전의 교체에서 발생하는 것으로 나타났다. 이 프로젝트의 출발은 순환경제에 부합하는 새로운 주방가구를 디자인하는 것이었으나, 시간이 흐름에 따라 점차 순환경제 비즈니스 모델과 가치 네트워크 개발로 이어졌다. 1년 동안의 파일럿 프로젝트를 통해 주방 디자인의 다섯 가지 기본 형태를 개발하였고, 최종 디자인은 필요할 때 부품들을 쉽게 수리하거나 분해할 수 있도록 모듈식으로 설계되었다. 또한 사용 후에는 부품들을 회수하여 재활용하거나 재사용할 수 있는 비즈니스 모델도 제안되었다.

이 프로젝트에는 소비자, 생산자, 산업 파트너가 함께 참여하여 순환형 주방 디자인을 개발하는 프로토타이핑(prototyping) 및 디자인 협력(co-design) 과정이 포함되어 있다. 네덜란드에서는 실제 일곱 개의 순환형 주방 제품을 주택에 설치하여 생산자와 설비업체, 그리고 사용자 간에 서로 피드백을 교환할 수 있도록 하였다. 또한 전 제품 주기(제작, 설치, 사용, 폐기)에 관련된 이해관계자들이 주택협회 주관의 디자인 워크숍에 모여 순환 비즈니스 모델을 통해 얻을 수 있는 가치를 제안하였다. 순환경제 솔루션 개발을 공동의 도전으로 이해할수록 이해관계자들의 협력 의지가 높아지는 것으로 나타났으며, 이에 따라 저자들은 순환 제품, 비즈니스 모델, 공급망 개발이 함께 이루어져야 순환경제로의 전환이 가능하다고 주장하였다.43) 이러한 사례들은 순환 디자인이

그림 5-4 혁신 프로세스의 주요 단계 및 일정

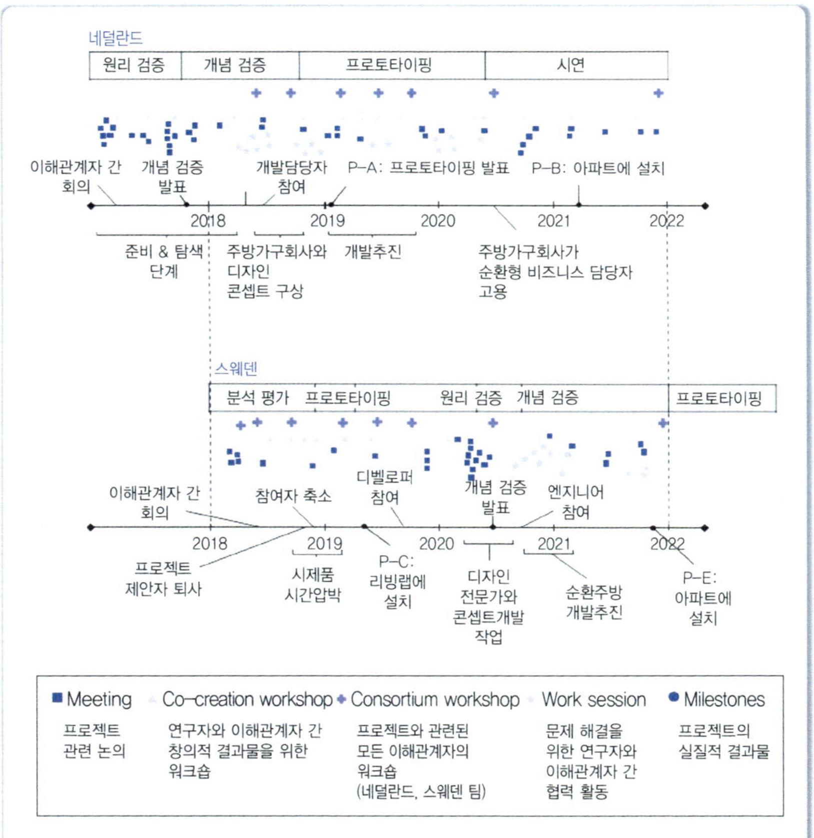

출처: Dokter et al.(2023: 239).

다양한 수준에서 활용될 수 있음을 보여주며, 기업과 조직의 순환경제로의 전환에 실질적으로 기여할 수 있음을 시사한다.

4 순환 디자인의 확산을 위한 정책적 노력

순환 디자인을 확산하기 위해서는 어떤 노력이 필요할까? 이하에서는 유럽연합 국가들의 순환 디자인 관련 규제를 살펴보고 시사점을 도출하고자 한다.

1) 순환 디자인 관련 규제

에코 디자인 관련 유럽연합의 규제로는 에코 디자인 지침(Ecodesign directive)의 근거가 되는 '지속가능한 제품을 위한 에코 디자인 규제(Ecodesign for Sustainable Products Regulation: ESPR)'를 들 수 있다.[44] 에코 디자인 지침은 유럽연합의 순환경제 액션플랜(Circular Economy Action Plan: CEAP)의 일환으로 제품 생산 과정에서 에너지, 물 소비, 오염물질 배출과 관련된 환경성과를 개선하기 위해 최소 요구 기준을 설정하고, 기준 이하의 제품이 EU 시장에 출시되지 않도록 보장하며, 에너지 효율이 높은 제품에 대한 소비자의 선택을 지원하기 위해 마련되었다. 2021년 기준으로 27개 제품에 에코 디자인 규제(Ecodesign regulation)가 적용되었다. 에코 디자인 적용 제품은 구매 후 일정 기간 예비부품(spare parts)을 제공하고, 예비부품 교체보장 최대 기간 등을 명확히 제시함으로써 이들 제품의 수리 가능성과 재활용성을 높이고 있다.[45] 예를 들어, 상업용 냉장고의 경우, 기업은 8년 동안 예비부품을 제공해야 하고, 상용도구를 이용해 부품을 교체할 수 있어야 하며, 수리와 유지보수에 대한 정보에 접근할 수 있어야 할 뿐만 아니라 최대 15일 내로 예비부품이 전달되어야 한다. 또한 재활용이 가능하도록 상용도구를 사용해 냉장고를 분해할 수 있어야 하며, 냉장고 내 진공 절연제 패널에 대한 정보를 제공해야 한다는 의무조항이 에코 디자인 지침에 명시되어 있다.[46] 또한 ESPR은 주기적으로 산업계 이해관계자들의 의견을 수렴하여 에코 디자인 운영계획에 반영하고 있다. 2022~2024년 계획에는 스마트폰, 태블릿, 태양광 발전 시스템 등 신규 제품군이 포함되었으며, 시장에서 소비자가 제품들을 쉽게 비교할 수 있도록 에너지 라벨을 현대화하고 재조정하는 등의 내용이 담겨 있다.[47]

우리나라에서는 기후위기 대응을 위한 탄소중립·녹색성장 기본법(탄소중립기본법), 환경정책기본법, 자원순환기본법 등에서 지속가능한 제품 디자인 관련 내용을 언급하고 있다.[48] 이 중 가장 관련성이 높은 정책은 제1차 자원순환기본계획이며, 이를 중심으로 순환이용성 평가제도, 전기전자제품 재질 및 구조개선지침, 포장재 재질 및 구조평가제도 등이 마련되었다. 그러나 조지혜 외(2022)의 연구는 전기차 배터리와 평판 디스플레이의 재활용 현황을 분석한 결과 제품의 설계 과정에서 순환성이 고려되지 않았다는 사실을 발견하였다.[49] 재활용업체들은 신제품이 나올 때마다 제품의 해체 및 분리 방법이 상이해 작업자들이 어려워하고, 복잡하고 다양한 재질의 사용으로 인해 분리하기 쉽지 않음을 토로했다. 또한 친환경차의 보급 확대에 따라 배터리 이용 증가가 예상됨에도 표준화가 이루어지지 않아 배터리 분해도 쉽지 않은 것으로 조사되었다.[50] 2023년 EU 배터리법이 의회를 통과한 만큼 우리 제품에도 글로벌 규제에 상응하는 순환 디자인이 적용되어야 할 것이다.

2) 순환 디자인 정책의 방향성

순환 디자인 방법론의 장·단점을 논의하기 위해서는 구체적인 산업의 맥락에서 그 활용에 대한 다양한 사례를 축적하고, 실무를 기반으로 도출된 지식이 발전해야 한다. 예를 들어, 산업 유형에 따라 순환형 비즈니스 모델을 디자인하는 것이 더 복잡하고 어려울 수 있는데, 이는 가치사슬의 이해관계자가 광범위하거나, 재생 소재의 사용이 제한적이거나, 제품의 생명주기가 길어질 수 있기 때문이다. 이러한 맥락에서 순환 디자인 적용은 기존의 사업체계와는 완전히 다른 혁신적 변화를 요구할 수 있다. 또한 순환 디자인 과정에서 고려되어야 할 환경은 지역에 따라 달라질 수 있다. 따라서 다양한 공간적·산업적 맥락에서 순환 디자인에 대한 연구가 이루어져야 할 것이다. 더불어 정부는 시장에서 판매되는 제품들에 대해 순환성을 평가하고, 순환 디자인을 적용하기 위한 방안과 지원정책에 대해 심도있는 논의가 필요하다.

그렇다면, 정책의 관점에서 순환 디자인을 어떻게 지원할 수 있을까? 순환 디자인 전문가 인터뷰와 협력적 디자인(co-design) 워크숍을 통해 제시된 록리 외(Lockrey et al., 2023)의 순환 디자인 정책 방향성은 우리에게도 시사하는 바가 크다. 첫째, 장기적인 국가 순환 디자인 전략을 채택하고, 이를 정부와 산업계의 공동 이니셔티브로 시행해야 한다. 이를 위해 중앙 및 지방정부, 관련 분야의 전문가 및 산업계 대표들과의 협력이 필수적이다. 둘째, 제품디자인 단계에서부터 폐기물이 발생하지 않도록 원천 차단방식(designing waste out)을 채택함으로써 기업의 사회적 책임(stewardship)을 강화하고, 재사용, 수리, 재제조를 위한 디자인을 활성화해야 한다. 유럽연합은 수리 가능성 표시를 강제하는 법률을 입안 중이며, 프랑스는 2021년에 특정 전자제품군에 수리 가능성 지수를 도입했다.[51] 특히, 유럽의 에코 디자인 지침과 같은 선진 모범사례에 맞춰 국가 기준을 높여야 한다. 셋째, 순환 디자인 혁신기금(Ecodesign Innovation Fund)을 통해 기업의 순환 디자인 프로젝트를 지원하고, 재활용을 가속화해야 한다. 예를 들어, 네덜란드에서는 생활폐기물에서 배출되는 포장재의 수거 및 재활용 비용을 기업들이 제공하는 포장재 폐기물 기금에서 충당한다. 나아가 순환 디자인에 반하는 제품들에 대해 부정적 외부효과(negative externality) 비용을 지불하도록 해야 한다.[52] 영국은 재활용 비율이 30% 이하인 경우 플라스틱 패키징에 톤당 200파운드의 세금을 부과하고 있다. 넷째, 지속가능한 조달방식과 시장수요에 기반한 제도를 정착시켜야 한다. 세계 각국에는 이미 지속가능한 공공조달 프로그램이 존재하지만, 정부와 산업계 및 비영리기관과의 협력을 통해 이러한 프로그램의 범위를 더욱 확대할 필요가 있다. 다섯째, 환경기술 및 역량을 활성화하기 위한 전문교육 프로그램을 강화해야 한다. 기존 제품과 마케팅 중심의 디자인을 넘어, 제품, 기업 활동, 자연환경, 사회를 모두 포괄하는 시스템적 관점에서 디자인 교육 커리큘럼을 발전시켜야 한다. 이러한 교육 과정을 통해 양성된 디자이너들이 순환 디자인을 창의적으로 적용하고 발전시킴으로써, 순환경제로의 전환이 가속화될 수 있을 것이다. 나아가 순환 디자인에 대한 대중의 수용과 지지를 얻기 위해 다양한 산업, 미디어, 교육 분야의 이해관계자들과 함께하는 범국가적인 행동변화 캠페인을 실시할 필요가 있다. 이상의 내용은 공공정책의 관점에서 순환 디자인이 나아가야 할 방향성을 제시하고 있으나, 그 핵심은 기업, 전문가, 중앙정부와 지방정부, 시민사회의 다양한 이해관계자들이 순환 디자인을 통해 순환경제로 전환하기 위해 공동으로 노력해야 함을 강조하고 있다.

참고문헌

조지혜 · 김영희 · 신동원. (2022). 순환경제를 위한 '지속가능한 제품설계' 활성화 연구. 한국환경연구원.

Bassani, F., Rodrigues, C., Marques, P., & Freire, F. (2022). Ecodesign approach for pharmaceutical packaging based on Life Cycle Assessment. *Science of The Total Environment*, 816: 151565.

Boorsma, N., Peck, D., Bakker, T., Bakker, C., & Balkenende, R. (2022). The strategic value of design for remanufacturing: a case study of professional imaging equipment. *Journal of Remanufacturing*, 12(2): 187-212.

Brones, F., & de Carvalho, M. M. (2015). From 50 to 1: Integrating literature toward a systemic ecodesign model. *Journal of Cleaner Production*, 96: 44-57.

Brones, F., Zancul, E., & Carvalho, M. M. (2021). Insider action research towards companywide sustainable product innovation: ecodesign transition framework. *International Journal of Managing Projects in Business*, 14(1): 150-178.

Brummelhuis, A., & Marinelli, T. (2022). How circular design at signify brings economic, environmental, and social value. In *Circular Economy and Sustainability* (pp.335-345). Elsevier.

de Bont, C. (2021). Furthering Victor Papanek's Legacy: A Personal Perspective. *She Ji: The Journal of Design, Economics, and Innovation*, 7(2): 262-281.

Dokter, G., Boks, C., Rahe, U., Jansen, B. W., Hagejärd, S., & Thuvander, L. (2023). The role of prototyping and co-creation in circular economy-oriented innovation: A longitudinal case study in the kitchen industry. *Sustainable Production and Consumption*, 39: 230-243.

Dokter, G., Van Stijn, A., Thuvander, L., & Rahe, U. (2020, November).

Cards for circularity: Towards circular design in practice. In *IOP Conference Series: Earth and Environmental Science* (Vol.588, No.4, p.042043). IOP Publishing.

Ellen MacArthur Foundation. (2022). Why buy light bulbs when you can buy light? Signify. https://www.ellenmacarthurfoundation.org/circular-examples/why-buy-light-bulbs-when-you-can-buy-light-signify

European Commission. (n.d.). *About sustainable products*. https://commission.europa.eu/energy-climate-change-environment/standards-tools-and-labels/products-labelling-rules-and-requirements/sustainable-products/about-sustainable-products_en

European Commission. (April 6, 2022). *The ecodesign and energy labelling working plan 2022-2024*. https://commission.europa.eu/news/ecodesign-and-energy-labelling-working-plan-2022-2024-2022-04-06_en

Goldsworthy, K., & Ellams, D. (2019). Collaborative Circular Design: Incorporating Life Cycle Thinking into an Interdisciplinary Design Process. *The Design Journal*, 22(Sup1): 1041-1055.

Hanes-Gadd, M., Bakker, C., & Charnley, F. (2023). Circular design in practice: Eight levers for change. In *Handbook of the Circular Economy: Transitions and Transformation*. Walter de Gruyter GmbH & Co KG.

Haug, A. (2019). Psychologically durable design-Definitions and approaches. *The Design Journal*, 22(2): 143-167.

IDEO & Ellen Macarther Foundation. (n.d.) *The circular design guide*. https://www.circulardesignguide.com/

Kallipoliti, L. (2018). History of Ecological Design. In *Oxford Research Encyclopedia of Environmental Science*. Oxford University Press.

Lockrey, S., Hill, A., Fennessy, L., Millicer, H., Collins, R., Anich, J., & Verghese, K. (2023). *Creating national strategy for circular design through co-design: An Australian perspective*. International Association of Societies of Design Research Congress 2023, Politecnico di Milano.

Madge, P. (2023). Ecological Design: A New Critique [1997]. In *The Design Culture Reader* (pp.50-60). Routledge.

Moreno, M. A., Ponte, O., & Charnley, F. (2017). Taxonomy of design strategies for a circular design tool. In *PLATE: Product Lifetimes And The Environment* (pp. 275-279). IOS Press.

Peters, A. (Nov. 3, 2021) How Fairphone designed a more repairable, sustainable smartphone. *Fast Company*. https://www.fastcompany.com/90692188/how-fairphone-designed-a-more-repairable-sustainable-smartphone

Polverini, D. (2021). Regulating the circular economy within the ecodesign directive: Progress so far, methodological challenges and outlook. *Sustainable Production and Consumption*, 27: 1113-1123.

Sassanelli, C., Urbinati, A., Rosa, P., Chiaroni, D., & Terzi, S. (2020). Addressing circular economy through design for X approaches: A systematic literature review. *Computers in industry*, 120: 103245.

van Capelleveen, G., Vegter, D., Olthaar, M., & van Hillegersberg, J. (2023). The anatomy of a passport for the circular economy: a conceptual definition, vision and structured literature review. *Resources, Conservation & Recycling Advances*, 200131.

Van Doorsselaer, K. (2022). The role of ecodesign in the circular economy. In *Circular Economy and Sustainability* (pp. 189-205). Elsevier.

Vanegas P., Peeters J. R., Cattrysse D., Duflou J. R., Tecchio P., Mathieux F., Ardente F. (2016). *Study for a method to assess the ease of disassembly of electrical and electronic equipment-Method development and application in a flat panel display case study*. European Commission.

van Stijn, A., & Gruis, V. (2020). Towards a circular built environment: An integral design tool for circular building components. *Smart and Sustainable Built Environment*, 9(4): 635-653.

주

1) Van Doorsselaer, 2022: 189-190.
2) Kallipoliti, 2018: 5.
3) Madge, 2023: 44-46.
4) Hanes-Gadd et al., 2023: 97.
5) Madge(2023)의 주장과 달리 Kallipoliti(2018)는 심 반 더 라인(Sim van der Ryn)과 스튜어트 코완(Stewart Cowan)이 1996년에 출간한 *Ecological Design*을 에코 디자인의 기원으로 보고 있다.
6) Madge, 2023: 48-49.
7) Ibid. pp.51-52.
8) Hanes-Gadd et al., 2023: 97.
9) ECO2 group, 1944; Dewberry & Goggin, 1994; 상게서에서 재인용: 52.
10) de Bont, 2021.
11) 상게서: 266-267.
12) Keskin et al., 2013; Hanes-Gadd, 2023에서 재인용: 98.
13) Moreno et al., 2016; Bakker et al., 2014; Hanes-Gadd, 2023에서 재인용: 98.
14) Hanes-Gadd, 2023: 99.
15) Brones, F., & de Carvalho, M. M. (2015). From 50 to 1: Integrating literature toward a systemic ecodesign model. *Journal of Cleaner Production*, 96: 44-57. p.52.
16) https://www.circulardesignguide.com 참조.
17) IDEO & Ellen Macarther Foundation. (n.d.) *The circular design guide.*
18) van Stijn et al., 2020.
19) Moreno et al., 2017.
20) Dokter et al., 2020.
21) Hanes-Gadd et al., 2023: 99.
22) Van Doorsselaer, 2022: 189-198.
23) Vanegas et al., 2016: 7, 13.
24) BBC. New and emerging technologies-AQA. https://www.bbc.co.uk/bitesize/guides/zn4bcj6/revision/9
25) Peters, Nov. 3, 2021.
26) Boorsma et al., 2022.
27) 디지털 여권이란 재료의 생애주기 동안의 다양한 정보(예: 재료의 구성 요소, 사용 이력, 계약내용, 환경성과 등)가 저장되는 디지털 문서를 뜻한다. van Capelleveen et al., 2023.
28) Haug, 2019.
29) Hanes-Gadd et al., 2023: 99.
30) Haug, 2019: 154.

31) Sassanelli et al., 2020.
32) Brones et al., 2021: 151.
33) Mendonza et al., 2017; 상계서에서 재인용: 151.
34) Boks, 2006; Brones et al., 2021에서 재인용: 151.
35) Ibid. pp.165-167.
36) Dokter et al., 2023: 232.
37) 블리스터는 의약품의 단일포장을 위해 하나의 판 위에 여러 타블렛이 포장된 방식으로 보통 호일과 플라스틱이 사용된다. 사셰는 약국에서 조제 시 1회 용량을 개별 포장해 롤 형태로 만들어지는 종이 또는 비닐 타입의 포장이다.
38) Bassani et al., 2022.
39) Brummelhuis & Marinelli, 2022: 335-336.
40) Ellen MacArthur Foundation, 2022.
41) Brummelhuis & Marinelli, 2022: 340.
42) 상게서: 343.
43) Goldsworthy & Ellams, 2019.
44) European Commission.
45) Polverini, 2021: 1113-1114.
46) 상게서: 1115.
47) European Commission, 6 April 2022.
48) 조지혜 외, 2022.
49) 조지혜 외, 2022: viii.
50) 상게서. p.71-73.
51) Mikolajczak, 2021; Ministère de la Transition écologique, 2021; 상게서에서 재인용: 11.
52) 부정적 외부성이란 기업의 활동이 사회에 부정적인 영향을 끼치는 것을 말하며, 여기에서는 플라스틱의 사용으로 인한 환경오염을 의미한다.

제 6 장

환경영향을 추적하는 도구, 전과정평가

1_전과정평가의 이해
2_전과정평가의 방법
3_전과정평가의 제품 적용 사례: 전기차
4_전과정평가의 수준별 적용 사례
5_전과정평가의 한계와 전망

제6장

환경영향을 추적하는 도구, 전과정평가

'전과정평가(life cycle assessment: LCA)'는 기업이 순환경제로 전환하는 과정에서 유용하게 활용될 수 있는 환경평가방법 중 하나이다. 이 평가방식은 '생애주기평가'로도 불리며, 제품, 서비스 또는 기업 활동과 관련된 환경적 영향을 원자재 생산부터 폐기물 처리까지 생애주기(life-cycle) 각 단계에서 종합적으로 평가하는 것이다. 전과정평가는 법적 의무사항은 아니지만, 기업이 제품 및 전반적인 활동의 환경영향을 평가하고 순환적 비즈니스 모델로 전환해야 할 지점을 식별하는 데 유용한 도구로 사용될 수 있다. 최근에는 방법론이 정교해지고 활용 가능한 산업 데이터가 확장됨에 따라, 전과정평가의 활용 가능성과 중요성이 더욱 증대되고 있다.

1 전과정평가의 이해

1) 전과정평가란

국제표준화기구(International Organization for Standardization: ISO)는 전과정평가를 "원자재 획득부터 생산, 사용, 수명 종료 시 재활용 및 최종 폐기(즉, 요람에서 무덤까지)에 이르기까지 제품 생애주기 전반에 걸쳐 환경부하량을 측정하고 잠재적인 환경영향(예: 자원 사용 및 배출로 인한 환경적 영향)을 평가하는 것"으로 정의한다.[1] 국제표준화기구(ISO)는 전과정평가가 조직이 제품의 환경성과를 개선할 기회를 식별하는데 기여하고, 산업, 정부 또는 비정부조직의 의사결정자에게 관련 정보를 제공하며, 환경성과 지표를 선택하고, 마케팅 목적으로 활용가능한 도구로 설명하고 있다. 밀러(Miller, 2022)에 따르면, 지난 수십 년 간 전과정평가에 대한 연구는 괄목할 만한 발전을 이루었으며, 이를 통해 전과정평가의 견고성, 유용성 및 데이터 가용성이 향상되었다.[2]

전과정평가는 일반적으로 네 단계로 이루어진다. 첫 번째 단계는 목적과 범위 설정(description of goal and scope)으로, 연구의 목적을 정의하고 체계의 경계를 설정하는 과정을 포함한다. 두 번째 단계인 자원목록 분석(inventory analysis)은 생애주기의 각 과정에서 투입물(input)과 산출물(output)을 수집하는 핵심적인 과정이다. 여기에는 원자재 추출, 중간재 생산, 완제품 사용 단계, 폐기물 처리 등이 포함된다. 세 번째 단계인 전과정 영향평가(Life-Cycle Impact Assessment: LCIA)에서는 자원목록 분석에서 수집된 데이터를 기반으로 환경영향을 평가한다. 이 과정에서 자원의 소비와 배출된 물질을 영향 범주에 따라 그룹화하고, 이를 공통된 영향 단위로 변환하여 비교가능하게 만든다. 예를 들어, CO_2와 CH_4 배출량은 기후변화에 관한 정부간 협의체(IPCC)의 지구온난화 지수(Global Warming Potentials)를 사용하여 CO_2 등가 배출량으로 환산할 수 있다.[3] 네 번째 단계인 '해석(interpretation)' 단계에서는 자원목록 및 영향평가 결과를 바탕으로 정확한 정보에 입각한 경영 의사결정을 내리는 데 도움을 준다.[4] 이 과정에서는 수학적 도구를 활용하여 영향을 평가하고, 전통적으로 전과정평가에 포함되지 않는 도시계획이나 산업설계 등 응용 분야와의 연계를 시도할 수 있다.

전과정평가는 일반적으로 조직의 목적에 따라 '요람(cradle)에서 출고(gate)까지', '요람에서 무덤(grave)까지', '요람에서 요람까지'의 세 가지 범위 중 하나로 수행된다. 요람에서 출고까지는 원자재 추출에서 제조업체 출고 시점까지의 영향을 측정하는 방식으로 가장 간단하고 비용이 적게 소요된다. 요람에서 무덤까지는 원료 추출에서 제품 수명 종료까지의 영향을 평가하며, 사용·유지보수와 제품 폐기 단계까지 포함하는 포괄적인 방법이다. 요람에서 요람까지 방식은 원자재 추출에서부터 제품이 재활용 또는 재사용되어 새로운 수명주기가 시작되는 시점까지의 영향을 측정한다. 이 방식은 순환성, 재활용 가능성, 재사용을 촉진하는 개념을 포함하여 제품 수명주기의 모든 단계를 가장 포괄적으로 평가하는 방법으로 간주된다. 이는 제품의 전체 환경영향을 평가한다는 것을 의미한다.[5] 그러나 조직은 전과정평가의 첫 번째 단계인 '목적과 범위 설정'에서 정한 목적에 따라 특정 범위를 선택해 평가를 진행할 수 있다.

그림 6-1 전과정평가의 단계 예시(화물운송)

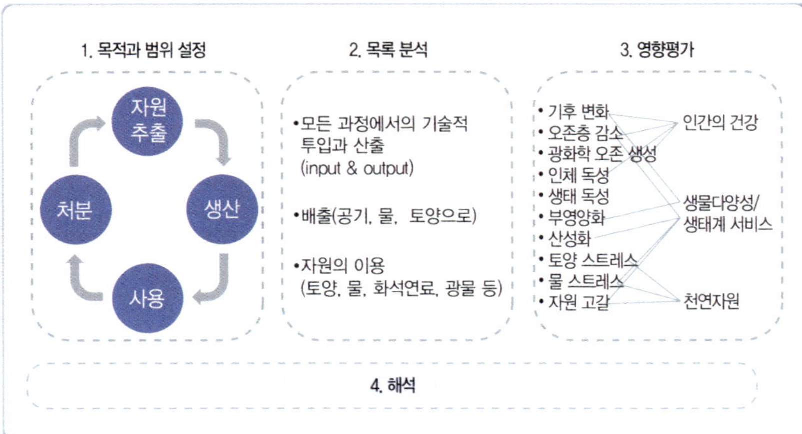

출처: Hellweg & Milà i Canals(2014).

2) 전과정평가의 발전 과정

전과정평가로 인식되는 초기 연구는 1960년대 후반에서 1970년대 초반에 걸쳐 이루어졌으며, 당시는 자원 및 에너지 효율성, 오염 방지, 고형 폐기물 등 환경 문제가 광범위하게 공공의 관심사로 부상하던 시기였다.[6] 1969년 미드웨스트 연구소(Midwest Research Institute: MRI)는 코카콜라 회사의 다양한 음료 용기를 대상으로 자원소요량, 배출부하 및 폐기물 흐름을 정량화하는 연구를 수행하였다. 이어서 1974년 미국 환경보호청(U.S. Environmental Protection Agency)의 요청으로 후속 연구가 진행되었다. 제품의 생산 과정을 "요람에서 무덤까지"의 시스템 분석 관점에서 평가한 것으로, MRI는 이 연구를 "자원 및 환경 프로필 분석(Resource and Environmental Profile Analysis: REPA)"이라고 명명하였다. 이는 제품의 전체 수명주기를 고려한 연구로서 환경영향 평가에 있어 중요한 이정표가 되었다. 곧이어 프랑크푸르트의 바텔연구소(Battelle), 영국의 오픈대학교(Open University), 스위스의 EMPA, 그리고 스웨덴의 선스트롬(Sundström) 등에서도 유사한 연구가 진행되었고,[7] 주로 자원 절약 및 에너지 절감의 관점에서 포장재의 환경적 영향을 비교·분석하는 데 초점이 맞춰졌다. 이 시기는 「로마클럽 보고서」 발간과 1차 석유위기와 맞물려, 자원의 유한성과 기하급수적 경제성장이 초래할 환경적·사회적 위험에 대한 경각심이 높아지던 때였다.[8] 그러나 2차 석유위기 이후 OPEC 카르텔의 붕괴와 유가 하락으로 인해, LCA 연구는 일부 전문가들에 의해 지속되었지만 크게 주목받지는 못하였다.

1980년대에 들어서면서 전과정평가는 포장재뿐만 아니라 다양한 제품의 생애주기평가에 활용되기 시작하였다.[9] 그러나 이 시기에는 아직 전과정평가에 대한 국제적인 관심이 부족했으며, 기업들은 이론적 근거보다는 마케팅을 지원하는 도구로 전과정평가를 사용하는 경향이 강했다.[10] 그러나 1990년대에 접어들며 전과정평가에 대한 연구 활동이 급격히 증가하였고, 환경 독성학 및 화학 학회(Society of Environmental Toxicology and Chemistry: SETAC)를 중심으로 전과정평가 방법론 개발이 활발히 이루어졌다. 이와 동시에 ISO가 전과정평가의 표준화 작업을 추진하면서, 전과정평가가 국제적 규범으로 자리잡는 계기가 마련되었다. 2002년 유엔환경계획(UNEP)과 SETAC은 국제 전과정평가 파트너십인 생애주기 이니셔티브(Life Cycle Initiative)를 출범시켰으며, 이 이니셔티브의 주요 목표는 전과정 사고를 실천에 옮기고 더 나은 데이터와 지표를 통해 평가도구를 개선하는 데 있었다.[11] 이후 유럽에서 제품의 생애주기에 대한 관심은 더욱 높아졌고, 오늘날 전과정평가는 유럽 그린딜의 핵심적 요소로 자리잡게 되었다.[12]

2000년 이후 전과정평가에 대한 관심과 수요가 높아지면서, 방법론에서도 점진적인 발전이 이루어졌다. 전과정평가의 적용범위는 환경 분야에 국한되지 않고, 사회적 · 경제적 지속가능성까지 포함하는 방향으로 확장되었다. 또한 평가대상이 제품 중심에서 벗어나 조직과 산업 전반으로 확대되었으며, 평가 항목 또한 토지, 자원 등 기존의 기술적 · 물리적 요인 외에 경제적 요인과 인간행동 같은 사회적 요인도 고려하게 되었다.[13] 다음에서는 이러한 전과정평가의 다양한 접근방법과 적용범위에 대해 더욱 상세히 살펴보도록 한다.

2 전과정평가의 방법

전과정평가는 수십 년 간 발전해 오면서 다양한 접근법들이 보완적으로 개발되어 왔다. 이하에서는 다이내믹 전과정평가(Dynamic LCA), 공간정보기반 전과정평가(Spatially differentiated LCA), 전과정 비용평가(Life Cycle Costing: LCC), 사회적 전과정평가(Social Life Cycle Assessment: SLCA) 등을 통해 전과정평가의 발전 과정을 살펴보고자 한다.[14]

1) 다이내믹 전과정평가

전과정평가에 있어 시간적 차원이 고려되지 않는다는 점은 1990년대 이후 지속적으로 비판받아왔다.[15] 전통적인 전과정평가는 서비스 수명이 짧은 포장재나 지속적인 투입이 필요없는 제품 등을 모델링하는 도구로서 효과적이었다. 반면, 건물의 단열재, 도시 인프라, 기계와 같이 지속적인 자원 투입을 필요로 하는 내구성 제품 및 서비스에 대한 평가에서는 시간 개념의 부재가 정확하지 않은 결과를 초래할 수 있다는 우려가 제기되었다.[16] 이에 대한 대안으로 개발된 것이 시간의 역동성을 반영한 다이내믹 전과정평가이다.

루 외(Roux et al., 2016)의 연구에 따르면 건물의 전과정평가에서 시간을 고려하지 않은 정적(static) 전과정평가는 시간을 고려한 다이내믹 전과정평가(Dynamic LCA)와 서로 상이한 결과를 보여주었다. 건물 내 물과 에너지 사용은 시간대에 따라 차이를 보였으며, 다이내믹 전과정평가가 정적 전과정평가에 비해 더 정확한 결과를 제공하는 것으로 나타났다.[17] 루 외는 가정집의 전기사용에 대해 전과정평가 결과를 비교한 결과, 연단위 데이터가 시간단위 데이터에 비해 자원고갈지수(ADP)과 지구온난화지수(GWP) 측면에서 각각 39%, 36% 과소평가했음을 확인하였다.[18] 이러한 결과는 전과정평가에서 시간 개념이 평가의 정확성과 긴밀한 관계가 있음을 시사하고 있다.

2) 공간정보기반 전과정평가

전통적인 전과정평가는 환경영향이 발생한 공간적 특성을 반영하지 못한다는 이유로 비판을 받아왔으며, 이를 보완하기 위해 전과정평가의 모든 단계에서 지역 특성을 반영한 데이터의 필요성이 제기되었다.[19] 공간정보기반 전과정평가(Spatially differentiated LCA)는 특정 지역에 대한 공간정보를 전과정평가의 다양한 단계에 포함하여 환경영향을 보다 정확하게 평가하는 접근법이다. 일부 연구자들은 이러한 방식이 방대한 양의 지역 데이터를 요구함에 따라 자원목록 단계에서 오히려 불확실성을 높일 수 있다고 주장하지만, 지역에 따라 환경영향이 다를 수 있기 때문에 공간정보를 포함한 전과정평가는 필수적이다. 예를 들어, 유럽 국가 간 부영양화와 산성화에 대한 지역별 특성화 계수(characterization factors) 값은 최대 3.5배까지 차이가 나기 때문에 지리적 위치를 고려하지 않은 일반적(generic) 특성화 계수를 사용할 경우 자원목록 분석에 오류가 발생할 수 있다.[20] 전과정평가에서 지리적 위치를 고려해야 하는 이유는 단순히 환경적 차이뿐만 아니라, 지역의 에너지 믹스나 국가정책과도 관련이 깊다.

그림 6-2 공간정보기반 전과정 분석 단계

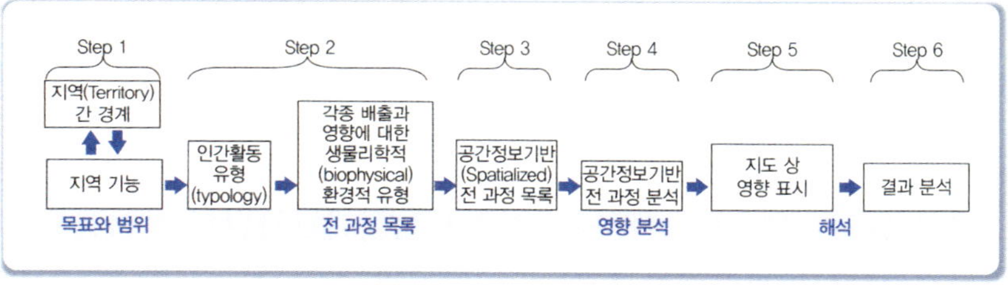

출처: Nitschelmet al.(2016: 2474).

공간정보기반 전과정평가(STLCA)는 여섯 단계로 구분할 수 있다. 우선 연구 목표와 범위를 정의하는 단계에서는 연구대상 지역의 지리적 경계를 설정하고, 그 지역의 기능을 이해한다. 자원목록 분석 단계에서는 인간 활동을 유형화하고, 생물리학적(biophysical) 유형에 따른 배출량과 환경영향을 파악한다. 다음으로 공간정보기반 자원목록(LCI)을 구축함으로써 인간 활동유형과 환경유형을 결합한 종합적인 시각을 획득한다. 영향분석 단계에서는 지역 내 각 환경유형의 영향 정도를 평가하며, 이 단계에서 위치별 특정 영향을 파악할 수 있다. 마지막으로, 해석 단계에서는 지역 내외의 영향 요소를 맵핑한다. 즉, 모든 가능한 요인을 고려한 영향 정도, 민감도, 불확실성 분석을 통해 결과를 해석함으로써 지역 정보에 입각한 의사결정을 할 수 있다.

3) 전과정 비용평가

전과정 비용평가(Life Cycle Costing: LCC)는 제품의 생애주기 동안 발생하는 모든 비용을 산정하는 방법으로, 제품의 생명주기에 관여하는 다양한 주체들(예: 공급업체, 제조업자, 사용자 및 소비자, 재활용 담당자 등)이 부담하는 비용을 전부 포함한다.[21] LCC는 제품의 생애주기 전반에 걸친 자원 사용, 오염물질 배출, 유지보수, 폐기 비용 등을 평가하여 제품의 경제적 지속가능성을 분석하고, 비용 효율적인 의사결정을 지원하는 데 중점을 둔다. 전과정 비용평가는 조직 내에서 다양하게 활용될 수 있다. 특정 프로젝트의 LCC가 조직의 장기 재정과 운영에 미치는 영향을 측정하거나, 경쟁하는 제품 및 서비스 간의 LCC를 비교할 수 있다. 또한 제품 사용 중 조기 고장과 같은 상황을 고려하여 보증 및 수리 비용을 추정하는 목적으로도 사용가능하다. 전과정 비용평가는 미래에 대한 예측이므로 데이터 가용성, 평가 단계, 산정방법에 따라 달라질 수 있다.[22] LCC는 단독으로도 사용할 수 있지만, 전과정평가(LCA)와 결합하여 제품의 재정적 및 환경적 영향을 포괄적으로 평가할 수 있다. 이를 통해 제품의 경제적·환경적 지속가능성을 종합적으로 이해할 수 있다.

3 전과정평가의 제품 적용 사례: 전기차

이하에서는 앞서 살펴본 전과정평가의 다양한 방법들이 실제로 전기차와 같은 제품에 어떻게 적용될 수 있는지 살펴보고자 한다. 전기차에 대한 전과정평가 연구는 대부분 위의 다양한 방법들을 혼합해 사용하는 것으로 나타났다. 버마 외(Verma et al., 2022)에 따르면, 전기자동차의 전과정평가는 보통 요람에서 출고(gate), 요람에서 무덤, 요람에서 요람까지의 세 가지 방식으로 수행된다. 여기에 추가적으로, 유정에서 바퀴(well to wheel)라는 평가방식이 사용되기도 하는데, 이는 에너지원에서 전기차의 저장장치까지(well to tank)의 과정과 전기차 운행 시 저장장치의 에너지 사용과정(tank to wheel)을 각각 의미한다([그림 6-3] 참조).[23)]

샤피크와 루오(Shafique & Luo, 2022)는 한국을 포함한 열 개 국가의

그림 6-3 전기차의 일반적 전과정평가 범위

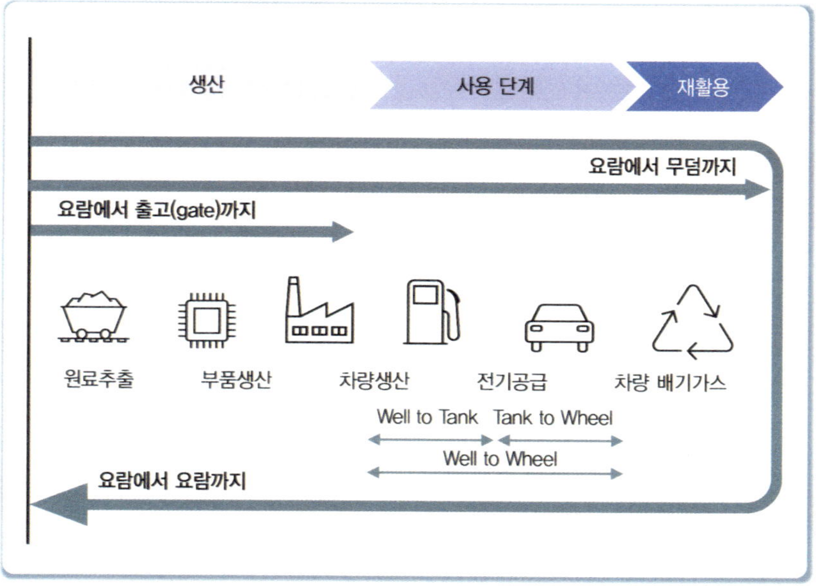

출처: Verma, Dwivedi, & Verma(2022).

전기차를 대상으로 요람에서 무덤까지의 전과정, 즉 제조에서 사용 단계까지를 현재(2019년)와 미래(2025년, 2030년)의 각국 에너지 믹스 상황을 고려해 평가하였다. 전과정평가의 첫 번째 단계인 '목적과 범위 설정'에서 평가를 위한 기능 단위(functional unit: FU)는 1인 승객이 이동한 거리(passenger kilometer, pkm)로 이 연구에서는 생애 총 150,000pkm가 기준으로 설정되었다. 시스템 영역의 설정에 있어서는 모든 업스트림(원재료의 추출, 에너지 생산, 운송)에서부터 최종 제품의 사용 단계(에너지 믹스 포함)까지 고려되었다([그림 6-4] 참조).

그림 6-4 전과정평가의 시스템 범위

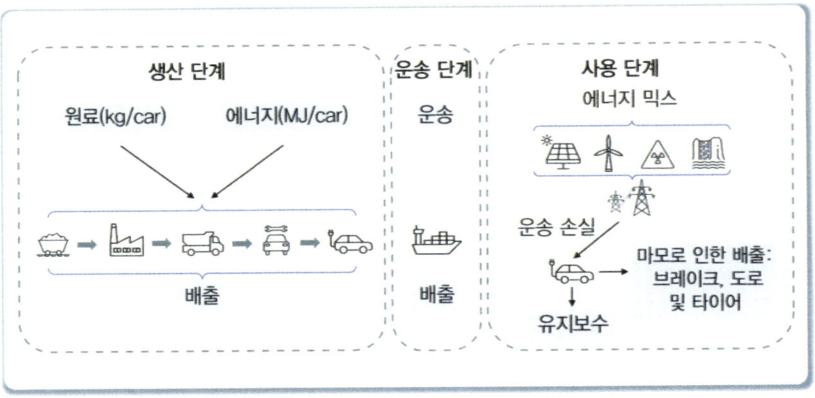

출처: Shafique & Luo(2022).

전과정평가의 두 번째 단계인 '자원목록 분석'에서는 전기차의 전 생애주기에 걸쳐 투입되는 모든 자원과 산출물이 분석되었다. 전기차 생산과정에서는 원재료의 추출, 정제, 회수 등의 단계가 포함되었으며, 필요한 데이터는 문헌, 연간 보고서, Ecoinvent, 산업 데이터, 중국 생애주기 데이터베이스 등을 통해 수집되었다. 제품 사용 단계에서는 도로, 타이어, 브레이크 마모로 인한 배출물질과 차량 유지관리로 인한 환경영향을 분석했다. 각 국가의 에너지 믹스(energy production mix)도 평가에 반영되었으며, 2019년 당시 중국과 한국은 여전히 화석연료 비중이 높았으나, 노르웨이와 스웨덴에서는 재생에너지 비율이 상대적으로 높았다.[24)]

중국, 독일, 미국, 한국을 비교・분석한 결과, 리튬이온 배터리가 전반적인 범주에서 환경영향을 크게 미치는 것으로 나타났다. 이는 배터리 생산 과정에서 다양한 재료가 사용되기 때문이며, 리튬이온 배터리와 차량 본체는 지구온난화 지수(GWP)의 약 60%를 차지했다. 특히, 리튬이온 배터리 단독으로 토지이용(Land Use: LU)과 육상 생태독성(Terrestrial Ecotoxicity: TE) 영향의 약 70%를 차지하는 것으로 분석되었다. 국가별 비교에서는 중국의 GWP가 가장 높았고, 스웨덴이 가장 낮은 수치를 보였다. 다른 항목에서도 중국은 석탄 의존도가 높아 다른 국가들보다 더 많은 환경영향을 발생시키는 것으로 나타났다. TE 부문에서는 한국이, LU 부문에서는 영국의 환경영향이 상대적으로 높게 나타났다. 미래 에너지 믹스 시나리오에 기반한 평가에서 2025년도 한국은 여전히 높은 GWP를 유지할 것으로 예상되었으며, 2030년에는 스웨덴이 LU에서 상대적으로 높은 수치를 보일 것으로 나타났다.[25)] 이 연구는 전기차의 환경영향이 각국의 에너지 믹스와 국가별 정책에 따라 달라질 수 있음을 시사한다.

한편, 차오 외(Qiao et al., 2020)는 전기차와 내연차의 전생애주기 비용과 환경영향을 비교하는 전과정평가를 실시했다. LCC에는 자동차 가격, 연료비, 재활용 비용뿐만 아니라 충전 인프라 비용까지 포함되었다. 분석은 요람에서 출고까지, 유정에서 바퀴까지, 무덤에서 요람까지의 세 단계로 구분하였으며, 중국 베이징을 배경으로 평균 주행거리의

그림 6-5 전과정 비용평가의 산정체계

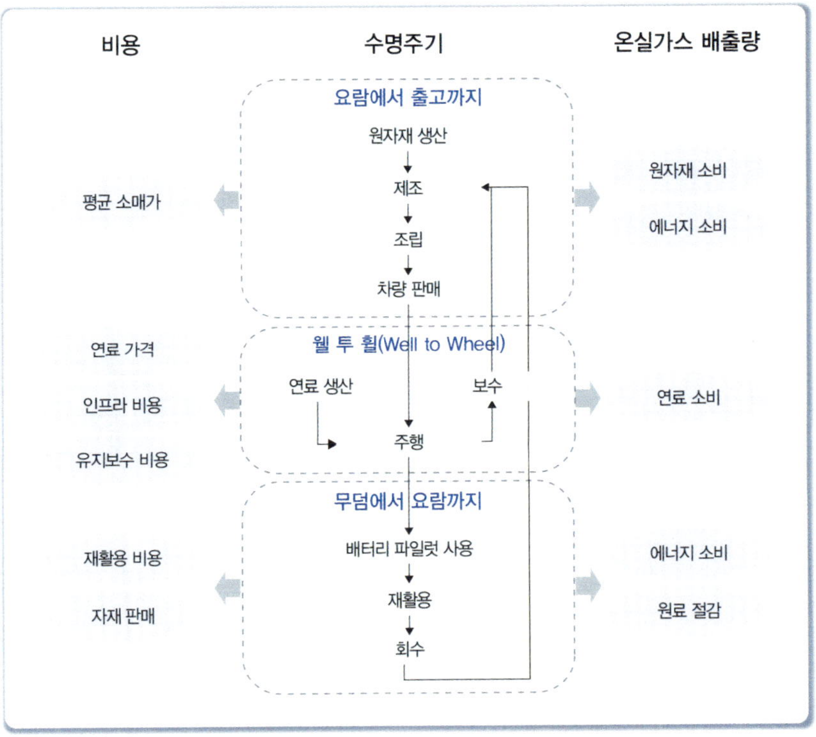

출처: Qiao et al.(2020).

60% 기준, 소형 전기차를 평가대상으로 하였다([그림 6-5] 참조). 또한 베이징의 교통체증을 고려해 전기차의 주행속도, 전기 요금, 차량의 중고 시세 등이 반영되었으며, 연도가 다른 데이터는 인플레이션을 반영해 동일한 해의 비용으로 환산하였다.[26]

분석 결과, 2020년 기준 베이징에서 전기차의 LCC는 내연차보다 9% 높을 것으로 분석되었다. 주행거리가 짧을 경우, 전기차와 내연차 간의 LCC 차이는 18~22%까지 확대될 것으로 추정하였다. 운행 단계에서 전기차의 온실가스 배출량은 내연차보다 약 41% 적으나, 생산 단계에서는 2020년 기준 내연차에 비해 약 20% 더 많은 온실가스를 배출하는 것으로 나타났다. 즉, 전기차의 온실가스 감축 효과는 주로 운행 단계에 국한되었다. 전체 생애주기에서는 전기차가 내연차보다 온실가스 배출량이 29% 적을 것으로 예상되었다. 운행 단계에서 전기차의 이점은 유지보수 빈도가 낮고, 차량 보유세를 면제받을 수 있다는 점이다. 전기차와 내연차의 LCC 차이는 주로 전기차의 높은 초기 구매 비용에서 비롯되었으며, 충전 인프라 비용은 크게 영향을 미치지 않았다. 저자들은 재활용을 통해 전기차와 내연차 모두 온실가스를 줄일 수 있지만, 전기차의 재활용 비용이 더 높기 때문에 정부정책을 통해 재활용 활성화를 촉진해야 한다고 제언했다.27)

이상의 내용은 전과정평가가 전기차 맥락에서 어떻게 적용되며, 그 평가 결과가 어떻게 활용될 수 있는지를 보여준다. 시간적, 지역적 요인과 경제적 비용을 고려한 전과정평가 정보는 환경영향을 줄이고, 보다 정확하고 효율적인 기업 활동을 지원하는 데 활용될 수 있다. 예를 들어, 전기차의 경우 환경영향은 주로 생산 단계에서 발생하는데, 테슬라 전기차의 경우 온실가스 배출량의 30~50%가 공급체인, 즉 Scope 3의 배출에서 기인하는 것으로 나타났다.28) 즉, 정확한 전과정평가를 위해서는 기업이 협력사로부터 데이터를 수집해야 함을 의미한다. 그러나 현재 대부분의 전과정평가는 Scope 3 데이터를 산업 평균에 의존하고 있다.29) 스텐제와 와이치맨(Stenzel & Waichman, 2023)은 디지털 기술의 성장과 보급으로 공급망에서 1차 데이터를 수집하는 것이 훨씬 더 용이해졌다고 언급하였다.30) 보다 정확한 데이터를 사용함으로써 기업은 온실가스 감축에 체계적으로 대응할 수 있으며, 이는 산업 파트너 간의 협력 증진과 보다 효과적인 공급망 관리를 가능하게 할 것이다.

4 전과정평가의 수준별 적용 사례

전과정평가는 다양한 방식으로 활용될 수 있다. 단일 제품의 환경영향을 평가하거나 여러 제품의 환경영향을 비교하는 데 유용하며, 원재료의 사용부터 제품 수명이 다할 때까지 또는 제품이 시장에 출시되기 전, 특정 공급망 단계에 집중하여 분석할 수도 있다. 또한 전과정평가는 개인, 조직, 국가 등 다양한 수준에서 적용 가능하며, 이를 통해 각 규모에 적합한 의사결정을 지원한다. 이하에서는 이러한 전과정평가의 다양한 적용 사례를 살펴보고자 한다.

1) 개인 라이프스타일의 전과정평가

전 세계 CO_2 배출량 중 약 72%가 개인 소비에서 발생하며, 이 중 약 50%는 상위 10%의 부유층에 의해 발생한다.[31] 따라서 개인의 라이프스타일과 소비 패턴을 변경하는 것은 온실가스 배출량을 줄이는 데 큰 영향을 미칠 수 있다. 이러한 맥락에서 전과정평가를 개인의 삶에 적용한 라이프 전과정평가(Life LCA)는 아직은 초기 단계에 있지만, 잠재적 영향력 면에서 중요한 의미를 지닌다. 보섹 외(Bossek et al., 2021)의 연구는 인간의 생애 전과정평가를 적용한 첫 사례로, 독일 아헨 근처에 거주하는 50대 남성을 대상으로 이루어졌다. 이 연구는 0세에서 49세까지의 전통적인 삶과 지난 1년 간 친환경적 라이프스타일을 실천한 삶, 이 두 가지 다른 삶의 방식을 비교·분석하였다. 생애목록 분석을 위해 식료품과 같이 지속적으로 소비하는 품목과 의류와 같이 간헐적으로 소비하는 품목, 그리고 가구와 같이 평균적인 사용수명을 가지는 품목으로 구분하여 목록을 조사하였다. 이러한 목록은 조사대상자의 기억과 기록을 바탕으로 구축되었다.

연구 결과는 매우 흥미롭다. 이 남성의 지난 30년 간 환경영향은 지구온난화 지수(Global Warming Potential: GWP), 산성화 지수(Acidification Potential: AP), 부영양화 지수(Eutrophication Potential: EP), 광화학적 오존생성 지수(Photochemical Ozone Creation Potential: POCP) 네 가지 항목에서 모두 교통이 가장 큰 비중을 차지하는 것으로 나타났다. 그는 지난 30년 간 아홉 번 자동차를 교체했으며, 비즈니스 출장으로 인한 항공편 이용 등 교통부문이 전체 환경오염의 약 40~50%를 유발했다. 한편, EP 항목에서는 음식이 교통보다 높은 비중을 보였으며, GWP 항목에서는 난방과 전력 사용이 교통 다음으로 큰 영향을 미쳤다. 이 남성의 연간 평균 온실가스 배출량은 약 23.3tCO_2eq로 이는 독일 남성 평균 배출량의 약 두 배에 해당한다. 이러한 추세로 그가 평균수명 78.5세까지 산다면, 평생 배출하는 온실가스는 1,830tCO_2eq로 추산된다.

다음으로, 지난 1년 동안 개선된 친환경적 라이프스타일을 바탕으로 환경영향평가가 이루어졌다. 대면 비즈니스 회의는 온라인 회의로 대체되었고, 항공 여행은 기차로, 30km 이하의 거리는 하이브리드 자동차로 전환하였다. 비건 식단 위주로 식생활을 변경하고, 창문과 난방 시스템을 교체하여 주택의 에너지 효율을 높였다. 이러한 라이프스타일의 변화는 교통과 음식에서 GWP를 각각 81%와 71% 줄이는 데 기여하였다. 에너지와 물 사용 또한 20% 감소하였으며, 전체적으로 모든 평가 항목에서 환경영향이 평균 60% 줄어드는 효과를 보였다. 저자들은 이러한 결과를 바탕으로 개인을 대상으로 한 환경교육이 탄소중립 목표 달성에 큰 기여를 할 수 있다고 강조한다.[32)]

2) 조직의 전과정평가

전과정평가는 개별 제품뿐만 아니라 조직 전반에도 적용될 수 있다. 포린 외(Forin et al., 2019)에 따르면 환경에 영향을 미치는 많은 결정이 경영자 수준에서 이루어지는 반면, 실무자들은 제품제조 과정뿐만 아니라 공급망 전체에 걸친 환경영향에 대해 책임지고 관리해야 한다. 따라서 전과정평가가 제품에 국한되지 않고 조직 전반에 적용될 필요가 있다. 이들의 연구는 UNEP와 SETAC이 조직 전과정평가(O-LCA) 가이드라인을 검증하기 위해 수집한 12개 조직대상 설문조사를 기반으로 하고 있다. 설문조사 결과 조직이 O-LCA에 관심을 가지는 이유로는 환경적 핫스팟 식별, 환경성과 추적, 경영 의사결정 개선 등이 언급되었다. O-LCA 적용범위는 조직 전체를 포함하거나 특정 시설 또는 지역을 평가 단위로 선정하는 등 다양하게 나타났다. 평가의 범위도 조직에 따라 요람에서 무덤까지의 전 과정이나 요람에서 출고까지로 한정하는 등 적용방식이 달랐다. O-LCA 과정에서 어려운 작업은 조직 활동의 분류(직접 활동, 다운스트림, 업스트림), 관련 데이터 수집, 결과 해석 등이 언급되었다. 다수의 기업들은 평가를 반복할수록 O-LCA에 소요되는 시간이 점차 단축될 것으로 기대했다. 실제로 유니레버의 경우 첫 번째 평가에는 18개월이 소요되었지만, 이후 두 번째와 세 번째 평가에서는 시간이 각각 12개월과 8개월로 줄어들었다.[33] 결과적으로 이 연구는 O-LCA가 조직의 환경적 핫스팟을 파악하고, 환경성과를 추적하며, 의사결정을 개선하는 데 효과적인 도구가 될 수 있음을 시사하고 있다.

3) 국가의 전과정평가

국가수준에서의 전과정평가는 특정 경제 활동이나 시스템에 대해 국가 전체적인 관점에서 환경적 영향을 평가하는 것을 의미한다. 메론 외(Meron et al., 2020)의 연구는 이스라엘의 수자원 공급 시스템에 대한 전과정평가를 실시하여 시스템에 영향을 미치는 주요 요소들을 파악하고 개선방안을 제시한 사례다. 수자원 시스템의 구성 요소로는 지하수, 지표수, 염수 및 해수로부터의 물 확보 및 생산, 수처리, 해수담수화, 국가 송수 시스템 및 물 배분 등 다양한 물관리 활동이 포함되었다. 에너지 소비 및 화학물질 사용, 인프라 구축을 위한 자재와 운송도 고려되었다. 분석 결과 이스라엘은 해수담수화에 많은 전력을 사용하고 있으며, 독점적 지위의 전력공급업체가 석탄, 천연가스, 저질 중유를 혼합하여 사용한 것이 환경오염의 주요 원인으로 나타났다. 유사한 사례로 캐나다 퀘벡의 수자원 공급 시스템과 비교했을 때, 에너지원에서 재생에너지 비율을 높이는 것이 이스라엘의 수자원 시스템에서 환경오염을 줄일 수 있는 해결책으로 제시되었다. 또한 오래된 인프라에서 발생하는 누수 문제 역시 환경영향을 증가시키는 요인으로 지적되었다. 저자들은 인프라 개선과 재생에너지 비율 확대를 통해 이스라엘의 수자원 시스템이 환경적으로 보다 지속가능한 방향으로 나아갈 수 있음을 강조하고 있다.[34)]

5 전과정평가의 한계와 전망

전과정평가는 다양한 방식으로 다양한 범위의 문제에 적용될 수 있는 유용한 도구이나 그 한계점도 분명히 존재한다. 커런(Curran, 2014)은 전과정평가의 문제점들을 매우 포괄적으로 분석하였으며, 이하에서는 저자가 언급한 한계 중 최근 연구들에서도 공통적으로 제기되는 문제점을 중심으로 살펴보고자 한다.

커런(Curran, 2014)이 언급한 전과정평가의 첫 번째 한계는 평가의 목적과 방법의 일치에 대한 것이다. 그는 전과정평가의 '목적과 범위 설정' 단계와 '자원목록 분석' 단계 간의 관계를 명확히 설명하는 지침이 부족하다고 지적했다. 특히, 목적 설정 단계에서 중요한 것은 '기능 단위'의 설정인데, 이 기능 단위를 어떤 범주로 설정하느냐에 따라 전과정평가의 이후 단계에 영향을 미칠 수 있기 때문이다.[35] 이 문제는 드마르코와 포티에르(DeMarco & Fortier, 2022)의 연구에서도 언급되었다. 이들은 2000~2020년 사이 에어컨 및 선풍기 제품에 대한 전과정평가 연구를 검토한 결과, 연구 목적이 대체로 비슷하지만 기능 단위의 정의가 각기 달라 평가 결과 간의 비교가 어려움을 발견했다. 저자들은 이러한 일관성 부족이 전과정평가의 신뢰성과 활용성을 저해한다고 비판하였다.[36]

커런(Curran, 2014)이 언급한 두 번째 한계는 '자원목록 분석' 단계에서 데이터 수집이 상당한 자원과 시간을 요구한다는 점이다. 목록 데이터는 자재 및 제품 제조업체에서 직접 수집하거나, 보고서, 출판물 및 데이터베이스와 같은 2차 자료를 통해 구할 수 있지만 이러한 자료수집 과정의 어려움이 전과정평가의 주요 장애물이라고 지적하였다.[37]

그럼에도 이러한 문제를 해결하기 위한 다양한 노력이 진행 중이다. 예를 들어, UNEP의 산하기관 '라이프사이클 이니셔티브'에서 운영하는 Global LCA Data Access(GLAD)는 데이터 접근성을 제고하기 위한 플랫폼이다. 국제 네트워크인 GLAD는 미국, 스위스, 일본 등 14개국이 참여하여 전과정평가를 위한 데이터베이스를 공유하고 있다.[38] 또한 유럽연합은 '전과정평가에 대한 유럽 플랫폼(European Platform on LCA)'을 운영하며 관련 데이터, 자료, 노하우를 공유하고, 정보를 지속적으로 업데이트하여 데이터 접근성을 개선하고 있다.[39]

전과정평가의 세 번째 한계는 '영향평가' 단계에서 데이터와 모델의 불완전성이다. 이 단계에서는 이전 단계의 목록 분석 결과를 바탕으로 환경영향을 평가하기 위해 배출 관련 데이터를 영향지표에 연결해야 한다. 그러나 수자원 사용, 토지이용, 공간 및 시간적 차이를 반영할 수 있는 정교한 모형 연구는 아직 초기 단계에 머물러 있다.[40] 하지만, 이러한 한계를 극복하기 위해 관련 분야 연구에서도 지속적인 발전이 이루어지고 있다. 로자스와 골스타인(Rozas & Golsteijn, 2023)의 연구에 따르면, 2022년 용수 사용이 생태계에 미치는 영향, 플라스틱이 해양환경에 미치는 영향 등을 평가하기 위한 특성화 요인(characterization factor)들이 새롭게 개발되었으며, 제초제 배출과 관련된 새로운 모델링도 제시되었다. 이 외에도 더 정확한 평가를 위한 프레임워크들이 지속적으로 개발되고 있다.[41]

네 번째로 언급된 한계는 데이터 불확실성이다. 목록 분석과 영향평가 단계에서의 데이터 오류나 변동은 평가 결과에 불확실성을 초래할 수 있다. 그러나 많은 전과정평가가 이러한 불확실성을 보고하지 않거나 이에 대한 연구도 충분히 이루어지지 않은 것으로 나타났다.[42] 그러나 이러한 지적 이후 전과정평가에서의 불확실성을 줄이기 위한 다양한 연구가 활발히 진행되었다. 예를 들어, 이고스 외(Igos et al., 2019)는 전과정평가에서 불확실성의 원천을 파악하고, 이를 해결하기 위한 세 가지 접근방안을 제시했다. 첫째, '불확실성 분석(uncertainty analysis)'을 통해 데이터의 불확실성을 평가 결과에 반영하며, 둘째, '민감도 분석(sensitivity analysis)'을 통해 그 영향수준을 측정하고, 마지막으로 불확실성을 명확히 알림으로써 연구 결과를 보다 투명하게 제시한다. 이러한 연구들은 전과정평가의 신뢰성을 높이고 정확성을 강화하는 데 기여하고 있다.[43]

다섯 번째로 지적된 한계는 전과정평가를 통해 항상 승자를 가려내기 어렵다는 것이다. 전과정평가의 마지막 해석 단계는 목록 분석 결과와 영향평가 결과를 종합하여 제품 선택이나 프로세스 또는 서비스 개선 등의 의사결정을 지원한다. 그러나 환경영향평가 결과를 점수로 변환하는 과정에서 주관적인 가치판단이 개입될 수 있다. 따라서 이 과정에서 발생하는 불확실성과 내재된 가정들을 명확하게 설명할 필요가 있다. 이러한 이유로 전과정평가에 기반한 대안 중에서 명확한 '승자'를 식별하기는 쉽지 않다.[44] 우선순위 식별의 문제는 모리슨과 제임스(Morrison & James, 2022)의 연구에서도 언급되었다. 이들은 데이터의 불확실성 때문에 동일한 제품이라도 다른 지역에서 다른 생산 과정을 거친 경우, 복수의 제품 간 비교 평가가 명확한 결과로 도출되지 않을 수 있음을 지적했다.[45]

여섯 번째 한계는 '결과적 전과정평가'에서 평가영역의 확장과 관련된 문제이다. '결과적 전과정평가(consequential LCA)'는 '속성적 전과정평가(attributional LCA)'와 차별화된다. 후자가 제품의 환경영향을 제한된 시스템의 영역에서 평가하는 것이라면, 전자는 환경 관련 의사결정의 변화로 인해 발생하는 영향을 더 광범위한 영역에서 평가한다. 예를 들어, 서칭거 외(Searchinger et al., 2008)는 미국의 옥수수 기반 에탄올에 대한 속성적 전과정평가에서 옥수수 에탄올이 가솔린에 비해 온실가스 배출량이 20% 적다는 분석 결과를 얻었다. 그러나 결과적 전과정평가에서는 옥수수 에탄올의 배출량이 가솔린에 비해 47% 높을 것으로 예측되었다. 이는 옥수수 에탄올 생산에 대한 추가 수요로 인해 옥수수, 대두 및 기타 곡물의 가격이 상승하고 이러한 수요 증가가 토지이용 변화를 초래했기 때문이다.[46] 이처럼 결과적 전과정평가는 환경영향을 보다 종합적이고 거시적인 관점에서 평가할 수 있는 강점을 가진다. 그럼에도 불구하고 커런(Curran, 2014)은 이 방식이 평가 과정의 복잡성을 증가시키고, 부적절한 가정이나 오류가 최종 결과에 중대한 영향을 미칠 위험이 있다고 지적했다.[47] 최근에는 결과적 전과정평가를 지원하기 위한 자료와 모델링 도구가 점점 늘어나는 추세이다.[48]

지금까지 논의된 바와 같이 전과정평가는 다양한 조직에서 높은 활용도를 보이고 있지만, 아직까지 법적 의무사항으로 제도화되지는 않은 상황이다. 그러나 유럽연합을 비롯한 여러 국가가 자동차산업에 전과정평가 기준을 마련하는 등 최근 국제사회의 움직임을 볼 때 전과정평가가 조만간 의무화될 가능성이 높아 보인다. 특히, 유럽연합은 2023년 4월 자동차 온실가스 전과정평가 표준방법을 마련하고 자동차 제조사의 자발적 보고를 위한 법안을 확정하였다. 또한 유엔(UN) 산하 '자동차 안전기준 조화를 위한 세계 포럼(WP.29)'에서도 2025년 말 채택을 목표로 표준화된 평가방법을 개발 중이다.[49] 이러한 제품의 생애주기를 포괄하는 규제 도입은 자동차업계를 크게 변화시킬 것으로 예상된다.

현재 자동차 환경규제는 대부분 차량 운행 중에 발생하는 배출량, 즉 '탱크에서 휠까지(Tank to Wheel: TtW)'를 중심으로 평가하고 있다. TtW 평가 항목에는 일산화탄소, 질소산화물, 탄화수소, 미세먼지 등이 포함된다. 이 관점에서 보면, 전기차는 내연차보다 훨씬 친환경적인 대안으로 간주된다. 그러나 자동차의 전 생애주기를 종합적으로 고려할 경우 평가 결과가 달라질 수 있다. 이는 TtW뿐만 아니라 원자재 추출, 자동차 제조, 유지관리, 폐기 및 재활용까지 자동차의 전과정이 평가대상이기 때문이다. 앞서 살펴보았듯이, 국가별 정책적 차이로 인해 전기차가 내연차에 비해 항상 우수한 환경성과를 나타내는 것은 아니다. 따라서 완성차 제조업체와 부품업체는 생산 과정에서 재생에너지 사용을 확대하고 청정생산 기술을 적극 도입하는 등 친환경 제품 생산체제로의 전환을 적극적으로 추진해야 한다.[50)]

이처럼 전과정평가는 조직이 자신의 활동 전반에 걸쳐 탄소중립을 고려하고 실천적인 행동을 촉진한다는 점에서 의무화되어야 할 당위성이 충분하다. 이를 위해 정부는 환경규제의 강화와 함께 인센티브 제공 등의 다양한 정책적 수단을 통해 공공 및 민간조직이 전과정평가를 적극적으로 활용하도록 유도해야 한다. 이러한 노력은 지속가능한 미래를 위한 중요한 첫걸음이 될 것이다.

참고문헌

구아현. (2023.11.2). 국내기업 Scope 탄소배출량 데이터 편차 커. 디지털조선.

국립환경과학원 교통환경연구소. (2022). 국내외 자동차 LCA 추진현황. 『자동차 환경정책 및 기술 동향 자료집』. Vol.5.

김종석 · 이찬규 · 임노현 · 한용규 · 한인섭. (2022). 전과정평가 기법을 활용한 생수의 환경성 평가연구. 『대한환경공학회지』, 44(10).

대한민국정부. (2020). 대한민국 2050 탄소중립전략.

이병욱. (2022.5.10). 친환경 제품의 판별 기준 '전과정평가.' 한국경제.

Bossek, D., Goermer, M., Bach, V., Lehmann, A., & Finkbeiner, M. (2021). Life-LCA: the first case study of the life cycle impacts of a human being. *The International Journal of Life Cycle Assessment*, 26(9): 1847-1866.

Curran, M. A. (2014). Strengths and limitations of life cycle assessment. In Kloepffer (eds.), *Background and future prospects in life cycle assessment* (pp.189-206).

European Commission. (n.d.). *GHG emissions of all world countries-2023 report*.

European Platform on LCA. (n.d.). https://eplca.jrc.ec.europa.eu/

Forin, S., Martínez-Blanco, J., & Finkbeiner, M. (2019). Facts and figures from road testing the guidance on organizational life cycle assessment. *The International Journal of Life Cycle Assessment*, 24: 866-880.

Guinée, J. B. (2021). *Life cycle assessment: past, present, and future* [keynote presentation]. International Symposium on Life Cycle Assessment and Construction, July 10-12, Nantes.

Hellweg, S., & Milà i Canals, L. (2014). Emerging approaches, challenges and opportunities in life cycle assessment. *Science*, 344(6188): 1109-1113.

Hertwich & Peters (2009); Gore et al. (2020) cited in Bossek, D., Goermer,

M., Bach, V., Lehmann, A., & Finkbeiner, M. (2021). Life-LCA: the first case study of the life cycle impacts of a human being. *The International Journal of Life Cycle Assessment*, 26(9): 1847-1866.

Igos, E., Benetto, E., Meyer, R., Baustert, P., & Othoniel, B. (2019). How to treat uncertainties in life cycle assessment studies? *The International Journal of Life Cycle Assessment*, 24: 794-807.

ISO. (2022). *14040:2006 Environmental management-Life cycle assessment-Principles and framework.*

Kloepffer, W. (2008). Life cycle sustainability assessment of products. *The International Journal of Life Cycle Assessment*, 13: 89-95.

Klöpffer, W. (1997). Life cycle assessment: From the beginning to the current state. *Environmental Science and Pollution Research*, 4: 223-228.

Korpi, E., & Ala-Risku, T. (2008). Life cycle costing: a review of published case studies. *Managerial Auditing Journal*, 23(3): 240-261.

KPMG. *Life cycle assessment guide.* https://kpmg.com/xx/en/home/insights/2023/10/life-cycle-assessment-guide.html

Larsen, V. G., Tollin, N., Sattrup, P. A., Birkved, M., & Holmboe, T. (2022). What are the challenges in assessing circular economy for the built environment? A literature review on integrating LCA, LCC and S-LCA in life cycle sustainability assessment, LCSA. *Journal of Building Engineering*, 50: 104203.

Lueddeckens, S., Saling, P., and Guenther, E. (2020). Temporal issues in life cycle assessment-a systematic review. *The International Journal of Life Cycle Assessment*, 25: 1385-1401.

Meron, N., Blass, V., & Thoma, G. (2020). A national-level LCA of a water supply system in a Mediterranean semi-arid climate-Israel as a case study. *The International Journal of Life Cycle Assessment*, 25: 1133-1144.

Miller, S. A. (2022). The capabilities and deficiencies of life cycle assessment to address the plastic problem. *Frontiers in Sustainability*, 3: 1007060. p.2.

Morrison, A. M., & James, J. (2022). Life cycle assessments do have limitations. *Exponent.*

Nitschelm, L., Aubin, J., Corson, M. S., Viaud, V., & Walter, C. (2016). Spatial differentiation in Life Cycle Assessment LCA applied to an agricultural territory: current practices and method development. *Journal of Cleaner Production*, 112(2016): 2472-2484.

Peuportier, B. (2022). Dynamic life cycle assessment explained. Lab Recherche Environment.

Potting, J., & Hauschild, M. (1997). Part II: spatial differentiation in life-cycle assessment via the site-dependent characterisation of environmental impact from emissions. *The International Journal of Life Cycle Assessment*, 2: 209-216.

Qiao, Q., Zhao, F., Liu, Z., Hao, H., He, X., Przesmitzki, S. V., & Amer, A. A. (2020). Life cycle cost and GHG emission benefits of electric vehicles in China. *Transportation Research Part D: Transport and Environment*, 86: 102418.

Roux, C., Schalbart, P., & Peuportier, B. (2016). Accounting for temporal variation of electricity production and consumption in the LCA of an energy-efficient house. *Journal of Cleaner Production*, 113: 532-540.

Rozas, A. R., & Golsteijn, L. (2023). Important impact assessment developments of 2022. *Pre.*

Sala, S. (2021). *Life cycle assessment for supporting policies in the EU: an overview of some pilot initiatives for the monitoring and evaluation of policies* [presentation]. LCA4Regions conference.

Shafique, M., & Luo, X. (2022). Environmental life cycle assessment of battery electric vehicles from the current and future energy mix perspective. *Journal of Environmental Management*, 303: 114050.

Sohn, J., Kalbar, P., Goldstein, B., & Birkved, M. (2020). Defining temporally dynamic life cycle assessment: a review. *Integrated Environmental Assessment and Management*, 16(3): 314-323.

Stenzel, A., & Waichman, I. (2023). Supply-chain data sharing for scope 3 emissions. *Climate Action*, 2(1): 7.

Tesla. (2022). *Impact report.*

UNEP. (2020). *Guidelines for social life cycle assessment of products and organizations.*

Verma, S., Dwivedi, G., & Verma, P. (2022). Life cycle assessment of electric vehicles in comparison to combustion engine vehicles: A review. *Materials Today: Proceedings*, 49: 217-222.

주

1) ISO, 2022.
2) Laurin, 2017; Miller, 2022에서 재인용: 2.
3) 지구온난화 지수에서 기후변화는 탄소발자국과 거의 동일.
4) Hellweg & Milà i Canals, 2014: 1109.
5) KPMG.
6) 당시 진행되었던 에너지 분석의 범위는 나중에 자원 요구 사항, 배출 부하, 생성된 폐기물을 포함하도록 확장되었다. Guinee et al., 2011: 90-91.
7) Klöpffer, 1997.
8) 1972년에 발표된 「성장의 한계」 보고서는 로마 클럽(Club of Rome)이라는 국제적인 싱크탱크에서 주도한 연구의 결과물이다. 이 보고서는 세계의 지속가능발전이 가능한지에 대한 의문을 제기하고, 인류가 계속해서 자원을 소비하면서 지속가능한 성장을 유지할 수 없을 것이라 주장했다.
9) Klöpffer, 1997: 223.
10) Guinée, 2021: 9-10.
11) 상게서: 10.
12) Sala, 2021: 14.
13) Guinée, 2021: 11.
14) 상게서: 10-11.
15) Lueddeckens et al., 2020: 1386.
16) Sohn et al., 2020: 315.
17) Roux et al., 2016a; Peuportier, 2022에서 재인용.
18) Roux, 2016: 532.
19) Potting & Hauschild, 1997: 214.
20) Nitschelm et al., 2016: 2473-2474.
21) Kloepffer, 2008: 91.
22) Korpi & Ala-Risku, 2008: 242-243.
23) Verma et al., 2022: 219.
24) Shafique & Luo, 2022: 2-4.
25) 상게서: 5-9.
26) Qiao et al., 2020: 5-6.
27) 상게서: 7-11.
28) Tesla, 2022.
29) Stenzel & Waichman, 2023: 1.
30) 상게서: 2-3.
31) Hertwich & Peters, 2009; Gore et al., 2020; Bossek et al., 2021에서 재인용: 1847.
32) Bossek et al., 2021.

33) Forin et al., 2019.
34) Meron et al., 2020.
35) Curran, 2014: 193.
36) DeMarco & Fortier, 2022.
37) Curran, 2014: 194.
38) 구아현. (2023년 11월 2일). 국내기업 Scope 탄소배출량 데이터 편차 커. 디지털조선. https://digitalchosun.dizzo.com/site/data/html_dir/2023/11/02/2023110280140.html
39) European Platform on LCA, n.d.
40) Curran, 2014: 195-196.
41) Rozas & Golsteijn, 2023.
42) Curran, 2014: 196.
43) Igos et al., 2019.
44) Curran, 2014: 198-199.
45) Morrison & James, 2022.
46) Searchinger et al., 2008; Curran, 2014에서 재인용: 203.
47) Curran, 2014: 203.
48) 그 예로, 결과적 전과정평가 관련 자료와 모델링을 제공하는 다음과 같은 비영리 사이트가 있다. https://consequential-lca.org/
49) 환경부 보도자료, 2024.2.26.
50) 이병욱, 2022.5.10.

제 7 장

자연자본 공시와 TNFD 권고안

1_자연 관련 재무정보 공개 협의체(TNFD) 탄생의 역사적 배경
2_자연자본의 이해
3_TNFD 권고안의 내용 및 특징
4_TNFD 권고안 실행을 위한 LEAP 접근법
5_TNFD 권고안의 한계와 미래 방향성

제7장

자연자본 공시와 TNFD 권고안

생물다양성은 지구상의 다양한 생명체, 종, 개체군, 이들이 형성하는 공동체와 생태계를 아우르는 포괄적 개념이다.[1] 지구 전체는 거대한 연결망으로 구성된 생태계로서, 각 부분은 직소 퍼즐처럼 상호의존하며 공생한다. 예를 들어, 수천 마일 떨어진 사하라 사막에서 불어온 먼지 속의 인 화합물이 아마존 우림의 비료가 되듯이 생태계의 작은 변화도 다른 종에 연쇄적인 영향을 미칠 수 있다.[2] 이러한 상호작용은 생태계를 유지하는 데 중요한 역할을 하는 핵심종(keystone species)의 존재를 통해서도 확인할 수 있다. 핵심종의 상실은 도미노 효과를 일으켜 전체 생태계에 큰 영향을 미칠 수 있다. 1960년대 로버트 페인(Robert Paine) 교수의 불가사리 실험은 한 종의 손실이 전체 생태계에 영향을 미치며, 종 간의 복잡한 상호작용과 연결되어 있음을 시사한다.[3]

인간의 산업활동은 화석연료 및 바이오매스의 과도한 사용, 독성 화학물질 방출 등을 통해 생태계를 파괴하고 생물다양성을 직·간접적으로 위협해왔다.[4] 이에 대응하기 위해 2020년 7월 글로벌 캐노피(Global

Canopy), UNDP, UNEP 금융 이니셔티브, 세계 자연기금(World Wide Fund for Nature: WWF) 등 여러 국제기구가 연합하여 자연 관련 재무정보 공개 협의체(Taskforce on Nature-related Financial Disclosures: TNFD) 설립을 위한 이니셔티브를 제안하였다. 1년 후 TNFD가 공식적으로 발족되었으며, 2023년 9월 최종 권고안이 발표되었다.5) TNFD는 기업이 '생물다양성'에 미치는 영향을 정량적으로 측정하고 이를 시장 참여자들에게 투명하게 공개하도록 권고하며, 이를 통해 기업의 지속가능경영에 대한 새로운 표준을 제시하고자 한다.

1 자연 관련 재무정보 공개 협의체(TNFD) 탄생의 역사적 배경

전 세계적으로 생물다양성을 보전하고 회복하기 위한 노력은 지속적으로 이루어져왔다. 1992년 '환경 및 개발에 관한 유엔 회의(United Nations Conference on Environment and Development: UNCED)에서 채택된 생물다양성협약(Convention on Biological Diversity: CBD)은 생물다양성 보전과 지속가능한 이용, 자연자원의 공정한 혜택 분배를 약속한 최초의 국제적 합의로 평가받고 있다.6) 이후 약 30년이 지난 2022년 12월 캐나다 몬트리올에서 개최된 생물다양성협약 당사국회의(COP15)에서는 196개국이 합의한 쿤밍-몬트리올 글로벌 생물다양성 프레임워크(Global Biodiversity Framework: GBF)가 발표되었다. 이 프레임워크는 2050년까지 달성해야 할 공동 목표로 멸종 위기에 처한 종을 보호하고, 생물다양성을 지속가능한 방식으로 이용하며, 그 혜택을 공평하게 향유하고, 매년 7천억 달러의 재정지원을 통해 생물다양성 보전을 촉

진하겠다는 내용을 담고 있다.7)

TNFD는 GBF에서 결정된 23개 실천목표(Target) 중 15번째 목표인 "기업이 생물다양성에 미치는 영향을 모니터링하고 평가하며, 이를 투명하게 공개하여 비즈니스, 사회, 그리고 자연이 조화롭게 공존할 수 있도록 하는 것"을 지원하기 위해 설립된 이니셔티브이다.8) TNFD는 전 세계 기업과 금융기관들에 다음과 같은 메시지를 전달하며 변화와 참여를 촉구하고 있다.

> "우리 사회와 경제 및 금융시스템은 자연 외부에 존재하는 것이 아니라 자연 속에 내재되어 있다. 그러나 현재 자연은 전 세계적으로 훼손되고 있으며 생물다양성은 그 어느 때보다 빠르게 감소하고 있다. 이러한 상황은 기업, 투자자, 금융시스템, 그리고 경제 전반에 심각한 위험을 초래하고 있으며, 그 위험의 강도와 빈도가 점점 더 커지고 있다. 중앙은행과 금융감독 당국 또한 자연 자산손실이 금융시스템과 경제에 체계적 위험을 초래할 수 있음을 인식하고, 이에 대한 대응책을 마련하고 있다. 하지만 이러한 위험에도 불구하고, 대다수의 기업과 투자자들은 여전히 준비가 부족한 실정이다. 2022년 CDP에 데이터를 공개한 기업의 약 70%가 자사의 가치사슬이 생물다양성에 미치는 영향을 평가하지 않은 것으로 나타났다. 자연 자산손실 문제는 더 이상 기업의 사회적 책임(CSR) 이슈에 국한되지 않으며, 기후변화와 더불어 심각한 전략 리스크로 부각되고 있다. TNFD의 권고안은 이러한 문제를 해결하기 위한 지침 역할을 할 것이다."9)

이와 같이 TNFD는 기업과 금융기관의 활동이 생태계와 생물다양성에 미치는 영향을 보다 정밀하게 평가하고, 지속가능경영을 위한 방향으로의 전환을 지원하는 지침을 제시하고 있다.

2 자연자본의 이해

TNFD 권고안은 자연과 관련된 용어와 개념을 명확히 정의하고 있다. 자연은 육지, 바다, 담수, 대기의 네 가지 영역으로 구성되며, 사회는 이 네 영역의 중심에 위치하여 자연과 상호작용한다. 인간을 포함한 사회의 모든 구성 요소는 자연에 의존하면서 서로 영향을 주고받는다. 자연자본(natural capital)은 숲, 습지, 산호초, 농업지역 등 지구상의 생물과 무생물로 이루어진 환경자산의 총량을 의미한다. 생태계 자산(ecosystem assets)은 이러한 환경자산(environmental assets) 중 다양한 생태계와 관련된 하위 집합을 의미한다. 생태계는 생물군계(biomes)로 구성되며 식물, 동물, 미생물 군집 등 생물과 이들이 상호작용하는 무생물 환경의 역동적인 복합체로 정의된다.

생태계 서비스(ecosystem services)는 경제 및 인간 활동에 기여하는 생태계의 공헌을 의미하며, 이를 세 가지 범주로 나눌 수 있다. 첫째, 공급 서비스(supply services)는 작물, 목재, 물과 같은 자원의 제공을 포함한다. 둘째, 유지보수 서비스(maintenance services)는 물 순환 및 기후 완화와 같은 역할을 하며, 홍수 완화와 같은 기능이 여기에 해당한다. 셋째, 문화 서비스(cultural services)는 숲이나 산호초와 같은 자연환경이 제공하는 레크리에이션 및 관광 기회를 포함하며, 인간 사회에 문화적 가치를 더하는 기능이다. 이러한 생태계 서비스는 기업이 자연자본에 얼마나 의존하고 있는지를 이해하는 데 중요한 기초가 되며, 자연자본의 가치하락은 생태계 서비스에 부정적인 영향을 미치기 때문에 기업의 위험관리에서도 중요한 요소로 고려되어야 한다. TNFD 권고안은 이를 바탕으로 기업이 자연과 생태계 자산에 미치는 영향을 평가하고 이를 관리할 필요성을 강조하고 있다.10) [그림 7-1]은 자연, 사회, 경제가 어떻게 유기적으로 연결되며, 환경자산이 생태계 서비스를 통해 비즈니스와 사회에 어떻게 기여하는지를 시각적으로 보여준다.

그림 7-1 TNFD가 정의하는 자연, 비즈니스, 사회의 관계

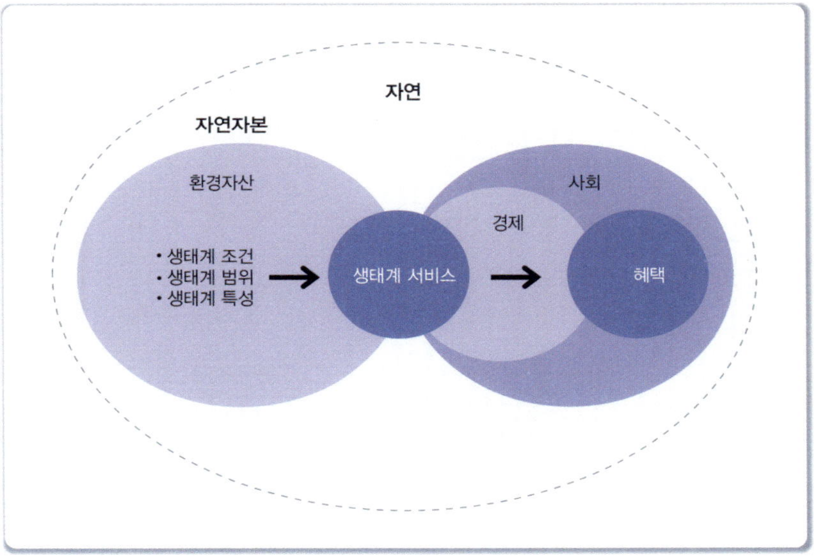

출처: TNFD. (2023a). *Recommendations of the Taskforce on Nature-related Financial Disclosures*. p.26.

TNFD 권고안은 조직성과에 영향을 미치는 자연의 위험뿐만 아니라 조직의 활동이 자연에 미치는 영향을 함께 고려하는 '이중 중대성(double materiality)'의 개념을 내포하고 있다. 이는 기후 관련 재무정보 공개 협의체(Task Force on Climate-Related Financial Disclosures: TCFD)의 권고안과 명확한 차이점을 보이는데, TCFD의 권고안이 조직의 기후 관련 위험과 기회만을 중점적으로 다루는 반면, TNFD 권고안은 추가적으로 조직의 자연 의존성과 영향까지 논의에 포함한다.[11] 여기서 '의존성(dependencies)'은 환경자산과 생태계 서비스에 대한 조직의 의존 방식을 나타내며, '영향(impacts)'은 조직이나 이해관계자의 행동으로 인해 자연 상태에 긍정적이거나 부정적인 변화가 발생하는 것을 의미한다.[12] TNFD는 이러한 조직의 자연 관련 의존성과 영향을 먼저 분석하고 이해해야, 이를 통해 자연 관련 위험과 기회를 효과적으로 파악할 수 있다고 강조한다.[13]

TNFD에서 주목하는 자연 관련 위험이란 조직 및 사회의 자연 의존성과 자연에 대한 영향으로 인해 발생할 수 있는 잠재적 위험을 의미한다. 이러한 위험은 물리적 위험, 전환 위험, 시스템적 위험으로 분류된다.

첫째, 물리적 위험은 자연의 황폐화와 그에 따른 생태계 서비스 손실로, 건강한 생태계를 지원하는 생물 및 무생물 조건 변화가 그 원인이다. 이러한 위험은 일반적으로 지리적 특성에 따라 다르게 나타난다.

둘째, 전환 위험은 자연에 대한 부정적인 영향을 방지하거나 복원하지 못했을 때 발생하는 조직에 대한 위험으로, 규제 및 정책 변화, 법적 판례, 기술 발전, 투자자의 심리 및 소비자 선호 변화 등에 의해 촉발될 수 있다.

마지막으로, 시스템적 위험은 개별 요인의 실패가 아닌 전체 시스템의 붕괴로 인해 조직에 영향을 미치는 위험을 의미한다.[14] 이러한 위험은 사소한 티핑포인트들이 반복적으로 결합하여 대규모의 실패를 초래하는 것이 특징이다. 하나의 손실이 순차적으로 다른 손실을 촉발하고 시스템이 이전의 균형 상태로 돌아가는 것을 방해한다. 시스템적 위험은 사회, 경제 및 금융시장의 기능에 갑작스러운 혼란을 일으킬 수 있기 때문에 정책입안자와 시장 규제당국이 특히 주목하고 있는 이슈이다.

3 TNFD 권고안의 내용 및 특징

TNFD 권고안은 TCFD 권고안과 유사하게 네 가지 핵심 주제(거버넌스, 전략, 위험 및 영향관리, 측정기준 및 목표)로 구성되어 있지만, 전반적으로 생물다양성에 대한 고려가 중심이 되며, 세 가지 정보공개 항목이 추가되었다는 점에서 차별화된다(〈표 7-1〉 참조).

첫째, TNFD는 공급망 전반에서 자연과 관련된 정보를 투명하게 공개할 것을 촉구한다. TNFD는 자연과 관련된 다양한 문제가 기업의 직접적인 생산활동(direct operations)뿐만 아니라, 가치사슬의 업스트림과 다운스트림에서도 발생할 수 있다고 지적한다. 관련 정보공개를 위해 가치사슬 전반에 걸쳐 정확한 데이터가 확보되어야 하지만, 기업은 공급업체의 데이터에 의존해야 하고, 금융기관은 고객과 피투자자의 데이터를 수집해야 하는 제약이 존재한다. TNFD는 이러한 복잡성을 인정하면서도, 자연 관련 평가와 공개의 범위 및 이 범위를 결정한 조직의 프로세스를 명확히 설명할 것을 권고한다.[15] 이는 TCFD가 Scope 1과 2의 온실가스 배출량을 공개하되, 필요시 Scope 3을 포함하도록 권고한 것에 비해,[16] TNFD의 권고안이 훨씬 적극적임을 알 수 있다.

둘째, TNFD는 자연 관련 문제를 평가할 때 지리적 위치를 고려할 것을 권고한다. TCFD 권고안과는 달리 TNFD는 조직과 자연이 상호작용하는 접점(interface)의 위치가 자연에 대한 의존성과 영향을 평가하는 데 필수적이라고 설명한다. 자연에 대한 의존성과 영향은 특정 지역의 생태계에서 발생하므로, 조직의 자연 관련 위험과 기회도 위치에 따라 달라진다. 예를 들어, 수자원은 지역적으로 한정되어 있기 때문에 지역의 물 스트레스 정도에 따라 조직의 물 관련 문제와 대응방안도

표 7-1 TNFD 권고안 공시체계

거버넌스	전략	위험 및 영향 관리	측정기준 및 목표
자연 관련 의존성과 영향, 위험과 기회에 대한 조직의 거버넌스 정보공개	조직의 비즈니스 모델, 전략 및 재무 계획에 있어 중대한 영향을 미치는 자연 관련 의존성과 영향, 위험과 기회를 공개	자연 관련 의존성과 영향, 위험과 기회를 식별, 평가, 우선순위를 정하고, 모니터링하는 조직의 과정을 설명	중대한 자연 관련 의존성과 영향, 위험과 기회를 평가하고 관리하기 위해 사용되는 지표와 목표를 공개
A. 자연 관련 의존성과 영향, 위험과 기회에 대한 이사회의 감독방식을 기술	A. 조직이 단기, 중기, 장기적으로 식별한 자연 관련 의존성과 영향, 위험과 기회를 기술	A(i) 조직의 직접 생산 활동에서 자연 관련 의존성과 영향, 위험과 기회를 식별, 평가, 우선순위를 정하는 조직의 과정을 기술	A. 조직의 전략 및 위험 관리 과정에 따라 중대한 자연 관련 위험과 기회를 평가하고 관리하는 데 사용되는 지표를 공개
B. 자연 관련 의존성과 영향, 위험과 기회의 평가 및 관리에 대한 경영진의 역할을 기술	B. 조직의 비즈니스 모델, 가치사슬, 전략 및 재무계획과 전환 계획 및 분석에 영향을 미치는 자연 관련 의존성과 영향, 위험, 기회를 기술	A(ii) 조직의 가치사슬 업, 다운스트림에서 자연 관련 의존성과 영향, 위험과 기회를 식별, 평가, 우선순위를 정하는 조직의 과정을 기술	B. 조직의 자연 관련 의존성과 영향을 평가하고 관리하는 데 사용되는 지표 공개
C. 자연 관련 의존성과 영향, 위험과 기회에 대한 조직의 평가 및 대응에서 토착민 및 이해관계자들을 고려한 인권 정책, 참여 활동, 이사회와 경영진의 감독에 대해 기술	C. 다양한 시나리오를 기반으로 자연 관련 위험과 기회에 대응하는 조직 전략의 회복탄력성을 기술	B. 자연 관련 의존성과 영향, 위험과 기회를 관리하는 조직의 과정을 기술	C. 조직이 자연 관련 의존성과 영향, 위험과 기회를 관리하기 위해 설정한 조직의 목표와 달성한 성과를 설명
	D. 조직의 직접 운영에서의 자산 및 활동의 위치를 공개. 가능하다면 우선순위 지역기준을 충족하는 상·하류 가치사슬 내 위치도 공개	C. 자연 관련 위험을 식별, 평가, 우선순위의 결정, 모니터링하는 과정이 조직의 전반적 위험 관리 과정에 어떻게 통합되어 정보가 제공되는지 기술	

* 위 14개 항목 중 어둡게 표시된 3개 항목이 TNFD의 추가 항목이며, 나머지는 TCFD와 유사.

출처: TNFD. (2023a). *Recommendations of the Taskforce on Nature-related Financial Disclosures*. p.47.

달라질 수 있다. 이는 대기로 확산되는 온실가스 정보와는 달리, 자연 관련 문제에서 위치적 특성이 중요한 고려 요소임을 강조하고 있다.[17)]

셋째, TNFD는 자연 관련 문제의 거버넌스에 있어 토착민(Indigenous Peoples), 지역사회, 그리고 이해관계자들의 참여를 강조한다. 토착민은 전 세계 인구의 5% 미만에 불과하지만, 지구 생태계의 약 80%를 보호하는 수호자 역할을 한다. 이들의 전통 지식과 경험은 자연 관련 의존성, 영향, 위험 및 기회를 식별하고 평가하는 데 중요한 정보를 제공한다. 따라서 토착민과 지역사회 및 이해관계자들의 참여는 조직운영 및 가치사슬에서 발생하는 자연 관련 문제를 해결하는 데 필수적이다.[18)]

넷째, TNFD 권고안은 평가와 목표설정을 위한 세부적인 지침과 측정기준을 제시한다. 조직이 자연 관련 목표를 설정할 때, TNFD는 과학기반 목표 네트워크(Science-Based Target Network, SBTN)의 지침을 활용하도록 권장한다.[19)] TNFD는 LEAP(Locate, Evaluate, Assess, Prepare) 접근법을 통해 시나리오 분석, 목표설정, 토착민과 지역사회 참여에 대한 지침을 제공하며, 이를 통해 권고안을 효과적으로 실행할 수 있도록 지원한다.

4 TNFD 권고안 실행을 위한 LEAP 접근법

조직이 자연 관련 정보를 공개하는 것은 해당 문제를 식별하고 평가할 수 있는 역량과 지식이 조직 내에 구축되어 있다는 전제에 기초한다.[20)] 이에 TNFD는 조직이 자연과 관련된 문제를 보다 체계적으로 평가할 수 있도록 위치(Locate), 평가(Evaluate), 진단(Assess), 준비(Prepare)

라는 네 가지 단계로 구성된 LEAP 접근법을 제안한다.

1) LEAP 준비 단계, 범위 설정하기

LEAP 접근법을 실행하기 위해서는 조직 경영진의 적극적인 지원과 실사를 수행할 전담팀의 구성이 필수적이다. 특히, 범위 설정(Scoping) 단계에서는 전담팀과 경영진 간의 긴밀한 협의와 조정이 중요하다. 범위 설정은 평가 변수, 목표, 예상 결과, 일정, 필요한 자원 등을 조직 내부적으로 합의하는 과정으로, 이를 통해 조직은 LEAP 과정의 전반적인 방향성을 설정하게 된다. 이 단계의 주요 목적은 조직이 예상할 수 있는 자연 관련 의존성(dependencies), 영향(impacts), 위험(risks), 기회(opportunities)에 대한 초기가설을 수립하고, 내부 및 외부 데이터를 신속히 조사하며, 성공적인 평가를 위해 필요한 기술과 부족한 데이터를 파악하고 해결책을 모색하는 것이다. 즉, 범위 설정은 다음과 같은 질문에 답하는 과정이다.[21]

- **S1. 초기가설 수립**: 조직의 활동 중에서 중대한 자연 관련 의존성, 영향, 위험, 기회가 발생할 수 있는 부분은 무엇인가?
- **S2. 목표와 자원의 연계**: 현재 조직이 보유한 능력, 기술, 데이터를 고려할 때, 평가를 수행하기 위해 필요한 자원(재무, 인력, 데이터)과 소요시간은 어느 정도인가?

사례연구 **AXA Climate**[22]

AXA Climate는 AXA 그룹의 자회사로, AXA 그룹과 공급망의 이해관계자들을 대상으로 TNFD 실행을 지원하기 위해 자체 지침을 마련하였다. 이 지침은 '범위 설정(Scoping)' 단계에서 다음과 같은 권고사항을 제시하고 있다.

첫째, 회사 활동의 정확한 지리적 위치와 기존 환경 관련 연구 등의 주요 정보를 사전에 수집할 것을 권장한다. 현재 사용가능한 데이터와 정보를 기반으로 시작하면 추가적으로 정보가 필요한 영역을 쉽게 식별할 수 있기 때문이다. 둘째, 회사 내 기후, 물, 폐기물 관리 등 관련된 팀의 기존 지식을 최대한 활용하라고 제안한다. 이미 축적된 지식과 연구는 자연 관련 평가를 수행하는 데 귀중한 자료로 활용될 수 있다. 셋째, 회사의 자연 관련 위험을 효과적으로 분석하고, 위험완화를 위한 로드맵을 개발하기 위해 협력적 공동설계 프로세스(collaborative co-construction process)를 마련할 것을 강조한다. LEAP 평가는 조직 내 여러 팀 간의 협력을 요구하므로, 이 공동설계 프로세스에 충분한 시간과 자원을 배분하는 것이 필수적이다.

2) 자연과의 접점 찾기

LEAP의 첫 번째 단계인 '위치 식별(Locate)' 단계에서는 조직이 부문(sector), 가치사슬(value chain), 지리적 위치(geography)라는 세 가지 필터를 사용하여 잠재적인 자연 관련 문제를 파악하고, 이를 기반으로 우선순위를 정하는 것이 목적이다. TNFD는 이 과정을 통해 조직의 자연 의존성과 영향을 체계적으로 분석할 것을 권고하고 있다.[23]

L1. 비즈니스 모델과 가치사슬의 범위: 조직의 활동은 어떤 부문에서 이루어지는가? 가치사슬 내에서 직접 생산하는 곳은 어디인가? 이를 지역별로 어떻게 분류할 수 있는가?

L2. 의존성과 영향 심사: 조직의 활동 요소가 자연에 의존하는 정도는 얼마나 되는가? 그러한 활동이 자연에 미치는 영향은 어떠한가?

L3. 자연과의 접점: 자연에 대한 의존성이 높은 곳과 잠재적으로 영향을 미칠 수 있는 부문은 어디인가? 가치사슬 및 직영 사업장은 어디에 위치하며,

이러한 활동들이 상호작용하는 생물군계(biomes)와 생태계(ecosystems)는 무엇인가?

L4. 취약지역과의 접점: 조직의 생산 활동 중 생태학적으로 취약한 위치에 있는 부분은 무엇인가? 이러한 접점은 조직과 자연의 상호작용에서 특별한 주의가 필요한 부분이다.

사례연구

포리코(Forico)[24]

포리코는 호주 태즈매니아 주에서 가장 큰 민간산림 관리회사[25]로, 2023년 TCFD와 TNFD 통합 보고서를 공개하였다. 포리코는 태즈매니아 전역에 걸쳐 목재 섬유제품을 생산하기 위한 농장, 자연 식생지, 산림묘목장, 가공시설 등을 운영하고 있다. 포리코는 아직 생태계 우선순위 평가(assessment of the priority ecosystems)[26]를 완료하지는 않았으나, 관련 생태계의 상태와 건강성에 대한 데이터 수집을 시작했다고 밝혔다.

- **생물다양성 중요도**: 포리코는 공간 매핑(spatial mapping)과 생물 및 식물종의 서식지 모델링을 통해 자연림과 인공림 지역의 생물다양성 가치를 시각화하는 '생물다양성 히트 맵(heat map)'을 개발했다.
- **생태계 무결성**: 포리코는 식생 상태 평가(Vegetation Condition Assessments)를 통해 관리 중인 자연림 및 인공림 식생분포와 상태를 주기적으로 관찰하여 시간에 따른 변화를 파악하고 있다. 또한 2022년에는 Ecological Australia와 협력하여 북부 Surrey Hills 사업장 내부 및 주변 지역에 대한 생물다양성 가치를 조사하였다. 이를 통해 조림 연령 및 인근 자생 식물이 해당 지역 동물군의 개체 수와 다양성에 미치는 영향을 분석하였다.
- **물리적 물 위험 수위**: 포리코는 주요 운영 지역에서 물 스트레스(water stress)를 평가하고 있으며, 물과 퇴적물 흐름 관리, 수변지대 복원 등을 포함한 산림 관리 계획을 법적 요구사항에 따라 이행하고 있다.

3) 의존성과 영향 평가

LEAP의 두 번째 단계인 '평가(Evaluate)'는 조직의 자연에 대한 의존성과 영향을 정확히 이해하는 것을 목표로 한다. 조직의 자연 관련 위험과 기회가 자연에 대한 의존성과 영향에서 비롯되기 때문에, 이 단계를 정확히 이해하는 것이 매우 중요하다.

조직은 직접적인 생산활동 뿐만 아니라 가치사슬 내 다양한 비즈니스 과정에서 안정적이고 효율적인 생태계 서비스에 의존하고 있다. 특히, TNFD는 이 단계에서 조직 자체의 자연 관련 의존성과 영향뿐만 아니라, 조직 관련 이해관계자들의 의존성과 영향, 그리고 외부 요인 간의 복잡한 상호작용을 파악하기 위해 이해관계자 참여의 중요성을 강조한다. 평가 단계에서 답해야 할 주요 질문들은 다음과 같다.[27)]

- **E1. 환경자산, 생태계 서비스, 영향 요인의 식별**: 분석대상, 비즈니스 과정, 활동은 무엇인가? 이와 관련된 환경자산, 생태계 서비스, 지리적 위치, 영향 요인는 무엇인가?
- **E2. 의존성과 영향의 식별**: 우리 조직의 자연에 대한 의존성과 영향은 무엇인가?
- **E3. 의존성과 영향의 측정**: 의존성과 영향의 규모와 범위는 어떻게 되는가?
- **E4. 영향의 중대성 결정**: 식별된 영향 중 중대한 것은 무엇인가?

사례연구 **CP 그룹(Charoen Pokphand Group)[28)]**

태국 최대의 민간기업으로 알려진 CP 그룹은 초대형 식품기업인 CPF를 비롯해 통신사, 식품 유통사 등 다양한 분야의 계열사를 운영하고 있다.[29)] CP 그룹의 2022년 TNFD 보고서에서는 TNFD가 권장하는 다양한 도구(예: IBAT,[30)] Global Forest Watch,[31)] Encore,[32)] Aqueduct[33)])를 활용하여 비즈니스 활동이 이루어지는 지리적 위치에서의 생태계 무결성, 생물다양성 중요도, 물 스트레스를 평가한 내용을 공개하고 있다. 조사 결과, CP 그룹의 비즈니스 활동 지역 중 16%가 자연보호구역에 속해 있으며, 26%는 중요한 생물다양성 구역에 포함되어 있고, 5%는 물 스트레스가 심한 지역으로 나타났다. 또한 히트맵(heat map)[34]을 활용하여 계열사별로 각 생태계 서비스에 대한 의존도와 자연에 미치는 영향을 시각적으로 분석하였다.

4) 위험과 기회 파악

LEAP의 세 번째 단계인 '진단(Assess)'은 이전 단계에서 파악된 자연 관련 의존성과 영향에서 비롯되는 위험과 기회를 식별하고, 그 규모와 가능성(magnitude and likelihood)을 평가하여 우선순위를 정하는 데 목적이 있다. 이 단계에서 LEAP 전담팀은 자연 관련 위험과 기회를 조직의 사업 또는 포트폴리오의 위험관리 프로세스에 효과적으로 통합할 수 있다. 특히, 중대한 위험과 기회에 대한 진단은 이러한 요소가 조직의 비즈니스에 미치는 재무적 영향을 중심으로 수행된다. 이 단계에서 다루어야 할 주요 질문은 다음과 같다.[35]

- **A1. 위험과 기회의 식별**: 조직에 영향을 미칠 수 있는 주요 위험과 기회는 무엇인가?
- **A2. 기존 위험의 완화 및 기회관리**: 현재 실행 중인 위험 완화 및 기회관리 활동은 무엇인가? 이와 관련된 요소(위험 분류, 위험 목록, 위험 허용 기준)를 어떻게 적용할 것인가?
- **A3. 위험과 기회 측정 및 우선순위 결정**: 어떤 위험과 기회가 우선적으로 관리되어야 하는가?
- **A4. 위험과 기회의 중대성 평가**: 어떤 위험과 기회가 중대하며, TNFD의 권고에 따라 공개대상에 포함되어야 하는가?

이러한 질문을 통해 조직은 자연 관련 위험과 기회에 대한 종합적인 평가를 수행할 수 있으며, 중요한 항목들을 우선순위에 따라 관리할 수 있다.

사례연구 1 **포리코(Forico)**

포리코는 조직의 자연 관련 위험과 기회의 우선순위를 정하기 위해 TCFD와 TNFD가 제시한 시나리오 분석기법을 활용하였다. 포리코가 상향식이라고 표현한 TCFD의 시나리오 분석기법은 기후변화에 관한 정부간 협의체(Intergovernmental Panel on Climate Change: IPCC)가 제시한 미래 시나리오를 기반으로 태스매니아 지역 특성을 고려하여 세 가지 기후 시나리오에서의 변화를 평가하는 방식이다. 이 방법은 미래의 모습을 낙관적, 중간, 비관적인 세 가지 경우로 설정하고, 이에 따른 자연에서의 물리적 변화와 사회에서의 전환적 변화(정책, 시장, 이해관계자의 변화)를 예측하는 것이다. 예를 들어, 2050년까지 세계가 넷제로를 달성하는 낙관적 시나리오에서는 소비자와 이해관계자들이 지속가능 제품에 관심을 가질 것으로 예상했다. 반면, 2100년까지 기후변화가 4도를 초과하는 비관적 시나리오에서는 심각한 자연재해와 빈번한 화재로 수확량이 감소하고, 경작에 적합한 토양 부족으로 농업과 임업 간 경쟁이 심화될 것으로 나타났다. 이 경우 소비자와 이해관계자들은 지속가능성보다는 회복력에 더 많은 관심을 기울일 것으로 예측된다.

한편, 포리코가 하향식이라고 표현한 TNFD의 시나리오 분석법은 조직 내부의 이해관계자들이 모여 수일간 미래의 가능한 시나리오를 탐구하는 방식이다. 이 시나리오 분석은 현재 초기 단계에 있으며 아직 그 결과는 공개되지 않았다.[36]

사례연구 2 **보어가드(Borregaard)[37]**

보어가드는 목재의 다양한 성분을 기반으로 제품을 제조하는 노르웨이의 바이오리파이너리(Biorefinery) 회사로, 주요 제품으로는 특수 셀룰로오스와 바이오 에탄올 등이 있다.[38] 2022년 TNFD 보고서에서 보어가드는 회사의 자연 관련 위험과 기회를 단기(1~4년), 중기(4~7년), 장기(7~27년)로 구분하여 평가하였다. 또한 자연 관련 영향 요인(drivers)을 이해하기 위해 WWF의 Water Risk Filter[39]와 TNFD 프레임워크를 활용하여 담수, 강 생태계, 대지, 숲, 대기에 대한 위험을 식별하고 이를 관리하기 위한 구체적인 목표를 설정했다.

보어가드는 회사의 물 자원과 관련된 지리적 위치를 노르웨이, 체코, 미국, 영국 등 여섯 곳으로 지정하고 있다. 장기적으로는 노르웨이 지역에서 유기물 배출을 줄이지 못할 경우 강의 생태계 균형에 심각한 영향을 미칠 수 있으나 단기적으로는 체코 지역의 현재 수질이 더 나쁘기 때문에, 이 지역의 유기물 배출이 더 큰 문제로 분석되었다. 이를 해결하기 위해 정부는 기술적, 경제적 근거를 기반으로 2033년까지의 수자원 관리 목표를 설정하였다. 이에 따라 보어가드는 2030년까지 유기물 배출량을 일일 40톤 이하로 제한하는 목표를 수립하고 이를 회사의 전략 및 재무 계획에 반영하기로 결정하였다.

5) 대응 및 공시 준비

LEAP의 네 번째 단계인 '준비(Prepare)' 단계에서는 평가 결과를 기반으로 조직이 자연 관련 문제에 대응하는 방법을 논의한다. 이 과정에서 조직의 전략, 자원배분 등이 중요한 논의 주제가 되며, 고위 경영진, 사업부문, 그리고 기업 전체 수준에서의 협의가 이루어져야 한다고 강조한다. 또한 전담팀은 조직이 어떤 정보를 외부에 공개할지에 대해 내부 이해관계자들과 협의해야 한다고 권고하고 있다. 이 단계에서 논의할 주요 질문들은 다음과 같다.[40]

P1. 전략과 자원배분 계획: 분석 결과에 기반하여 어떤 위험관리 전략과 자원배분 결정이 내려져야 하는가?

P2. 목표설정과 성과관리: 목표는 어떻게 설정하고 정의할 것인가? 또한 진행 상황은 어떻게 측정할 것인가?

P3. 공시 내용: TNFD 권고안에 따라 어떤 정보를 외부에 공개할 것인가?

P4. 프레젠테이션: 우리의 자연 관련 위험을 어디에, 어떤 방식으로 공개할 것인가?

사례연구 **CP 그룹(Charoen Pokphand Group)41)**

CP 그룹은 2022년 TNFD 보고서에서 다음과 같은 다섯 가지 자연 관련 목표를 제시하고 있다.

- 2030년까지 주요 원자재 100%를 삼림 벌채가 이루어지지 않은 지역에서 조달
- 2020년 기준 대비 단위 수익(매출)당 취수량 20% 절감
- 제로 음식물쓰레기, 제로 매립폐기물, 모든 플라스틱 포장재의 재활용과 재사용
- 2023년까지 관련 국제협력사와 함께 생물다양성 프로그램에 전 사업 100% 참여
- 2025년까지 나무 2천만 그루 심기

5 TNFD 권고안의 한계와 미래 방향성

TNFD의 권고안과 지침은 경제주체들이 이를 이해하고 실행할 수 있도록 최대한 구체적으로 설명하려는 노력이 돋보인다. 자연 관련 용어와 개념을 명확하게 정의하고, 의존성, 영향, 중대성 등에 대한 측정 기준을 부록으로 제시하며, 단계별 실행 지침도 포함하고 있다. 전반적

으로 TNFD의 권고안은 조직이 자연 관련 리스크와 책임을 명확히 이해하고 실천할 수 있도록 지원하는 혁신적인 지침으로 평가된다. 그러나 LEAP 접근법을 적용한 사례분석 결과, 일부 한계점도 발견되었다.

앞서 살펴본 기업들의 TNFD 보고서는 다양한 형태를 띠고 있다. 기업들은 자연 관련 데이터를 수집하는 데 상이한 도구들을 사용했으며, LEAP 접근법을 부분적으로 적용한 기업도 있었다. 보고서 형식 또한 기업마다 차이가 있어 서술형으로 작성하거나 표와 수치를 사용하는 등 다양하게 나타났다. 특히, 데이터가 외부인이 독립적으로 검증할 수 있는 형태로 제시되지 않은 점이 문제로 지적된다. 이는 TNFD 권고안이 비교적 최근에 발표되었으며, 자연 관련 기업 데이터의 수집 및 활용이 아직 초기 단계에 있기 때문으로 이해할 수 있다.

그러나 어바인 브로크와 뎀프시(Irvine-Broque & Dempsey, 2022)는 생물다양성의 위험을 정확하게 측정하는 데 필요한 데이터가 현재뿐만 아니라 미래에도 충분하지 않을 수 있다고 경고한다. 저자들은 데이터의 한계뿐만 아니라 이러한 데이터를 재정적 위험으로 변환하는 모델에도 결함이 있다고 지적한다. 또한 기업 활동이 생물다양성에 미치는 영향을 측정하거나 모델링하는 도구의 독점으로 인해 비용 부담이 크며, 이런 도구의 측정방식이 투명하지 않다는 점도 비판의 대상이 되고 있다.[42] 이에 TNFD는 데이터의 범위, 일관성, 접근성 문제를 극복하기 위해 다양한 파트너 조직과 함께 자연 관련 데이터베이스(DB) 구축에 노력을 기울이고 있다고 밝혔다.[43]

전문가들이 지적하는 TNFD 권고안의 또 다른 한계는 강제성을 가지는 규제가 아니라는 점이다. TNFD 권고안은 기업의 자연 관련 정보가 공개될 경우 이 정보에 근거하여 투자자와 고객들의 행동이 변화하고(예: 투자철회), 이러한 압박을 받은 기업들이 자연 친화적인 방향으로 기업활동을 전환할 것이라는 전제를 기반으로 한다. 그러나 정치적으로 복잡하고, 과학적 불확실성이 높은 환경 문제의 특성상, 일부 학자들은 이러한 시장 중심 접근법에 회의적인 입장을 취하고 있다.44) 환경 문제는 지역적, 국가적, 세계적 차원에서 다양한 인위적 요인이 복잡하게 얽혀 있기 때문에 실질적인 행동 변화를 이끌어내기에는 한계가 있다는 우려도 제기된다.45)

케드워드 외(Kedward et al., 2023)는 "비국가적이며, 시장 중심의 환경 거버넌스"라는 접근방식이 구조적으로 근본적인 이해충돌에 직면할 수밖에 없다고 경고한다.46) 특히, 민간금융이 주도하는 ESG가 그린워싱으로 인한 어려움에 직면하고 있다는 점도 주목할 부분이다. 저자들은 이러한 문제에 대응하기 위해서는 공공부문의 적극적인 개입과 감독이 필요하다고 주장한다.

이러한 한계에도 불구하고, TNFD 권고안을 이행하기 위한 국가 차원의 준비가 필요하다는 점은 분명하다. UN을 포함한 국제기구의 동향을 고려할 때, TNFD가 기업의 ESG 공시에 포함될 가능성이 높기 때문이다. TCFD의 경우도 처음에는 비강제적인 권고안으로 시작되었지만, 시간이 지나면서 관련 정보를 공개하는 기관의 비율이 꾸준히 증가해 왔다. 또한 TNFD 권고안은 TCFD 권고안을 기반으로 작성되었기 때문에, 이미 TCFD의 언어와 방식에 익숙한 기관들이 보다 쉽게 이를 수용할 것으로 예측된다.47) 딜로이트는 조직, 기관투자자, 규제기관의 기대수준이 높아짐에 따라, TNFD가 시장에서 자연 관련 공시의 기준이 될 것으로 예상하고 있다.48) 따라서 기업들은 다음과 같은 방향으로 노력을 기울일 필요가 있다.

우선 기업들은 TNFD 지침에 따라 신속하게 자연과 관련된 문제를 식별하고 이에 대한 대응책을 마련해야 한다. 전 세계적으로 이미 호주, 캐나다, 일본, 페루 등 13개국이 TNFD에 가입했지만, 한국 정부는 아직 미가입 상태다. 주로 금융기관들이 먼저 가입하였고, 제조업 분야에서는 2022년 포스코가 한국 기업 중 최초로 TNFD에 가입했다.[49] 특히, 자연과 직접적인 접점을 넓게 가진 제조업 분야의 기업들이 적극적으로 참여할 필요가 있다.

또한 기업은 생산 과정에서 발생하는 자연 관련 데이터를 체계적으로 구축해야 한다. LEAP 실행에서 논의된 바와 같이, TNFD 권고안이 요구하는 자연 데이터의 수집은 방대하고 복잡하다. 기업은 먼저 TNFD가 제공하는 권고안과 추가 지침 문서를 검토하고, LEAP 실행을 통해 현재 보유하고 있는 데이터와 추가로 수집해야 할 데이터를 파악하는 것이 중요하다. 특히, TNFD가 지역적 초점을 강조하며 Scope 3 데이터를 포함한 폭넓은 정보공개를 권장하고 있는 만큼, 기업은 토착민과 지역사회와의 협력은 물론 가치사슬 전반의 이해관계자들과의 긴밀한 협력을 통해 이를 준비해 나가야 할 것이다.

나아가, 기업들은 자연 관련 위험과 기회를 통합적으로 관리할 수 있는 거버넌스체계를 구축해야 한다. 이는 단순한 데이터 수집을 넘어, 자연과 관련된 의존성과 영향을 체계적으로 평가하고, 이를 조직의 전체 리스크 관리 프로세스에 통합하는 전략적 접근이 필요하다. TNFD 권고안은 자연 관련 위험이 기업의 재무성과와 밀접하게 연관되어 있음을 강조하고 있는 만큼 경영진은 이러한 위험 요소를 재무적 의사결정 과정에 반영하는 구조를 마련해야 한다. 또한 자연 관련 리스크와 기회는 장기 경영전략에 영향을 미칠 수 있으므로, 기업은 장기적인 관점에서 지속가능발전목표와 비즈니스 모델을 자연 친화적인 방향으로 조정할 필요가 있다.

참고문헌

강종훈. (2022.6.28). 태국 최대기업 한국계 안주인 "한 · 태 다리 역할 하겠다." 연합뉴스.

김수연. (2022.5.25). '생물다양성' ESG 핵심과제로 … 포스코가 TNFD에 가입한 이유. 조선미디어 더나은 미래.

Ashworth, J. (Dec. 1, 2022). *Explained: What is the Convention on Biological Diversity, and what does it do?* Natural History Museum. https://www.nhm.ac.uk/discover/what-is-the-convention-on-biological-diversity-and-what-does-it-do.html

Borregaard. (2022). TNFD Report.

Borregaard. (n.d.). https://www.borregaard.com

CBD. (Dec. 19, 2022). *Kunming-Montreal global biodiversity framework.* UNEP.

Charoen Pokphand Group. (2022). *Biodiversity (TNFD) report 2022.*

ENCORE. (2024). https://www.encorenature.org/en

Forico. (2023). *Illustrative example of integrated TCFD+TNFD disclosures.*

Global Forest Watch. (n.d.). https://www.globalforestwatch.org/

Integrated Biodiversity Assessment Tool (IBAT). (2024). https://www.ibat-alliance.org/

Kedward, K., Zu Ermgassen, S., Ryan-Collins, J., & Wunder, S. (2023). Heavy reliance on private finance alone will not deliver conservation goals. *Nature Ecology & Evolution*, 7(Sep.): 1339-1342.

Linsley, P., Abdelbadie, R., & Abdelbadie, R. (2023). The Taskforce on Nature-related Financial Disclosures must engage widely and justify its market-led approach. *Nature Ecology & Evolution*, 7(9): 1343-1346.

Power, M. E., Estes, J. A., Kareiva, P., Levin, S., Lubchenco, J., & Palumbi-Robert S. T. (2018). *Robert T. Paine: Biological memories.* National Academy of Science.

Solbrig, O. T. (1991). The origin and function of biodiversity. *Environment: Science and Policy for Sustainable Development*, 33(5): 16-38.

TCFD. (2017). *Recommendations of the Task Force on Climate-related Financial Disclosures.*

TNFD. (2023a). *Recommendations of the Taskforce on Nature-related Financial Disclosures.*

TNFD. (2023b). *Guidance on the identification and assessment of nature related issues: The LEAP approach.*

TNFD. (2024). *Our history.* https://tnfd.global/about/history/

United Nations Decade on Biodiversity (UNDB). (n.d). *The value of biodiversity.* https://www.cbd.int/2011-2020/about/biodiversity

UNEP. (n.d.). *The domino effect-biodiversity loss and why it matters?* https://www.unep.org/interactive/domino-effect-biodiversity-loss-why-it-matters/

van den Wall Bake-Dijkstra, A. C., & Kukhnin, I. (n.d.). From measurement to action: getting prepared for TNFD. *Deloitte.* https://www2.deloitte.com/nl/nl/pages/sustainability/articles/from-measurement-to-action-getting-prepared-for-tnfd.html

World Resource Institute (WRI). (2024). *Aqueduct.* https://www.wri.org/aqueduct

World Wide Fund for Nature (WWF). (2023). *Water risk filter.* https://riskfilter.org/water/home

주

1) UNDB, n.d.
2) UNEP, n.d.
3) 로버트 페인(Robert T. Paine) 교수는 핵심종의 역할을 파악하기 위해 1963년 워싱턴주 무카우만 해변의 육식성 불가사리(Pisaster ochraceus)를 대상으로 실험을 하였다. 바위에 서식하는 불가사리를 제거한 지 2년만에 캘리포니아 홍합(Mytilus californianus)이 우점종(優占種)이 되면서 삿갓조개와 각종 해초류가 사라지고, 지역종의 다양성이 붕괴되었다. 여기서 불가사리와 같이 지역 생태계를 통제하는 최상위 포식자를 핵심종이라고 한다(Power et al., 2018: 5-6).
4) Solbrig, 1991: 16.
5) TNFD, 2024.
6) Ashworth, Dec. 1, 2022; 이 회의는 브라질 리우데자네이루에서 개최되어 리우 서밋 또는 지구 정상 회의로도 불린다.
7) CBD, Dec. 19, 2022.
8) TNFD, 2023a: 8.
9) 상게서: 7-8.
10) 상게서: 24-27.
11) Linsley et al., 2023: 1344.
12) ① 의존성(dependencies)은 환경자산과 생태계 서비스에 대한 조직의 의존방식으로, 회사의 비즈니스 모델은 물 순환, 수질, 화재 및 홍수와 같은 위험 등 생태계 서비스에 의존한다. ② 영향(impacts)은 자연 상태(품질 또는 양)의 변화를 의미하며, 이는 사회적, 경제적 기능을 제공하는 자연의 능력에 변화를 초래할 수 있다. 영향은 긍정적, 부정적, 직·간접적, 누적적 또는 조직 및 다른 당사자의 행동의 결과일 수 있다. Science Based Targets Network, 2023; TNFD, 2023a에서 재인용: 30.
13) TNFD, 2023a: 33-35.
14) 상게서: 33, 35.
15) 조직의 직접적인 생산활동뿐만 아니라 업스트림 및 다운스트림 가치사슬의 활동과 자산은, 자연과 관련된 의존성, 영향, 위험, 기회를 평가하는 데 중요한 요소로 고려되며, 이상적으로는 조직의 전체 비즈니스 운영(예: 총 수익 기여도의 백분율)과 연계하여 평가되어야 한다(상게서: 43).
16) TCFD, 2017: 22.
17) TNFD, 2023a: 44.
18) 상게서: 25, 45.
19) 상게서: 23, 57.
20) 상게서: 68.
21) TNFD, 2023b: 31, 32, 34.
22) Dufay et al., 2023: 10.

23) TNFD, 2023b: 41-43.
24) Forico, 2023: 9, 19.
25) Forcio, n.d.
26) 이는 LEAP 가이드라인의 '우선순위 위치평가(Assessment of priority locations)'에 해당하며, 조직 활동에서 중요 위치(material locations)와 취약 위치(sensitive locations)를 파악하는 것이다. 중요 위치는 조직이 직접 운영하거나, 가치사슬의 업스트림과 다운스트림에서 자연과 관련된 의존성, 영향, 위험, 기회에 중대한 영향을 미치는 지역을 의미한다. 반면, 취약 위치는 생물다양성이 중요한 지역, 생태계 무결성이 높은 지역, 생태계 무결성이 급격히 악화되는 지역, 물리적 물 위험이 높은 지역 또는 원주민, 지역사회, 이해관계자들에게 중요한 생태계 서비스를 제공하는 지역을 뜻한다(TNFD, 2023b: 61).
27) 상게서: 66-68.
28) Charoen Pokphand Group, 2022: 9-12.
29) 강종훈, 2022.6.28.
30) IBAT은 조직이 생물다양성과 관련된 위험과 기회를 인식하고, 이를 해결하기 위한 재정적 계획을 수립하는 데 필요한 데이터, 도구, 지침을 제공하는 평가도구이다(IBAT, 2024).
31) Global Forest Watch는 숲의 환경을 모니터링하기 위한 데이터와 툴을 제공하는 온라인 플랫폼이다(GFW, n.d.).
32) ENCORE는 경제적 측면에서 조직이 자연에 어떻게 의존하고, 영향을 미치는지 이해하는 데 도움을 주는 무료 온라인 도구이다(Encore, 2024).
33) World Resources Institute가 제공하는 수자원 관련 오픈 소스 툴이다(WRI, 2024).
34) 히트맵은 조직이 자연과 관련된 위험에 대한 잠재적이거나 실질적인 노출을 질적으로 식별하는 한 기법으로, 지리적 위치나 특정 생태계 서비스에 대한 의존성과 영향을 시각적으로 나타낸다. 이를 통해 조직은 자연 관련 위험 요소들을 더 명확하게 파악하고 우선순위를 설정할 수 있다(TNFD, 2023b: 42).
35) TNFD, 2023b: 100, 101, 113, 117, 125.
36) Forico, 2023: 16-18.
37) Borregaard, 2022: 8-13.
38) Borregaard, n.d.
39) 조직의 물 관련 위험을 탐색, 평가하고, 대응을 돕는 무료 온라인 도구이다(WWF, 2023).
40) TNFD, 2023b: 138, 139, 143, 153, 156.
41) Charoen Pokphand Group, 2022: 19.
42) Irvine Broque & Dempsey, 2023: 6.
43) TNFD, 2023a: 61.
44) Linsley et al., 2023: 1345.
45) Stern & Stiglitz, 2021; Stern, 2022; Linsley et al., 2023에서 재인용: 1345.

46) Kedward et al., 2023: 1340.
47) TNFD, 2023c: 9.
48) van den Wall Bake-Dijkstra & Kukhnin, n.d.
49) 김수연, 2022.5.25.

제 8 장

지속가능한 식량체계와 농업생태학

1_현 식량체계의 문제
2_농업생태학이란
3_도시의 식량체계 설계
4_농업생태학의 사례
5_지속가능한 식량체계 전환을 위한 정책적 함의

제8장

지속가능한 식량체계와 농업생태학

현재 전 세계 온실가스 배출의 약 1/3이 식품 관련 활동에서 발생하고 있다.[1] 즉, 인류가 소비하는 음식은 재배, 가공, 유통, 소비, 그리고 폐기되는 모든 과정에서 환경에 상당한 영향을 미치게 된다. 이러한 문제는 식품의 생산부터 소비에 이르는 전 과정에서 환경영향을 최소화하기 위한 체계적인 변화가 필요함을 시사한다. 식량체계(food system)는 농작물 재배부터 음식의 처분에 이르기까지 인류의 영양을 책임지는 모든 과정을 포함하며, 이 과정은 정치, 사회, 경제, 자연환경 등 다양한 요인에 의해 영향을 주고받는다.[2] 그러나 오늘날의 식량체계는 세계적으로 '실패'라는 평가를 받고 있으며,[3] 이러한 문제를 해결하기 위한 다양한 접근법이 존재하지만, UN은 특히 농업생태학(agroecology)에 주목하고 있다. 농업생태학은 전통적인 농업방식에 도전하는 혁신적인 접근법으로, 토양 회복, 폐기물 감축, 농민 및 지역사회의 역량 강화, 생물다양성 보호 등을 통해 지속가능발전목표(SDGs) 17개 중 12개를 달성할 수 있는 도구로 인식된다.[4] 이는 농업생태학이 단순히 농업과 환경을 넘어 식량체계와 사회 전반을 새로운 시각으로 재조명하는 패러다임의 전환을 의미하기 때문이다.

1 현 식량체계의 문제

OECD(2021)의 농업정책 보고서에 따르면, 오늘날 식량체계가 직면한 주요 도전과제는 크게 세 가지로 구분할 수 있다. 인구의 식량안보와 영양 보장, 식량체계 공급망에 있는 농업 종사자의 생계 보장, 그리고 환경적 지속가능성의 증진이다.[5] 이하에서는 이 세 가지 도전 과제를 중심으로 현 식량체계의 문제를 살펴보고자 한다.

1) 식량안보와 영양

OECD 보고서에 따르면, 역사적으로 식량 가용성(food availability)은 식량안보에 있어 큰 문제가 아니었다. 1960년 이후 세계 인구는 두 배로 증가했지만, 1인당 식량 생산 능력은 45% 이상 증가했기 때문이다.[6] 비록 기후변화나 사회적 불안정과 같은 요인이 추가적인 위협이 될 수 있지만, 식량 가용성 자체가 식량안보의 주된 문제로 부각될 가능성은 낮아 보인다.

문제는 식량에 대한 접근성이다. 실질 임금이 낮다면, 영양가 있는 식단을 유지하기 어려울 수 있다. 2000년대 초 국제 식량 가격이 최저점을 기록했을 때에도 전 세계적으로 8억 명 이상 인구가 영양부족을 겪었다.[7] 식량 접근성 문제는 주로 식량체계 외적인 요인에 기인하며,

일반적으로 가난한 국가의 경우, 경제가 성장하면 어느 정도 해결될 수 있는 문제다. 그러나 이 문제는 가난한 국가에만 국한되지 않으며, 고소득 국가에서도 많은 사람들이 푸드뱅크를 이용하는 등 식량 수급의 불안정이 존재한다. 특히, 고소득 국가에서는 토착민과 경제적, 사회적 중심지로부터 멀리 떨어진 한계 지역 거주자들이 더욱 취약하다.[8] 이 문제의 원인에는 저소득, 사회적 소외, 그리고 지리적 고립이 포함된다.

식량의 가용성과 접근성은 식량안보와 균형잡힌 식단의 필수조건이지만, 더 나은 영양 상태를 보장하기 위한 충분조건은 아니다. 많은 개발도상국 국민들은 여전히 영양실조에 시달리고 있으며, 이는 칼로리 섭취의 부족 또는 과잉, 혹은 영양소의 불균형에서 기인한다. 선진국은 식량안보 측면에서는 비교적 양호한 상황에 놓여 있지만, 식품의 과소비로 인해 OECD 국가에서 국민 네 명 중 한 명이 비만을 겪고 있다.[9] 잘못된 영양 섭취는 결국 건강 상태의 악화로 이어지며, 개발도상국에서도 경제적 변화에 따른 식생활의 변화, 즉 영양 전환(nutrition transition)이 당뇨병의 증가와 밀접하게 연결되어 있는 것으로 나타났다.[10] 2017년 전 세계적으로 발생한 사망 건수 중 약 1,100만 건이 잘못된 식습관에 기인한 것으로 보고되었다.[11]

2) 식량체계 이해관계자

식량체계는 농민뿐만 아니라 농업자원의 가공, 유통, 소비 단계에서 활동하는 다양한 개인들의 생계(livelihoods)와 소득을 책임진다. 농업은 식량체계의 기초로서, 전 세계적으로 많은 인력을 고용하고 있다. 특히, 전 세계 농민의 84%는 2헥타르 미만의 소규모 농지를 경작하는 소농으로, 이들이 생산하는 농작물의 총량은 세계 식량 공급의 약 1/3을 차지한다.[12] 그러나 산업발전과 함께 농업 종사자의 비율은 감소하는 경향이 있으며, 이는 농업 생산성의 증가와 비농업 산업의 성장에 따른 것이다. 농업 생산성의 향상은 장기적으로 농산물 가격 하락을 초래했으며, 이는 전 세계 소비자에게는 이익이 되었으나 빈곤한 농민들의 소득에는 부정적인 영향을 미쳤다. 동시에 소비자들은 점점 더 지역시장의 농산물 대신 슈퍼마켓이나 외식을 통해 가공식품에 지출을 늘리고 있으며, 이에 따라 농가 소득 비중(farm share)은 감소하고 있다.[13] 예를 들어, 2018년 미국의 식품 소비에서 농가 소득이 차지하는 비율은 15% 미만이었으며, 나머지 절반 이상은 소매 및 가공 부문에 집중되었다.[14] 이는 현재 식량체계에서 농민들이 상대적으로 소외되고 있음을 시사한다.

3) 환경적 지속가능성

식량체계와 관련된 환경적 영향의 상당 부분은 농업 생산 단계에서 발생한다. 식량체계의 여타 단계에서 발생하는 온실가스 배출이 전체의 5~10%인 반면, 농업 생산 및 토지이용으로 발생하는 배출량은 16~27%에 달한다. 농경지는 전 세계 얼음이 없는 육지 표면의 최대 절반 이상을 차지하며, 열대 우림의 약 28%, 온대 우림의 40%, 관목 지역의 50%, 대초원 및 자연 초원의 58%가 농업 활동에 의해 파괴 또는 변형된 것으로 추정된다.[15] 이러한 토지이용 변화는 농업이 기후변화에 영향을 미치는 주요 경로 중 하나이다.

농업의 환경적 영향은 비료 사용으로 인한 직접적인 온실가스 배출뿐만 아니라 축산업에서도 발생한다. 예를 들어, 소, 양, 염소와 같은 반추동물은 소화 과정에서 메탄을 방출하는데, 이는 농업에서 발생하는 직접 배출의 약 40%를 차지하며, 분뇨로 인한 배출이 추가적으로 26%를 차지한다. 그 외에 합성 비료는 13%, 벼 재배는 10%를 배출한다.[16][17] 이러한 환경 문제는 농업과 식량체계의 지속가능성을 심각하게 위협하는 요인으로 볼 수 있다.

그림 8-1 현 글로벌 식량체계의 문제점

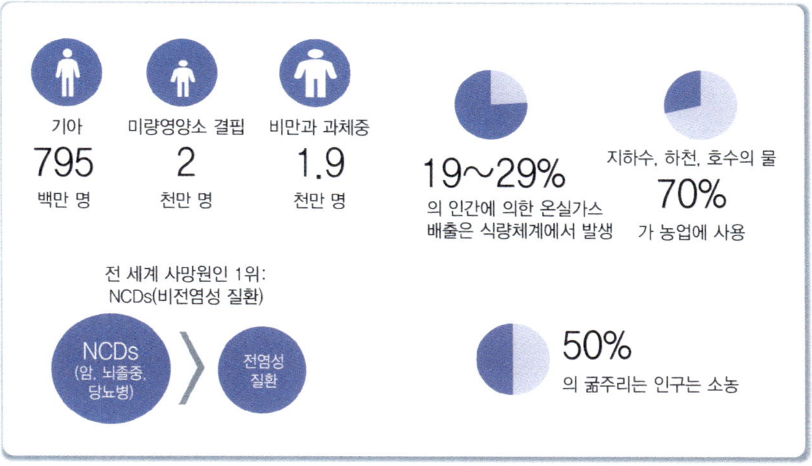

출처: IPES-Food(2016: 9).

4) 농업의 산업화

비영리단체 IPES-Food 보고서(2016)에 따르면, 현재의 식량체계에서 나타나는 다양한 문제들은 서로 깊이 연결되어 있으며, 이러한 문제들의 중심에는 농업의 산업화(industrial agriculture)가 자리잡고 있다.[18] 농업의 산업화는 생산성 증대를 목표로, 산업 프로세스와 유사한 방식을 활용하는 농업 형태를 의미한다. 이는 작물의 특화(specialization) 및 집약화(intensification)를 특징으로 하며, 단일 혹은 소수의 작물을 대규모로 재배하고, 기계화된 시스템, 화학비료, 살충제 등을 사용하여 대량 생산을 달성한다. 이를 통해 생산된 대규모의 동일 작물들은 국내외 시장에 공급되며, 일반적으로 긴 가치사슬을 통해 유통된다.[19] 이하에서는 농업의 산업화로 인한 영향을 생산성, 환경, 보건, 사회경제적 측면에서 살펴보고자 한다.

농업의 산업화는 주요 작물의 생산량 증가를 촉진하지만, 단일 작물 재배(monoculture)와 단일 가축 사육으로 인한 유전적 균일성(genetic uniformity)은 생태계를 더욱 취약하게 만든다. 이는 역사적으로 큰 경제적 손실과 사회적 고통을 초래한 사례들을 통해 입증되었다. 단일 작물 재배 시스템은 병충해나 기후변화에 대한 저항력이 낮아, 전염병이나 환경 변화에 취약하기 때문이다([그림 8-2] 참조). 특히, 단일 작물 특화는 비료와 살충제의 과도한 사용으로 이어져 토양과 수질오염을 초래하며, 이는 농업생물다양성(agrobiodiversity)을 훼손한다. 재배하는 작물과 가축의 종류가 제한됨에 따라 농업생태계뿐만 아니라 야생생태계의 생물다양성도 위협받고 있다. 이러한 환경적 파괴는 기후변화와도 밀접하게 연관되어 지속가능한 농업 실천의 필요성을 더욱 부각시키고 있다.

또한 농업의 산업화는 경제적 불평등을 심화시키고 있다. 특히, 대규모 특화농업을 위해 필요한 대지나 고가의 비료를 감당할 수 없는 소규모 농민들은 경제적 위험에 노출되기 쉽다. 나아가 산업화된 농업은 생산성을 증가시켰지만, 기계화와 자동화로 인해 농업 종사자들의 고용 기회가 감소하면서 전통적 농업 지식의 상실을 초래할 가능성이 크다. 동시에, 농업의 산업화는 국제무역 정책과 맞물려 고도로 특화된 농업 수출 지역의 경제적 리스크를 증가시킬 수 있다. 즉, 저소득 국가가 소수의 자원이나 생산물에 의존하여 글로벌 무역에 참여하는 것은 경제를 가격 변동에 취약하게 만들어 국제 빈곤 함정(international poverty traps)에 빠질 위험을 높인다.[20]

영양과 건강 측면에서, 농업의 산업화는 소수의 주요 작물 및 가축 종에 집중함으로써 전통적인 식품 다양성을 감소시킨다. 이는 식이섬유 및 기타 영양이 풍부한 작물의 생산 감소로 이어지며, 과도한 농약 사용은 인간 건강에도 부정적인 영향을 미친다.[21] 결과적으로, 식단의 다양성 부족과 유해 화학물질에 대한 노출 증가가 공중보건에 심각한 위험 요소로 작용할 수 있다. 현 식량체계의 문제들은 농업의 산업화에서 기인한 경우가 많으며, 이는 앞서 논의된 대량생산으로 인한 환경 문제, 사회경제적 불평등 심화, 그리고 영양학적 문제까지 밀접하게 연결되어 있다. 이러한 문제를 해결하기 위해 전문가 집단과 국제기구는 농업생태학(agroecology)을 대안으로 제시하고 있다.

그림 8-2 특화된 농업 시스템에서의 전염병 발생

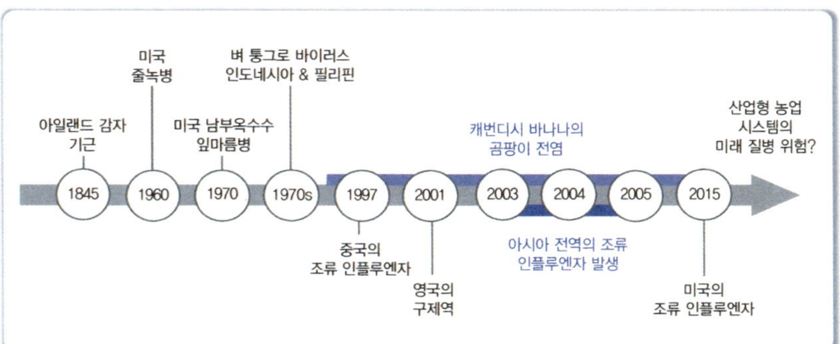

출처: IPES-Food(2016: 16).

2 농업생태학이란

그렇다면, 농업생태학이란 무엇이며, 어떻게 현재 식량체계의 문제들을 해결할 수 있을까? 농업생태학은 다학제적 성격을 가지며, 과학적 연구, 농업 실천, 그리고 사회운동으로서의 특성을 동시에 지닌다. 유엔 식량농업기구(Food and Agriculture Organization: FAO)는 농업생태학을 다음의 열 가지 원칙으로 설명하고 있다.[22] [그림 8-3]에서 볼 수 있듯이, 이 원칙들은 상호연결된 요소들로 구성되어 있으며, 다양성, 공동창조 및 지식공유, 효율성, 회복탄력성 등을 포함한다. 이하에서는 각각의 원칙이 현 식량체계의 문제를 해결하는 데 어떻게 기여하는지 구체적으로 살펴보고자 한다.

그림 8-3 농업생태학 구성 요소 간 상호관계

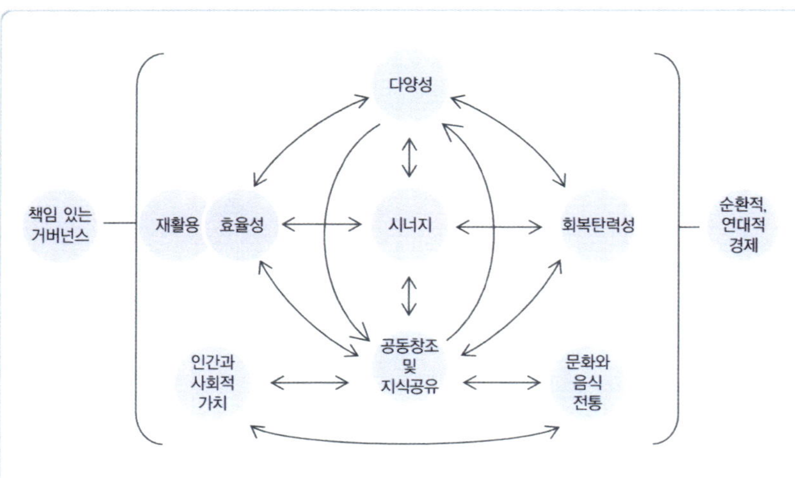

출처: FAO(2018: 12).

다양성

농업생태학은 생물학적 관점에서 종 및 유전자원의 다양성을 최적화하는 방식을 활용함으로써 다양한 측면에서 이익을 제공한다. 다양성을 계획하고 관리함으로써 수분(pollination)과 토양 생태계가 향상되고, 바이오매스와 수자원 활용을 최적화하여 자연자원의 이용 효율성을 높일 수 있다. 예를 들어, 다양한 종류의 반추동물을 혼합하여 방목하면 기생충 위험이 감소하며, 토착 품종의 농작물은 혹독한 환경에서도 생존, 생산, 번식 능력을 유지할 수 있다. 또한 다양한 농작물과 소득원을 보유함으로써 가계수입의 안정성을 높일 수 있으며, 곡물, 과일, 채소, 동물성 식품의 유전적 다양성은 우리 식단에 풍부한 영양소를 제공한다.[23)]

공동창조와 지식공유

농업생태학은 일률적인 처방을 제공하는 대신, 특정 지역의 환경적, 사회적, 경제적, 문화적, 정치적 맥락에 맞는 지식을 기반으로 한다. 지식의 공동창조(co-creation) 과정에서 농업생태학은 토착민의 전통적 지식, 생산자 및 거래자의 실용적 지식, 그리고 세계적인 수준의 과학적 지식을 조화롭게 결합하여 이해관계자들과 공유한다. 이 과정에서 농업생물다양성에 대한 생산자들의 지식과 지역적 맥락에 맞는 관리 경험, 그리고 시장과 제도에 관한 지식은 매우 중요하다. 또한 공식적 및 비공식적 교육 모두 공동창조 과정에서 나온 농업생태학적 혁신을 공유하는 데 있어 중요한 역할을 한다. 예를 들어, 30년 이상 동안 지속된 '캄페시노 아 캄페시노(campesino a campesino)' 운동은 라틴아메리카에서 수십만 명의 생산자들을 연결하며 농업생태학적 지식을 공유하는 데 중요한 역할을 해왔다.[24)]

시너지

농업생태학은 일년생 및 다년생 작물, 가축, 수생 동물, 나무, 토양, 물 등을 적절히 조합하는 시스템 설계를 통해 기후변화에 대응할 수 있는 역량을 극대화하고자 한다. 예를 들어, 전 세계적으로 혼작이나 윤작에서 콩류의 생물학적 질소 고정은 매년 약 1천만 달러 상당의 질소 비료 비용을 절감하며, 토양 비옥도 향상, 기후변화 완화 및 적응에 기여한다.[25] 또한 작물 재배에 사용되는 질소의 약 15%는 가축 분뇨로부터 발생하는데, 이는 작물과 가축의 통합으로 인한 시너지 효과로 볼 수 있다. 아시아에서는 어류 양식, 오리 사육, 나무 재배와 같은 다른 농업 활동과 벼농사를 결합해서 이러한 시너지 효과를 극대화한다. 또한 동아프리카 고원 지역에서는 칼리안드라(calliandra) 생울타리를 활용해 토양 침식을 통제하면서, 주기적인 가지치기를 통해 울타리 사이에서 재배되는 작물과 나무 간의 경쟁을 줄이고, 동시에 동물에게 사료로 이용하는 방식으로 다양한 요소 간 시너지를 창출한다.[26]

효율성

농업생태학은 다양성을 활용하고 시스템 구성 요소 간의 상호작용을 통해 자원 이용의 효율성을 극대화한다. 이러한 농업생태계는 생물학적 과정을 강화하고 바이오매스, 영양소, 물을 재활용함으로써, 외부 자원의 사용을 줄이고 비용을 절감하며, 이들 자원이 초래하는 부정적 환경영향을 감소시킬 수 있다. 궁극적으로, 외부 자원에 대한 의존도를 줄임으로써 생산자들은 자율성을 높이고, 자연적 또는 경제적 충격에 대한 회복력을 강화할 수 있다. 농업생태 시스템의 효율성을 평가하는 한 가지 방법은 토지동등비율(Land Equivalent Ratios: LER)이다. LER은 두 개 이상의 시스템 구성 요소(예: 작물, 나무, 동물)를 함께 재배한 경우와 동일한 구성 요소를 개별적으로 재배한 경우의 수확량을 비교하여 측정한다.[27] 생태학적으로 다양성을 고려한 농업 시스템은 대체로 더 높은 LER을 보여준다.[28]

재활용

폐기물은 인간이 만들어낸 물질로 자연 생태계에서는 존재하지 않는다. 이러한 자연 생태계를 모방함으로써, 농업생태학적 실천은 생산 시스템 내에서 영양소, 바이오매스, 물의 재활용을 촉진하는 생물학적 과정을 지원하여 자원 이용 효율성을 높이고 폐기물과 오염을 최소화한다. 예를 들어, 작물 재배와 축산을 결합한 시스템에서는 가축의 배설물을 퇴비로 사용하거나 직접 비료로 활용하고, 작물의 잔여물과 부산물을 가축 사료로 재활용한다.[29]

회복탄력성

생물학적 다양성이 풍부한 농업생태 시스템은 가뭄, 홍수, 허리케인과 같은 극단적인 기상 현상이나 해충 및 질병의 공격과 같은 교란 상황에서 더 빠르게 회복하고 대처할 수 있는 능력을 지닌다. 1998년 중앙아메리카에서 발생한 허리케인 미치(Hurricane Mitch) 이후, 윤작, 피복 작물 재배를 포함한 생물다양성을 유지한 농장은 전통적인 단일 작물을 재배한 인근 농장들보다 더 많은 표토를 보존하고, 경제적 손실도 적었다.[30] 또한 농업생태학은 사회경제적 회복탄력성(resilience)을 향상시킬 수 있다. 농업 시스템의 다양화를 통해 생산자들은 단일 작물이나 특정 가축에 의존할 때 발생할 수 있는 실패 위험을 줄일 수 있으며, 외부 자원에 대한 의존도를 낮춰 경제적 위험에 대한 취약성도 감소시킬 수 있다.[31]

인간과 사회적 가치

농업생태학은 존엄성, 공정, 포용, 정의와 같은 가치를 중시한다. 이는 식량을 생산하고 유통하며 소비하는 사람들의 염원과 필요를 식량체계의 중심에 두고, 이들의 자율성과 적응력을 강화하여 스스로 농업생태계를 운영할 수 있도록 지원하는 접근방식이다. 농업생태학은 특히 농촌 여성과 청년의 자립을 지원함으로써, 그들이 농업 활동에서 더 큰 역할을 할 수 있도록 돕는다. 예를 들어, 농업생태학은 지식 구축 및 상업화 기회의 창출을 통해, 농촌 여성들이 더 높은 수준의 자율성과 권한을 가질 수 있도록 지원한다. 여성의 참여는 농업생태학에서 필수적이며, 여성들은 종종 농업생태학 프로젝트의 리더 역할을 한다.[32)]

문화와 음식 전통

문화와 음식 전통은 사회에서 중요한 역할을 하며, 인간의 행동을 형성하는 데 큰 영향을 미친다. 그러나 지금까지의 식량체계는 많은 경우에 음식 습관과 문화 사이의 단절을 초래하였다. 그로 인해 세계가 전체 인구를 먹여 살릴 충분한 식량을 생산하고 있음에도 불구하고, 기아와 비만이 공존하는 상황을 초래하였다. 식량체계의 불균형을 해결하고 기아 없는 세상으로 나아가기 위해서는 단순히 생산량을 늘리는 것만으로는 충분하지 않다. 농업생태학은 전통과 현대의 음식 습관을 조화롭게 결합하여, 건강한 식품 생산과 소비를 촉진하고, 식량에 대한 적절한 권리를 지원하는 역할을 한다. 예를 들어, 인도에서는 수세기 동안 특정 맛, 영양, 해충 저항성, 다양한 환경 조건에 대한 적응성을 고려해 약 5만 개의 토착 벼 품종을 육종하였으며, 이렇게 다양한 품종을 중심으로 조리 전통이 형성되었다. 이와 같이 축적된 전통 지식을

활용하여, 농업생태학은 지역주민들의 지속가능한 삶을 지원하고 강화하는 데 기여할 수 있다.[33)]

책임 있는 거버넌스

농업생태학은 지속가능한 식량 및 농업체계로의 전환을 위해 농업생태학적 개념과 실천을 따르는 투명하고 책임감 있으며 포용적인 지배구조를 요구한다. 특히, 농업생태학은 토지와 자연자원에 대한 공정한 접근을 중시하는데, 이는 사회 정의의 핵심일 뿐만 아니라 토양, 생물다양성, 그리고 생태계 서비스를 보호하기 위해 필요한 장기적 투자에 대한 유인을 제공한다. 성공적인 사례로는 학교 급식 및 공공 조달 프로그램, 농업생태학적 생산물의 차별화된 브랜드화를 허용하는 시장 규제, 그리고 생태계 서비스에 대한 보조금과 인센티브 등을 꼽을 수 있다.[34)]

순환적, 연대적 경제

농업생태학의 모든 원칙들은 순환경제와 연결된다. 농업생태학은 지역시장을 우선시하며, 유기적이고 연대적인 경제를 통해 생산자와 소비자를 연결한다. 농업생태학적 접근은 지역의 필요, 자원, 역량을 기반으로 공정한 해결책을 모색하여 보다 공평하고 지속가능한 시장을 만든다. 식품 유통 경로를 단축하면 식품 생산자의 소득을 증가시키면서도 소비자에게는 공정한 가격을 유지할 수 있다. 생산자와 소비자를 연결하는 데 도움이 되는 혁신 사례로는 참여형 보증 제도, 지역 생산자 시장, 원산지 표시제, 지역사회 지원 농업, 전자상거래 시스템 등이 있다. 이러한 혁신적 시장은 더 건강한 식단을 요구하는 소비자들의 수요에 부응할 수 있다.[35)]

이상의 논의를 종합하면, 농업생태학은 식량안보와 영양, 농업 및 식량체계 관련 종사자들의 생계, 그리고 환경적 측면에서 긍정적인 변화를 창출할 수 있는 잠재력을 지니고 있다. 또한 농업 시스템은 유전자 다양성을 고려함으로써, 시스템 구성 요소 간 시너지를 높이고 생산 효율성을 향상시킬 수 있다. 이를 통해 생산된 식량은 우리의 식탁을 다양한 영양소로 풍성하게 채울 수 있다. 또한 생산자와 소비자를 긴밀히 연결하고, 식량 생산자에게 자율성을 확대함으로써 농민들이 스스로 통제할 수 없는 외부적, 구조적 요인으로 인한 경제적 피해를 줄일 수 있다. 마지막으로, 농업생태학은 최신의 과학 지식을 바탕으로 친환경적인 농업을 실천할 수 있도록 함으로써, 지속가능한 농업의 미래를 제시한다.

3 도시의 식량체계 설계

오늘날 세계 인구의 약 56%가 도시에 거주하고 있으며, 이러한 도시화는 더욱 가속화되어 2050년에는 10명 중 7명이 도시에 거주할 것으로 예상된다.[36] 따라서 인구 증가, 기후변화, 변화하는 식습관 등을 고려해 도시의 새로운 식량체계를 설계해야 할 필요성이 대두되었다. 이에 농업생태학자 글리에스만(Gliessman, 2015)은 대안적인 식량체계로서, 다음과 같은 원칙을 제시했다. 첫째, 식량 생산과 소비는 생태지역(bioregion)을 기반으로 해야 한다.[37] 둘째, 식량 공급망은 최소한의 연결고리로 구성되어야 한다. 셋째, 농민, 소비자, 소매업자, 도매업자, 그리고 기타 이해관계자들이 상호의존적인 커뮤니티 속에서 진정한 관계를 형성해야 한다. 넷째, 식량체계의 모든 이해관계자가 지식과 정보의 교환에 참여할 수 있어야 한다. 다섯째, 새로운 식량체계의 이익과 책임은 모든 참여자들이 함께 공유할 수 있어야 한다.[38]

그러나 도시 환경의 복잡성과 인구밀도를 고려하면 더욱 통합적이고 혁신적인 접근이 요구된다. 코로나(COVID-19) 사태 이후, 특히 도시 식량체계에서 강조되는 개념은 '회복탄력성'이다. 유럽위원회(2030)는 "도시의 회복탄력성은 이해관계자들 간의 다차원적이고 역동적인 과정으로, 도시환경이 내·외부의 교란을 흡수하고 회복하며 도시의 취약성을 줄이기 위해 준비하고 적응하는 것을 목표로 한다"고 정의하였다.[39] 도시 식량체계의 회복탄력성을 구축하는 방법으로는 공급사슬의 단축, 식량 낭비와 쓰레기 감축, 그리고 디지털 기술의 활용 등이 언급된다. 공급사슬 단축을 위해서는 지역 생산과 소비, 그리고 제철 음식의 소비가 강조되며, 식량 낭비와 쓰레기를 줄이기 위해서는 소비자들의 인식과 행동 변화를 장려할 필요가 있다. 디지털 기술은 이러한 변화를 지원할 수 있는 중요한 도구로, 소비자들에게 식량 관련 정보를 투명하게 제공하여 더 나은 선택을 할 수 있도록 도와준다.[40]

또 다른 중요한 요소는 도시와 농촌의 연결(urban-rural linkage) 및 도시 근교 농업이다. 도시와 농촌이 잘 연결될 경우 도시와 농촌 간의 사회경제적 불균형이 완화되고, 도시 주민들은 저렴하고 영양가 있는 식품에 쉽게 접근할 수 있으며, 농촌의 소규모 생산자들은 다양한 시장에 접근할 기회를 얻을 수 있다.[41] 특히, 지역의 식량 생산은 공급사슬의 단축, 포장 간소화 및 식품 저장 기간의 단축, 그리고 화학물질과 물 투입의 효율성 증대를 통해 식품 생산에 소비되는 에너지를 줄일 수 있다. 또한 도시 녹지는 지역의 습도와 온도를 조절함으로써 폭염, 한파, 폭우, 홍수와 같은 극한 기상 현상을 완화하는 데 기여할 수 있다.[42] 나아가 사회적으로는 지역사회 통합과 권한 부여를 촉진하는 효과가 있다. 2000년 이후 전 세계적으로 발생한 경제위기 상황에서, 도시 농업은 불평등, 격리, 소외 문제를 해결하기 위한 하나의 방식으로 활용되어 왔다.[43]

아울러 도시 식량체계에서 농업생태학적으로 중요한 부분은 식량주권(food sovereignty)이다. 식량주권이란, "생태적으로 건전하고 문화적으로 적절한 방법으로 생산된 음식에 대한 시민의 권리와 자신만의 식량 및 농업 시스템을 정의할 권리"를 의미한다. 이는 식량체계와 식품정책에서 식품을 생산·유통하고, 소비하는 사람들의 염원과 필요를 중심에 두는 것을 제안하며,[44] 대안적인 식량체계를 지지하기 위한 정치적 활동으로 이해된다.[45]

로커와 프랜시스(Loker & Francis, 2020)는 식량주권을 유사 개념인 식량안보 및 식량정의와 구별하여 설명하고 있다. 이들에 따르면, 식량주권은 식량 불안정을 겪는 사람들이 식량체계의 (재)설계 및 실행을 통해 토지, 음식, 생활, 그리고 개인 정체성을 회복하는 것을 강조한다. 한편, 식량안보는 다음 끼니를 어디서 해결할 수 있을지에 중점을 둔 사회적 조건에 주목하지만, 식량정의는 인종과 계급에 기반한 불공정을 해결하려는 진보적인 사회 운동이다.[46] 도시에서 볼 수 있는 지역 농장과 소비자 직거래 시장은 식량주권이 행사되는 대표적인 사례들이다.

4 농업생태학의 사례

그렇다면, 농업생태학이 농촌과 도시에서 어떻게 실행되고 있으며, 현 식량체계의 대안으로 어떤 역할을 하는지 다양한 사례를 통해 살펴보자. 우선 '그랜드 팜' 사례는 농업생태학의 과학 지식을 실제 현장에 적용하여 식량안보와 영양, 환경적 지속가능성을 실험하고 있다. 멕시코와 니카라과의 커피농장 사례는 농업생태학적 접근을 통해 커피 재배 농가와 이해관계자들의 생계가 개선된 모습을 보여준다. 마지막으로, 미국 이스트베이와 독일 프랑크푸르트 사례는 도시 맥락에서 식량안보와 식량주권이 어떻게 실현되고 있는지를 제시한다.

1) 농업생태학의 리빙랩 오스트리아 그랜드 팜

그랜드 팜(The Grand Farm)은 오스트리아 동부, 비엔나에서 북서쪽으로 약 40km 떨어진 곳에 위치하고 있으며, 여러 세대에 걸쳐 그랜드 가족이 운영해오고 있다. 그랜드 팜은 2006년에 유기농 농장으로 인증받았고, 2018년부터는 다양한 연구기관과 협력하여 시범 농장으로 발전하였다.

그랜드 팜은 연구 기관들과 협력하여 토양 건강성(soil health), 농림업(agroforestry), 직거래 농업(market gardening)을 주제로 한 다양한 프로젝트를 진행하고 있다. 토양 건강성 관련해서는 경운(耕耘)을 줄이거나 생략하는 방식, 작물 윤작, 피복작물 관리, 종자 혼합에 초점을 맞추고 있다.[47] 농림학 분야에서는 5,000그루 이상의 나무와 덤불로 울타리를 조성하여 이산화탄소를 흡수하고, 바람의 영향을 줄여 토양 증발을 감소시키는 효과를 실험하고 있다. 직거래 농업은 1헥타르 규모의 농장에서 트랙터를 사용하지 않고 지역사회를 위한 유기농 채소를 생산하는 것을 목표로 한다. 이 농장은 곤충, 새, 박쥐에게 서식지와 먹이를 제공하여 생물 다양성을 높이고, 희귀 품종 및 전통 채소를 재배하는 목적도 가지고 있다. 이러한 다양한 시도를 통해 그랜드 팜은 농업생태학의 가능성과 경제성을 시연하며, 지역의 다른 농민들과 지식을 공유함으로써 지속가능한 농업을 촉진하는 농업 혁신의 '리빙랩'으로 자리매김하고 있다.[48]

그랜드 팜이 참여하는 프로젝트들은 유럽연합 정부의 재정지원을 받고 있다. 예를 들어, "trAEce" 프로젝트는 농부들에게 농업생태학적 기술을 교육하는 3년 단위 프로그램이다. 또한 "BEST4SOIL" 프로젝트는 여덟 개 유럽 국가에서 토양 건강성을 주제로 생산자, 전문가, 연구자들이 협력하여 우수 사례와 지식을 공유하는 것을 목표로 진행된다.[49]

2) 멕시코와 니카라과 커피 생산 커뮤니티의 재탄생

멕시코와 니카라과의 커피 생산 공동체들은 경제적 위기 상황에서 생존과 자립을 위한 새로운 농업 모델을 필요로 하고 있었다. 이에 따라, 비영리단체인 커뮤니티 농업생태 네트워크(CAN)는 2011년부터 이들 공동체와 협력하여 커피에 대한 수출 의존도를 낮추고, 다양한 농작물 재배와 자원 활용을 통해 지속가능한 식량안보 및 경제적 안정성을 도모하는 프로젝트를 시작했다. 이 프로젝트는 니카라과 산 라몬과 멕시코 베라크루즈에 위치한 여덟 개의 소규모 커피 재배 공동체에서 진행되었다. 이들 공동체는 계절적인 식량 불안과 함께 소규모 농가들이

흔히 겪는 경제적 문제에 직면해 있었다.[50)]

프로젝트 초기에는 참여형 지식 공유를 통해 가정 내 식단 다양성을 개선하고 여성의 소득 창출 기회를 확대하기 위해 생산 다각화를 위한 실행 계획이 마련되었다. 이 계획에는 텃밭 조성, 과수 및 장작용 나무를 활용한 커피 농장 재조림, 양계사업 등의 다각화가 포함되었으며, 이러한 농산물을 판매할 수 있는 직거래 장터를 찾기 위한 노력도 병행되었다.

그러나 프로젝트의 두 번째 단계에서는 라 로야(la roya)로 알려진 커피 녹병(coffee rust disease)이 확산되면서 큰 도전에 직면했다. 이에 CAN 연구자들과 청소년 리더, 니카라과 협동조합원들은 공동으로 천연 재료를 활용한 비료와 병해충 방제용 엽면 스프레이를 개발하였다. 이는 기존 살균제와 비료 비용의 약 10%만으로도 효과적인 병해충 방제를 가능하게 하였으며, 커피 나무의 저항력을 향상시켜 병충해 발생 시에도 빠르게 회복되었다. 또한 농업생태학적 방식을 적용한 결과, 토양 비옥도가 향상되어 커피 묘목이 17개월 만에 열매를 맺기 시작했으며, 이러한 성공적인 실험 결과는 다른 공동체로도 전파되었다.

더불어 CAN은 농부들의 수입을 증대시키기 위해 새로운 커피 수출 공급망 개발에 중점을 두고 AgroEco® Coffee라는 브랜드를 개발하였다. 이 브랜드는 단순한 인증을 넘어 농업생태학적 생산 모델로의 전환에 대한 공급업체 간의 약속을 기반으로 한다. 커피 가격은 이해관계자들과 협의하여 결정되었고, 농부들은 결과적으로 유기농 커피나 공정무역 커피보다 더 많은 수익을 얻게 되었다. 커피 로스터들이 지불하는 가격의 5%는 '지속가능 농업 기금'으로 적립되어, 공동체에서 결정하는 혁신 프로젝트를 지원하고 있다. 또한 '여성 미지불 노동 기금(Women's Unpaid Labour Fund)'을 조성하여 여성 주도의 프로젝트에 투자하고 있으며, 이를 통해 여성 단체가 자체 커피 브랜드를 만들고 로스팅에 투자하여 해당 지역 및 멕시코 전역에서 커피를 판매하고 있다. 이로 인해 발생한 수익의 대부분은 다시 여성 공동체에 재투자된다.[51)]

3) 미국 캘리포니아 이스트 베이의 도시 농부들

샌프란시스코 이스트 베이(East Bay) 지역은 급속한 젠트리피케이션과 주택 가격 상승, 소득 불평등, 그리고 식품 부족과 같은 문제를 겪고 있다.[52)] 코로나(COVID-19) 사태 이후 미국 도시에서는 식품 공급망의 취약성이 드러났으며, 이에 대응하기 위해 도시농장 운영자(urban farmer)들은 '협동 정원 위원회(Cooperative Garden Commission)'라는 풀뿌리 네트워크 조직을 통해 전국적으로 종자, 자원, 지식을 연결하는 역할을 하고 있다. 노스 베이(North Bay) 농업인들은 이스트 베이와 샌프란시스코의 도시농장 운영자들에게 초과 생산된 묘목을 기부함으로써 베이 지역 전역에 걸쳐 가족 텃밭과 지역 공동 농장이 확장될 수 있도록 지원하고 있다.[53)]

시그너 외(Siegner et al., 2020)는 이스트 베이 지역의 도시농장 35곳을 대상으로 설문조사와 인터뷰를 통해 도시농업 현황을 조사하였다. 연구에 참여한 농장의 대부분은 개인, 교회 또는 대학에서 운영하고 있으며, 농장의 평균 크기는 약 1.8에이커로 나타났다. 이 농장들은 지역사회의 식량안보, 교육, 환경적 지속가능성을 목적으로 다양한 종류의 작물을 재배하고 있었으며, 주요 작물로는 채소, 과일 및 견과류, 꽃, 가금류와 소형 반추동물, 꿀벌, 지역 특산 작물, 곡물 등이 포함된다. 조사 결과, 열악한 도시 토양을 개량하고 생산성을 높이기 위해 도시 농부의 83%가 윤작, 퇴비 사용 등의 재생적 농업 기법을 실천하고 있었다.

이들 도시 농장에서 생산된 식품 중 45%는 판매 대신 기부되는 것으로 조사되었으며, 연구에 참여한 농업인의 52%는 생산물을 5마일 이내에서, 70%는 10마일 이내에서 판매하거나 기부하고 있었다. 특히, 이들 농장에서 생산된 제철 작물의 경우 주당 평균 약 250명, 조사된 모든 농장을 합하면 약 7,000명에게 전달되었다. 도시 농부들은 형평성 증진, 식량안보 강화, 그리고 건강한 지역식품에 대한 접근성 증대를 목표로 변혁적 식품 시스템 구축을 위해 노력하고 있다. 또한 도시 농장은 교육, 공동체 워크숍, 요리 및 식품 가공 시연, 수확 축제 등 다양한 공동체 이벤트를 통해 지역사회의 연결성과 회복탄력성 향상에 기여한 것으로 평가된다.[54)]

4) 독일 프랑크푸르트 식품정책협의회

2017년에 설립된 프랑크푸르트 식품정책협의회(FPC)는 시민단체 BIONALES95에 의해 운영되며, 소비자와 농민을 연결하여 식품 시스템을 변화시키기 위한 다양한 이니셔티브를 추진하고 있다. FPC 프랑크푸르트의 주요 목표는 식량주권을 실현하고, 지역 및 제철 생산과 소비를 촉진하며, 2015년에 채택된 도시 식품 정책법(Urban Food Policy Act)의 시행을 지원하는 데 있다. 협의회는 7개의 워킹 그룹과 1개의 운영위원회로 구성되어 있으며, 약 150명의 회원이 적극적으로 활동하고 있다. 각 워킹 그룹은 학교에서의 영양 교육, 지속가능한 식품 조달을 위한 공급망 단축 및 홍보, 도시 정원 운영, 폐기물 제로 운동 등의 활동을 전개하고 있다.

프랑크푸르트 식품정책협의회는 독일 내 75개의 식품정책협의회 중 하나로, 이들 협의회는 정기적인 네트워킹을 통해 정보를 공유하며, 지역 농민 및 정치인과 협력하여 주 정부의 식품정책 변화를 촉진하기 위해 노력하고 있다. 이들의 활동은 주로 자원봉사로 이루어지지만, 지속가능한 활동을 위해 안정적인 자금 확보를 목표로 하고 있다.[55]

5 지속가능한 식량체계 전환을 위한 정책적 함의

농업생태학은 지역의 전통적인 농업 지식과 네트워크, 최신 농업기술과 과학, 그리고 이해관계자 간의 협력과 학습을 토대로 오늘날 식량 문제에 체계적으로 대응하며 지속가능한 전환을 이끄는 중요한 역할을 할 수 있다. 농업생태학이 처음에는 글로벌 사우스에서 시작되었지만, 현재는 글로벌 노스의 선진국에서도 미래 식량체계의 새로운 대안으로 주목받고 있다. 그렇다면, 우리의 식량체계를 농업생태학적 방향으로 전환하기 위해 필요한 공공의 노력은 무엇일까?

앤더슨 외(Anderson et al., 2021)는 식량체계를 농업생태학적 방향으로 전환하는 과정이 비선형적이며, 특정 맥락에 의존하는 복잡하고 혼란스러운 과정이라고 묘사한다. 저자들에 따르면, 식량체계의 대규모 전환은 단일하고 일관된 변화가 아닌, 다수의 작은 전환들로 이루어져 있다. 이 과정에서 문화적 변화, 정책 변동, 갈등, 그리고 네트워크 등이 복잡하고 역동적이며 때로는 모순적인 방식으로 개입하게 된다. 이러한 맥락에서 특정 정책보다 전환 과정에서 지속적으로 적응하고 혁신을 창출할 수 있는 거버넌스의 중요성이 강조된다.[56] 그렇다면, 이 거버넌스는 어떻게 형성되고 유지될 수 있을까?

앞선 사례에서 보았듯이, 농업생태학은 개별 농장과 지역, 도시와 지방, 국가 등 다양한 규모와 장소에서 변화를 만들어가고 있다. 이러한 변화 과정에서 자주 발견되는 것은 실험적 이니셔티브와 이를 뒷받침하는 정책적 지원이다. 유럽에서는 도시 식량체계의 전환을 목표로 영양, 기후, 순환성, 지역사회를 통한 혁신이라는 네 가지 주제 아래 다양한 이니셔티브가 진행 중이다. 이 이니셔티브들은 유럽연합 정부의 지원을 받아 41개국, 154개의 도시에서 실행되고 있으며, 프로젝트가 종료된 후에도 이해관계자 네트워크가 지속적으로 협력할 수 있도록 역량 강화, 제도화, 교육도구 개발 등이 강조되고 있다.[57]

식량주권을 지원하는 정책도 거버넌스 형성에 중요한 역할을 할 수 있다. 예를 들어, 소규모 식량 생산자들은 전 세계 식량 소비 대부분을 책임지고 농업에 가장 많은 투자를 하고 있음에도 불구하고, 종종 대규모 농업 비즈니스와 기업형 농업 중심의 공급망 지원정책에서 배제되는 경우가 많다.[58] 따라서 소농 및 도시농부에 대한 투자를 확대하고 이들에게 혜택을 주는 공공정책이 필요하다. 앞서 살펴본 프랑크푸르트 식품정책협의회의 사례처럼, 식량체계를 지속가능한 방향으로 전환하고자 하는 주요 이해관계자들의 자발적인 노력과 행동을 정책적으로 지원하는 것은 식량체계 거버넌스를 강화하는 데 중요한 역할을 한다고 볼 수 있다.

마지막으로, 농업생태학의 확산을 위한 연구의 중요성도 강조된다. 프로스트 외(Prost et al., 2023)는 농업생태학적 농사방식으로의 전환에서 농업인들의 비전이 중요한 역할을 한다고 언급하였다. 이들의 비전 형성과 전략 수립을 지원하기 위해서는 기존 농업방식과 농업생태학적 방식을 비교하는 모델링과 시뮬레이션 연구가 필요하다. 또한 전환 과정의 다양한 시점에서 농업 현장의 현재 상태와 미래 청사진을 비교·

분석하고, 전환 과정을 모니터링하며, 변화된 모습을 평가하는 것도 중요하다. 더불어 농업생태학적 방식으로의 전환은 시간이 걸리는 과정이므로, 농업 종사자가 지속적으로 시도하고, 학습하고, 수정해 나가는 전환 과정에 대한 연구도 강조되어야 한다.[59]

결론적으로, 식량체계의 지속가능한 전환을 위해 정부는 농민, 시민, 연구자 등 다양한 이해관계자들이 협력할 수 있는 장을 마련하고, 지속적인 지식 축적과 네트워킹, 그리고 혁신적인 활동을 통해 식량체계의 변화를 꾸준히 지원해야 한다.

참고문헌

Anderson, C. R., Bruil, J., Chappell, M. J., Kiss, C., & Pimbert, M. P. (2021). *Agroecology now!: Transformations towards more just and sustainable food systems.* Springer Nature.

Béné, C., Oosterveer, P., Lamotte, L., Brouwer, I. D., de Haan, S., Prager, S. D., … & Khoury, C. K. (2019). *When food systems meet sustainability-Current narratives and implications for actions.* World Development, 113, 116-130.

Burkart, K. (n.d.). *Bioregions 2020.* One Earth. https://www.oneearth.org/bioregions-2020/

European Commission. (2023). *Urban food system transformation in the context of FOOD 2030.* EU.

Fantini, A. (2023). Urban and peri-urban agriculture as a strategy for creating more sustainable and resilient urban food systems and facing socio-environmental emergencies. *Agroecology and Sustainable Food Systems*, 47(1): 47-71.

Food and Agriculture Organization of the United Nations. (2018). *The 10 elements of agroecology: Guiding the transition to sustainable food and agricultural systems.*

Forster, T., Hussein, K., & Mattheisen, E. (2015). City region food systems: an inclusive and integrated approach to improving food systems and urban-rural linkages. *Urban Agriculture Magazine*, (29): 8-11.

Global Panel on Agriculture and Food Systems for Nutrition. (2020). *Future Food Systems: For people, our planet, and prosperity.*

IPES-Food. (2016). *From uniformity to diversity: a paradigm shift from industrial agriculture to diversifed agroecological systems.* International Panel of Experts on Sustainable Food systems.

IPES-Food. (2018). *Breaking away from industrial food and farming sys-*

tems: Seven case studies of agroecological transition.

Kay, S., Mattheisen, E., McKeon, N., De Meo, P., & Faus, A. M. (2018). *Public policies for food sovereignty.* Transnational Institute (TNI).

Loker, A., & Francis, C. (2020). Urban food sovereignty: urgent need for agroecology and systems thinking in a post-COVID-19 future. *Agroecology and Sustainable Food Systems*, 44(9): 1118-1123.

OECD. (2021). *Making Better Policies for Food Systems.* OECD Publishing. Paris.

Prost, L., Martin, G., Ballot, R., Benoit, M., Bergez, J. E., Bockstaller, C., … & van der Werf, H. (2023). Key research challenges to supporting farm transitions to agroecology in advanced economies. A review. *Agronomy for Sustainable Development*, 43(1): 11.

Siegner, A. B., Acey, C., & Sowerwine, J. (2020). Producing urban agroecology in the East Bay: from soil health to community empowerment. *Agroecology and Sustainable Food Systems*, 44(5): 566-593.

Siegner, A., Acey, C. S., & Sowerwine, J. (April 2021). *Urban Agroecology: An essentail resource for times of crisis and beyond.* Berkeley Food Institute.

UN. (n.d.). Food and Climate Change: Healthy diets for a healthier planet. https://www.un.org/en/climatechange/science/climate-issues/food#:~:text=Food%20needs%20to%20be%20grown,and%20contribute%20to%20climate%20change

UNEP. (June 04, 2021). Rethinking food systems. https://www.unep.org/news-and-stories/story/rethinking-food-systems?gad_source=1&gclid=CjwKCAiA44OtBhAOEiwAj4gpOUnxHlXehOr1VIzPvzzqygMXI5Ddgk7K7Kbz9ioZrsIgb0U37zHaIRoC6PwQAvD_BwE

Vaarst, M., Escudero, A. G., Chappell, M. J., Brinkley, C., Nijbroek, R., Arraes, N. A., … & Halberg, N. (2018). Exploring the concept of agroecological food systems in a city-region context. *Agroecology and Sustainable Food Systems*, 42(6): 686-711.

Wezel, A., Grard, B., & Gkisakis, V. (2023). *Mapping the development of agroecology in Europe*. Country Reports Series, Vol.1, ISARA, Lyon, France; Agroecology Europe, Corbais, Belgium.

World Bank. (Apr. 3, 2023). *Urban Development*. https://www.worldbank.org/en/topic/urbandevelopment/overview#:~:text=Today%2C%20some%2056%25%20of%20the,people%20will%20live%20in%20cities

주

1) UN, n.d.
2) Global Panel on Agriculture and Food Systems for Nutrition, 2020.
3) Béné et al., 2019: 118.
4) UNEP, June 04, 2021.
5) 이 섹션의 내용은 다음의 문헌을 요약하여 구성(OECD, 2021).
6) Brooks & Blandford, 2019; 상게서에서 재인용: 15.
7) FAO, 2020; OECD, 2021에서 재인용: 20.
8) Gentilini, 2013; OECD, 2019; Davy, 2016; OECD, 2021에서 재인용: 20.
9) OECD, 2019; OECD, 2021에서 재인용: 21.
10) NCD Risk Factor Collaboration, 2017; OECD, 2021에서 재인용: 21.
11) Afshin et al., 2019; OECD, 2021에서 재인용: 21.
12) Lowder et al., 2016; Ricciardi et al., 2018; OECD, 2021에서 재인용: 24.
13) 이러한 지출은 농민뿐 아니라 물류 제공자, 요리사, 도축장 직원, 식료품점, 식당 직원에 이르는 식량공급 사슬의 다양한 참여자들을 포함하기 때문에 농민의 몫(farm share)은 줄어든다.
14) OECD, 2021: 24, 26.
15) IPCC, 2019; Ramankutty et al., 2008; OECD, 2021에서 재인용: 27-30.
16) FAO, 2020; OECD, 2021에서 재인용: 31.
17) OECD, 2021: 27, 28, 30, 31.
18) 이 섹션의 내용은 다음의 문헌을 요약하여 구성(IPES-Food, 2016).
19) 상게서: 11.
20) UNCTAD, 2002; UNCTAD, 2013; 상게서 25 재인용.
21) 상게서: 15-30.
22) 이 섹션의 내용은 다음의 문헌을 요약하여 구성(Food and Agriculture Organization of the United Nations, 2018).
23) 상게서: 3.
24) 상게서: 4.
25) FAO, 2016; 상게서에서 재인용: 5.
26) Krätli & Shareika, 2010; FAO, 2014; FAO, 2018에서 재인용: 5.
27) Mead & Willey, 1980; FAO, 2018에서 재인용: 6.
28) FAO, 2018: 6.
29) 상게서: 7.
30) 피복작물이란 다년생 목초 등과 같이 강우를 차단하여 경지를 우적침식으로부터 보호하고 지표면의 열기를 낮추며 빗물을 흡수해 땅속에 수분을 저장.
31) 상게서: 8.
32) 상게서: 9.

33) 상게서: 10.
34) 상게서: 11.
35) 상게서: 12.
36) World Bank, 2023.
37) 생태지역이란 정치적 경계가 아니라 생태계에 따라 나눈 지리적 경계를 말한다. 육지에서의 생태지역 구분은 기후에 적응한 생물군계(biome)를 기준으로 구분할 수 있다(Burkart, n.d.).
38) Gliessman, 2015; Vaarst et al., 2018에서 재인용: 694.
39) Kapucu et al., 2021; European Commission, 2023에서 재인용: 11.
40) 상게서: 13, 14.
41) Forster, 2015: 9.
42) Fantini, 2023: 53.
43) 상게서: 55.
44) Nyeleni, 2007; Loker et al., 2020에서 재인용: 1119.
45) Kay et al., 2018: 4.
46) Clendenning et al., 2016; Hossfeld et al., 2018; Clendenning et al., 2016: Loker et al., 2020에서 재인용: 1119.
47) 경운은 작물을 기르기 전에 토양을 갈고 흙덩이를 잘게 부수며 지표면을 평평하게 하는 작업을 이름.
48) Wezel et al., 2023: 45
49) 각각의 프로젝트 사이트에서 관련 내용을 확인할 수 있다. https://www.best4soil.eu/; https://traece.eu/
50) Bacon et al., 2008; IPES-Food, 2018에서 재인용: 28.
51) 상게서: 28-34.
52) Siegner et al., 2020: 572.
53) Siegner et al., 2021: 2.
54) Siegner et al., 2020.
55) Wezel et al., 2023: 172-173.
56) Anderson et al., 2021: 156.
57) European Commission, 2023: 19-47. 이 문헌은 유럽연합의 식량체계 혁신과 관련한 다양한 이니셔티브들을 보여주는데, 프로젝트가 종료된 후에도 이해관계자 네트워크의 지속가능성 측면을 반드시 언급하고 있는 것을 알 수 있다.
58) Kay et al., 2018: 4.
59) Prost et al., 2023: 5-11.

제 9 장

지속가능한 도시와 재생건축

1_재생건축의 이해
2_재생건축의 사례
3_지속가능한 전환을 위한 고려사항

제9장

지속가능한 도시와 재생건축

인간이 조성하는 건조환경(Built Environment)은 전 세계 탄소배출의 약 42%를 차지하며, 이러한 확장은 매달 뉴욕시 규모의 도시가 새로 추가될 정도로 빠르게 진행되고 있다.[1] 또한 유럽에서는 건물의 건설과 해체 과정에서 발생하는 폐기물이 유럽연합(EU) 전체 폐기물의 약 1/3을 차지하고 있으며, 이들 폐기물의 상당 부분이 매립되어 심각한 환경 문제를 야기하고 있다.[2] 이러한 사실은 건조환경을 보다 지속가능한 방식으로 전환하는 것이 매우 시급한 과제임을 시사한다. 재생건축(regenerative architecture)은 지속가능한 건축 철학의 최신 패러다임 중 하나로 기존 건축이 환경에 미치는 부정적 영향을 줄이는 데 그치지 않고, 재생 가능하고 긍정적인 영향 창출을 목표로 한다. 이러한 점에서 재생건축은 지속가능한 사회로의 전환을 위해 반드시 고려해야 할 핵심 주제라 할 수 있다.

1 재생건축의 이해

건축과 도시계획 분야에서 '재생'이라는 용어는 주로 오래된 건물이나 지역을 새롭게 단장하여 주민들의 삶의 질을 향상시키고 지역을 활성화하는 '도시재생'의 개념으로 사용되어 왔다.[3] 그러나 이 장에서 다루는 재생건축은 이러한 개념을 포괄하면서도, 더 확장된 의미를 지닌다. 재생건축은 단순히 노후 건물이나 지역의 정비를 넘어, 생태주의적 세계관을 바탕으로 환경과의 조화를 이루고, 에너지 효율을 극대화하며, 수자원 관리를 포함한 지속가능성 관점에서 건축 및 도시계획을 접근하는 패러다임을 의미한다.[4]

1) 재생건축의 탄생 배경

지속가능한 건축의 개념은 오랜 역사를 지니고 있지만, 시대의 변화에 따라 그 이해와 실천방식도 끊임없이 진화해 왔다. 아티아(Attia, 2018)는 20세기 지속가능한 건축의 패러다임을 일곱 가지로 구분하여 설명한다.[5] 첫 번째 패러다임인 생물기후적 건축(Bioclimatic Architecture)은 자연에서 영감을 받으면서도 합리주의적이고 기능주의적인 건축을 추구한 흐름이다. 라이트(F. Wright), 알토(A. Aalto), 뉴트라(R. Neutra) 등의 건축가들이 이 흐름에 영향을 미쳤으며, 1950년대 올게이(Olgyay) 형제가 건축 연구소를 설립하여 생태기후적 적응과 위생 등을 과학적이고 실증적으로 연구함으로써 지속가능한 건축에 대한 연구가 본격화되었다.

두 번째 패러다임은 환경주의 건축(Environmental Architecture)으로,

맥하그(I. McHarg)의 저서 『자연과 함께 디자인하다(*Design with Nature*)』가 큰 영향을 미쳤다고 한다. 슈마허(E. Schumacher)의 적정기술(appropriate technology) 논의와[6] 메이스(R. Mace)의 범용(universal) 디자인[7] 개념도 이 패러다임에 속한다. 이들의 건축은 단순히 실내 공간 설계를 넘어 도시계획 차원에서 환경과 생물학적 요인을 통합적으로 고려하여 접근성과 사용자 편의성 제고를 특징으로 한다.

세 번째 패러다임은 1차 에너지 위기 이후 등장한 에너지 중심 건축으로, 미국건축협회(AIA)의 '에너지 절약 건축(Energy Conscious Architecture)'과 미국태양에너지협회(ASES)의 '수동식 및 능동식 태양에너지 건축(Passive & Active Solar Energy Architecture)' 개념을 중심으로 발전하였다. 이 시기의 건축물들은 에너지 절약 개념을 설계에 적극적으로 도입했으며, 재생에너지를 활용한 건물의 프로토타입과 콘셉트가 처음으로 제시되었다.

네 번째 패러다임은 1987년 브룬틀란 보고서(Brundtland Report)의 영향을 받아 등장한 지속가능한 건축(Sustainable Architecture)이다. 이 흐름은 베이커(L. Baker)의 에너지 효율적인 저비용 건축[8]과 하산 파티(H. Fathy)의 지역주의(regionalism) 건축[9]과 같은 작업들로 대표된다. 이 시기의 지속가능한 건축은 환경적 기능뿐만 아니라 미학적 요소와 인간 경험을 결합하여 지속가능한 건축의 영역을 한층 더 확장시킨 것으로 평가된다.

다섯 번째 패러다임은 1993년 미국녹색빌딩협회(US Green Building Council)가 주창한 녹색 건축(Green Architecture)이다. 이 흐름은 반 더 라인(Van der Ryn)[10]의 생태적 디자인과 파이스트(W. Feist)의 패시브 하우스(Passive House)[11] 개념으로 대표되며, 건물의 지속가능성에 대한 인식이 전 세계적으로 확산되기 시작한 시기였다.[12]

여섯 번째 패러다임은 탄소중립 건축(Carbon Neutral Architecture)으로, 1997년 교토의정서와 IPCC의 기후변화 보고서 이후 제로에너지 설계 및 개발과 같은 활동이 등장했다. 던스터(B. Dunster)의 제로에너지 단지 개발[13]과 마즈리아(E. Mazria)의 2030 챌린지[14]와 같은 프로젝트는 탄소중립 건축을 촉진하는 중요한 전환점이 되었다.

일곱 번째 패러다임은 최근 등장한 재생건축(Regenerative Architecture)으로 라일(J. Lyle)의 재생 디자인(Regenerative Design), 브라운가트(M. Braungart)와 맥도노우(W. McDonough)의 요람에서 요람까지(Cradle to Cradle: C2C), 베니우스(J. Benyus)의 자연모방(Biomimicry)[15] 개념들이 이 흐름을 이끌고 있다. 재생건축은 단순히 건조환경의 효율성을 개선하여 환경에 부정적인 영향을 줄이는 것을 넘어, 인간 시스템과 자연 시스템이 협력하여 장소와 거주자의 건강을 재생하는 데 중점을 둔다.[16] 망과 리드(Mang & Reed, 2020)는 재생건축이 전체 시스템적 관점에서 인간과 자연의 공진화(co-evolution)를 통해 상호 이익을 창출하고 더 큰 생명력(vitality)과 회복탄력성(resilience)을 추구한다고 설명하였다.[17]

2) 재생건축의 방법론

존 라일(J. Lyle)은 '재생 디자인'이라는 용어를 도입하여, 이를 도시 경관 계획에서 상실된 생태계를 되살리는 접근법으로 설명했다. 그는 지속가능성 실현을 위해 에너지와 재료의 공급 시스템이 지속적으로 자기재생적(self-renewing)이고 회복적(regenerative)이어야 한다고 주장하며, 선형적 사고방식에서 벗어날 것을 촉구했다.[18]

듀 플레시스(du Plessis, 2012)는 재생건축의 기반이 되는 '재생적 지속가능성(regenerative sustainability)'의 세계관이 기존의 지속가능성 개념과는 근본적으로 다른 세계관이라고 설명했다. 이는 지구를 인간과 자연이 분리된 기계적이고 결정론적인 체계로 보는 관점에서, 인간과 자연이 상호 연결된 생동적이고 적응적인 사회-생태 시스템으로 보는 관점으로의 전환을 의미한다. 이러한 새로운 관점에서 인간은 단순히 생태계 서비스를 이용하는 사용자나 소비자가 아니라, 자연과 함께 공진화하고 공동 창조하는 파트너로 간주된다.[19] 재생건축의 이러한 세계관은 [그림 9-1]과 같이 실무에 적용하기 위한 구체적인 방법론으로 발전하였으며, 철학적 전제와 원칙, 구조적 실행을 위한 프레임워크, 그리고 구체적 방법 및 기술의 세 가지 단계로 구성된다.[20]

듀 플레시스(du Plessis, 2012)는 재생건축이 다음과 같은 철학적 전제에서 출발한다고 설명한다.

- 인간과 인간이 만든 인공물 및 문화적 구조는 생태계의 본질적인 일부로 간주된다.
- 인간의 행동은 생태계와 생물지질학적(biogeological) 순환체계의 진화에 긍정적으로 기여해야 하며, 자연의 자기 치유 과정을 촉진해야 한다.
- 개발 활동은 지역적 맥락(context)과 비전(aspiration)에 뿌리를 두어야 한다.
- 개발과 설계는 지속적이고 참여적이며 성찰적인 과정이어야 한다.[21]

이러한 철학적 전제들은 베네와 망(Benne & Mang, 2015)이 설명한 재생건축의 원칙들과도 긴밀히 연결될 수 있다.[22]

그림 9-1 재생건축 방법론의 구성

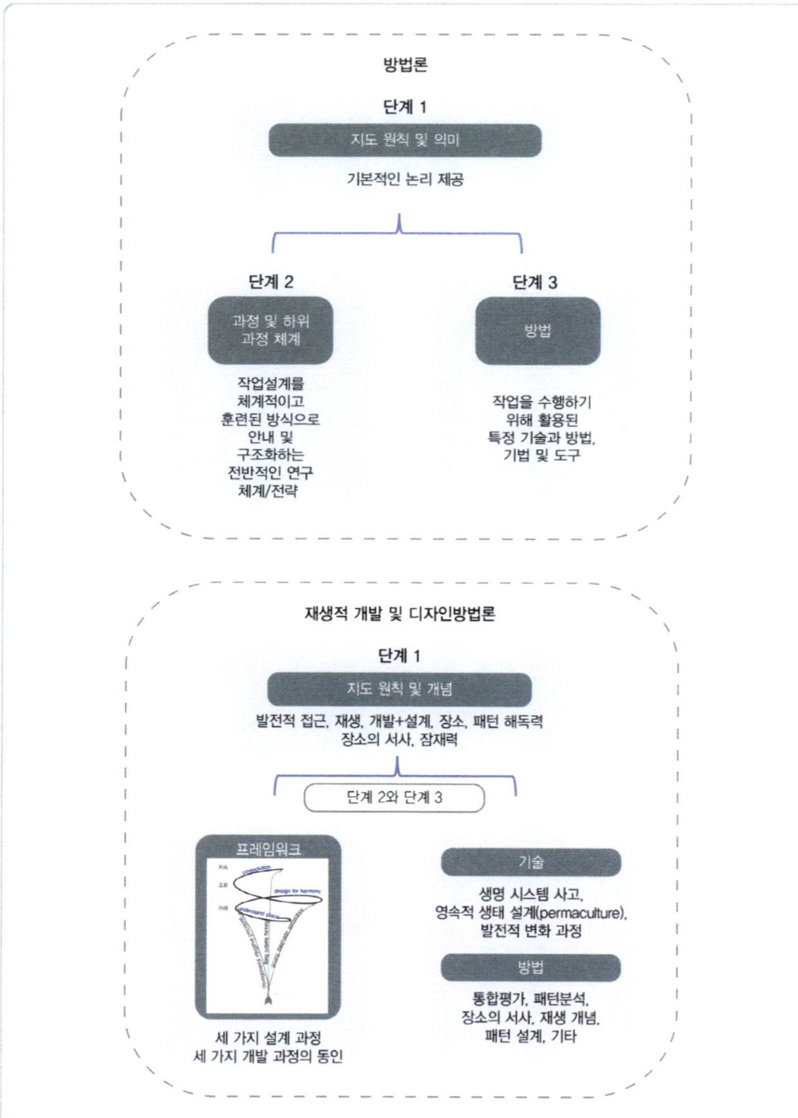

출처: Mang & Reed(2012).

재생건축의 첫 번째 원칙은 '홀라키(holarchy)'라는 개념에 기반을 두고 있다. 이는 생태계가 작은 시스템들로 구성되어 있으며, 이들이 더 큰 시스템 내에 상호 연결되어 있다는 것을 의미한다. 각 시스템은 '홀론(holon)'으로 정의되며 이렇게 상호 내포된 체계를 '홀라키(holarchy)'라 부른다. 베네와 망(Benne & Mang, 2015)은 모든 생명 시스템이 상호작용하며 환경과 함께 진화하거나 퇴화한다고 설명한다. 이 관점에서 듀 플레시스(du Plessis, 2012)가 언급한 것처럼, 인간과 건조환경은 지구 시스템의 한 부분이며, 재생건축 설계의 첫 번째 단계는 건축물이 위치한 '홀라키'를 정의하는 것이다. 예를 들어, 도시 내 학교를 설계할 때는 학교가 위치한 장소뿐만 아니라, 그 주변의 단지와 이를 포함하는 커뮤니티, 나아가 해당 지역사회까지 포함하여 전체적인 시스템을 종합적으로 고려해야 한다.

재생건축의 두 번째 원칙은 지속적으로 변화하는 환경에서 각 홀론이 그 역할을 수행하는 능력에 따라 홀라키의 온전성(integrity)과 생존가능성(viability)이 유지되고 진화한다는 것이다. 이는 건축물이 홀라키 내에서 수행하는 역할에 따라 전체 시스템의 재생력과 온전성이 결정될 수 있음을 의미한다. 예를 들어, 지역 협동조합 식료품점은 단순히 식료품을 판매하는 데 그치지 않고, 지역 농민들의 교육, 소액대출, 요리 강습 등을 지원하는 커뮤니티 공간으로 기능함으로써 지역사회의 재생을 촉진할 수 있다. 이는 듀 플레시스(du Plessis, 2012)가 설명한 지역의 비전을 실현하기 위해, 각 시스템의 고유한 기능적 정체성 및 잠재력을 파악하여 효과적으로 발현되도록 하는 것이 중요하다.[23)]

재생건축의 세 번째 원칙은 생명체가 대사 교환의 네트워크(webs of metabolic exchange)를 통해 지속적으로 생산, 수리, 유지된다는 점을 강조한다. 생명 시스템은 지속적인 에너지와 물질의 흐름, 즉 대사를 통해 스스로를 유지하고 재생한다. 이러한 대사 교환의 네트워크에서 중요한 요소는 다양한 연결이 교차하는 '노드(node)'이다. 이 노드는 시스템 변화의 촉매 역할을 하며, 작은 변화로도 시스템 전반에 큰 영향을 미칠 수 있는 레버리지 포인트(leverage point)로 작용한다.[24] 예를 들어, 브라질 쿠리치바 도심에 보행자를 위해 만들어진 꽃길은 단순한 구조 변경만으로도 시민의 사회적, 경제적, 문화적 상호작용을 촉진하여 도심의 활력을 크게 증진시켰다. 베네와 망(Benne & Mang, 2015)은 장소를 에너지 시스템으로 인식하고, 에너지 흐름의 패턴과 레버리지 포인트를 이해해야 한다고 강조했다. 이는 재생건축 설계사가 장소의 재생과 진화를 지속적으로 모니터링하면서 학습과 성찰을 통해 설계를 발전시켜야 한다는 듀 플레시스의 주장과도 맥을 같이한다.

이러한 전제와 원칙은 재생건축을 실무에 적용할 수 있도록 두 번째 단계인 프레임워크로 구체화되었다. 대표적인 사례로는 미국 그린빌딩협회(US Green Building Council)의 REGEN,[25] 바이오리저널(Bioregional)사의 원 플래닛 리빙(One Planet Living),[26] 생활환경 재생센터(Center for Living Environments and Regeneration)의 LENSES(Living Environments in Natural, Social, and Economic Systems)[27] 등이 있다. 이들 프레임워크는 각기 고유한 이론적 배경과 실행방식을 기반으로 하고 있으나, 공통적으로 재생건축의 세계관을 반영하고 있다.

재생건축의 네 번째 원칙은 재생건축을 실행하는 과정에서 다양한 방법과 도구를 활용할 수 있다는 점이다. 망과 리드(Mang & Reed, 2020)는 1980년대와 1990년대에 개발된 지속가능 건축의 여러 방법들이 재생건축에도 적용될 수 있으나, 시스템의 적용범위와 맥락이 다르다는 점을 강조하였다. 이들은 지속가능 건축의 방법을 크게 네 가지 범주, 즉 생태친화적(biophilic), 자연모방적(biomimetic), 복원적(restorative),

그림 9-2 재생건축의 다양한 방식들: 지속가능성을 위한 생태적 전략 단계

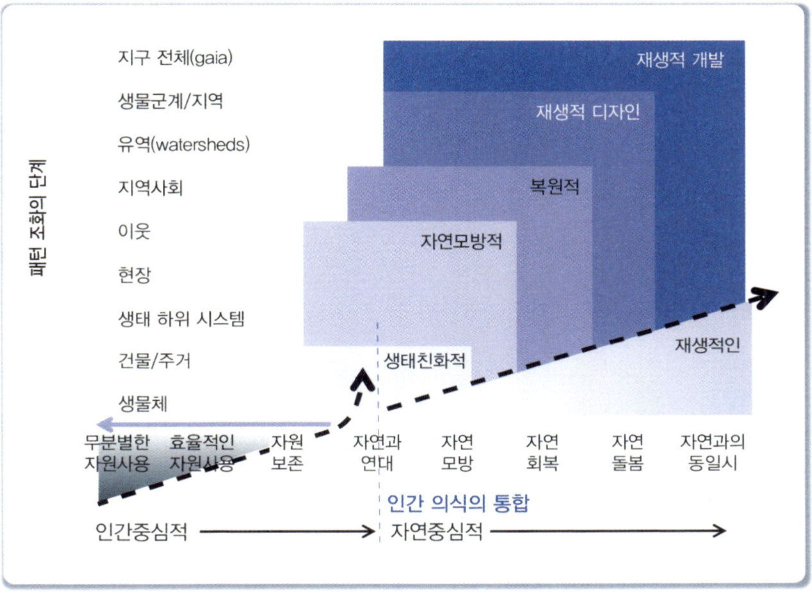

출처: Mang & Reed(2013: 486).

재생적(regenerative)으로 구분하였다.

생태친화적 건축은 자연채광, 수공간, 식물 등 자연 요소를 건조환경에 적극적으로 도입하여 인간의 웰빙과 건강을 향상시키고자 하는 설계방식이다. 라이트(F. Wright)의 낙수장(Fallingwater)이나 나무로 가득 찬 현대의 마천루 등이 이러한 접근의 대표적인 사례로 들 수 있다.[28] 자연모방적 건축은 자연의 구조와 과정을 모방하여 설계하는 방식으로 Cradle to Cradle(C2C)과 같은 철학적 접근과 생태적 과정과의 조화를 추구한다. 대표적으로 짐바브웨의 이스트게이트 쇼핑몰은 흰개미 언덕의 구조를 모방한 패시브 쿨링 시스템을 도입하여, 에어컨 없이도 극한 기후에서 쾌적한 환경을 유지하는 것으로 알려져 있다.[29] 망

과 리드(Mang& Reed, 2020)는 생태친화적 접근과 자연모방적 접근이 여전히 인간중심적(anthropocentric) 사고에 기반하고 있다고 지적한다. 반면, 복원적 접근과 재생적 접근은 생물중심적(biocentric) 사고에 기초한다. 복원적 접근은 습지나 숲과 같은 특정 생태계의 건강을 증진하기 위한 단발적인 개입을 의미하는 반면, 재생적 접근은 인간을 자연 시스템의 한 부분이자 재생 과정의 참여자 혹은 파트너로 인식하는 점에서 차별화된다. 재생적 접근은 충분한 시간과 다양한 환경조건 속에서 자연 시스템이 지속적으로 재생하고 유지될 수 있도록 하는 것을 목표로 한다.[30] 결론적으로, 생태친화적, 자연모방적, 복원적, 재생적 접근은 개별 건축물에서부터 이웃과 지역사회, 나아가 전 지구적 규모에 이르기까지 다양한 수준의 시스템에 영향을 미칠 수 있다.

2 재생건축의 사례

앞서 논의한 바와 같이, 재생건축은 철학적 전제와 원칙에 따라 다양한 접근방식을 취하며, 이를 통해 여러 시스템 수준에서 변화를 이끌어 낼 수 있다. 이하에서는 생태친화적 접근의 대표적인 사례인 영국의 베드제드(BedZED) 커뮤니티, 자연모방적 접근의 파크 20/20(Park 20/20), 그리고 재생적 접근을 실현한 플라야 비바 리조트(Plaja Viva Resort)의 사례를 통해 재생건축의 다양한 실천방식을 살펴보고자 한다.

1) 영국의 탄소제로 커뮤니티, 베드제드

베드제드 프로젝트는 생태친화적 접근을 구현한 대표적인 사례로 평가된다(Mang & Reed, 2020). 2002년 완공된 이 프로젝트는 영국 런던 남쪽 서튼(Sutton) 지역에 위치한 다목적 커뮤니티로, 약 220명의 주민과 100명의 오피스 직원이 거주하고 있다. 베드제드에는 99개의 주택이 조성되어 있으며, 이 중 50%가 매매용, 25%는 커뮤니티 직원들의 공동소유, 나머지 25%는 임대용 주택으로 구성되어 있다. 공용 공간으로는 보행 전용 도로, 마을광장, 스포츠 시설, 소형 농장, 커뮤니티 센터 등이 포함되어 있다. 이 프로젝트는 제로 에너지 개발에 관심을 가진 빌 던스터 건축사무소(현 ZEDfactory architects)와 지속가능성 컨설팅 회사인 바이오리저널(Bioregional), 부동산 개발회사인 피바디 트러스트(Peabody Trust)의 협업으로 이루어졌다.

베드제드의 건물은 영국 남동부의 기후 특성에 맞게 설계되었으며, 건물의 남쪽은 바닥부터 천장까지 이어지는 온실구조(conservatories)로 되어 있다. 인접 건물의 지붕은 30° 기울어져 있어 겨울철 낮은 태양고도에서도 태양광이 모든 온실구조에 도달할 수 있도록 설계되었다. 이러한 온실구조는 태양열을 효과적으로 포착해 실내를 따뜻하게 유지하며, 여름철에는 창문을 열어 온실을 외부 공간처럼 사용해 실내 온도 상승을 방지할 수 있다. 또한 30cm 두께의 단열재와 고밀도 콘크리트 블록을 사용하여 겨울에는 따뜻하고 여름에는 시원한 실내 환경을 유지할 수 있다. 지붕에 설치된 환기구(cowl)는 수동 환기 시스템의 일환으로, 바람을 실내로 유입시키고, 공기 압력과 온도 차이를 이용해 실내 공기를 외부로 배출하는 방식으로 작동한다. 이러한 설계를 통해 베드제드는 온수 사용을 위한 에너지 소비는 81%, 전기 사용량은 45% 절감하는 효과를 얻었다.

베드제드 프로젝트는 모든 에너지를 재생에너지로 전환하는 것을 목표로 설계되었으나, 기술적인 문제로 인해 2005년 이후 완전한 탄소 제로 상태를 유지하지 못하고 있다. 현재 전기의 80%는 국가 전력망에서 공급되며, 나머지 20%는 지붕에 설치된 태양광 패널을 통해 충당된다. 수자원 관리 측면에서, 베드제드는 지속가능한 도시 배수 시스템(SUDS)을 도입해 침수를 완화하고, 조류와 곤충을 위한 먹이터와 이동 통로를 조성해 생물다양성을 증진시키고 있다. 오폐수는 현장에서 정화되어 화장실 플러시 용수로 재사용되며, 처리 후 남은 물은 침투 도랑으로 이동해 자연적으로 흡수된다. 이를 통해 베드제드 주민들은 런던 평균 주거 물 소비량 대비 58%를 절감하고 있다. 또한 베드제드는 '카

그림 9-3 BedZED 커뮤니티의 모습

출처: Chance(2009: 528).

클럽'이라는 자동차 공유 서비스를 운영하여 탄소배출을 줄이고 있다.[31]

그러나 시대를 앞서간 계획이었던 만큼, 베드제드는 여러 한계를 드러내기도 했다. 바이오매스를 기반으로 한 열병합 난방 시스템은 나무를 태우는 과정에서 발생한 타르와 재로 인해 공기오염 문제가 발생하면서 운영이 중단되었다. 또한 물을 여과하는 갈대밭 시스템도 관리상의 어려움으로 인해 다른 시스템으로 대체되었다.[32] 당시에는 친환경적으로 여겨졌던 일부 건축기술들이 시간이 흐르며 탄소 절감 효과가 기대에 미치지 못했다는 평가를 받기도 한다. 그럼에도 불구하고, 베드제드는 지속가능 건축에 대한 대중적 인식을 확산시키고, 유사한 프로젝트가 이어질 수 있는 기반을 마련했다는 점에서 중요한 전환점으로 평가받고 있다.[33]

2) 요람에서 요람으로, 네덜란드 파크 20/20

파크 20/20(Park 20/20)은 네덜란드 최초로 요람에서 요람으로(Cradle to Cradle: C2C) 개념을 적용한 대규모 건축 프로젝트로 주목받고 있다. 이 프로젝트는 네덜란드 북부 호프도르프 시에 위치한 약 11만 제곱미터 규모의 부지에 건설 중이며, 고밀도 사무실, 호텔, 체육시설, 보육시설, 온실, 공원 등으로 구성된 오피스 파크로 설계되었다. 프로젝트는 2000년에 처음 계획되었으며, 2022년 현재 일부 구역이 완공된 상태이다.[34]

C2C 디자인은 자연의 원리를 기반으로 폐기물이 다른 유기체의 영양소로 전환되며, 영양소와 에너지는 생장과 소멸, 그리고 재탄생의 주기를 통해 지속적으로 순환한다는 개념을 따른다. 맥도노우와 브라운

가르트(McDonough & Braungart, 2003)는 이러한 개념을 바탕으로 건강하고 지속가능한 건축재료의 순환체계를 만들어낼 수 있다고 주장하였다.[35] 이러한 접근방식은 자연의 대사 과정을 건축에 접목했다는 점에서 자연모방적 접근으로 볼 수 있다(Mang & Reed, 2020).

C2C 디자인에서 '자재은행으로서 건물(Building as Material Bank)' 개념은 건축 자재의 순환적 사용이라는 측면에서 중요한 의미를 지닌다. 이 개념은 건물이 재료를 저장하는 은행처럼 기능하며, 건물의 수명이 다했을 때 해체 과정을 통해 사용된 재료를 회수하고 재사용할 수 있도록 설계하는 것이다.[36] 재사용가능한 건축자재의 모든 정보는 '자재여권(materials passports)'에 기록되며, 이 기록은 온라인 플랫폼에서 관리되고, 이해관계자들과 공유된다. 이를 통해 건축물의 모든 재료는 생애주기 동안 그 가치를 추적할 수 있게 된다.[37]

그림 9-4 Park 20/20 조감도

출처: https://mcdonoughpartners.com/projects/park-2020-master-plan/

또한 이 프로젝트에는 '서비스로서의 제품(Product as a Service)' 개념이 적용되었다. 이에 따라 조명, 태양광 패널, 오피스 가구 등의 소유권은 공급자에게 있으며, 건물 사용자는 이를 임대하여 사용함으로써 초기 비용을 절감할 수 있다. 이 외에도 파크 20/20은 폐쇄 루프 형태의 수자원 시스템을 갖추고, 지열과 태양광을 냉난방 에너지원으로 사용하며, C2C 인증을 받은 재료만을 사용하고 있다.[38]

파크 20/20의 설계 과정은 개발사인 델타 디벨롭먼트(Delta Development)와 C2C 개념의 창시자인 윌리엄 맥도노우(William McDonough)의 긴밀한 협력 아래 진행되었다. 이들은 프로젝트 초기 단계부터 건물 설계 팀, 세입자, 클라이언트와 함께 6주간의 워크숍을 통해 서로의 요구를 이해하고 C2C 원칙을 공유하였다.[39] 이 과정을 통해 클라이언트와 건설팀 간에 공통 언어가 구축되었으며, 이는 지속가능한 설계의 효과적인 구현을 위한 토대가 되었다.

파크 20/20은 지속가능한 건축물이 경제적으로도 가치 창출이 가능함을 증명한 사례이다. 이 프로젝트는 더 많은 자연광과 차 없는 거리 등 쾌적한 환경을 조성함으로써 근로자들의 생산성을 높이고, 건물의 수익성을 향상시켰다. 오피스 빌딩에 입주한 회사들은 이 프로젝트가 추구하는 지속가능성에 동참하고 있다는 사실에 만족하였으며, 직원들 또한 자연을 접할 수 있는 근무환경을 긍정적으로 평가하였다.[40] 델타 디벨롭먼트는 초기 건설비를 18% 절감하는 동시에, 인근 사무실 대비 약 30% 높은 임대수익을 달성하여, 개발 투자비의 23%를 1차 단계에서 회수하는 성과를 거두었다.[41] 파크 20/20은 건축물에 순환성과 생애주기 개념을 도입한 대표적인 사례로 평가받고 있지만, 이러한 순환성이 건축물의 생애주기 과정에서 실제로 어떤 가치를 창출할지에 대해서는 향후 지속적인 관찰과 평가가 필요하다.

3) 지역 재생을 이끈 건축, 멕시코 플라야 비바 리조트

2009년 개장한 플라야 비바 리조트(Plaja Viva Resort)는 멕시코 바야 캘리포니아 해변에 위치한 약 86만 평방미터의 대규모 휴양지로, 재생적 접근과 지역사회와의 협력을 중시한 프로젝트이다. 이 프로젝트는 부티크 호텔 소유주들의 열정에서 시작되었으며, 재생건축을 통해 자연과 지역사회에 긍정적인 영향을 미치는 호텔 설립을 목표로 하였다. 즉, 호텔은 단순한 상업적 공간이 아니라 자연과의 연결과 사회적 변화를 실현하는 수단으로 활용될 수 있도록 설계되었다.[42]

재생건축 설계사들은 본격적인 설계 작업에 앞서 현지의 환경, 사회적 패턴, 잠재력을 면밀히 조사하였다. 조사 결과, 해당 지역은 80년간 오일팜 경작으로 인해 토지가 황폐해졌으며, 지속적인 일자리 부족으로 젊은 인구가 외부로 유출되고 있었다. 또한 지역주민들이 생계를 위해 바다거북 알을 불법적으로 거래하거나 식용으로 활용하면서 거북이 개체 수가 급감하고 있었다. 이러한 문제들을 해결하기 위해 프로젝트 팀은 리조트가 지역의 전체 생태계에서 수행해야 할 역할을 고민하게 되었고, 이는 세 가지 주요 하위 프로젝트로 이어졌다.

첫째, 연안 숲과 맹그로브 나무를 복원하기 위해 지역 식물 재배시설을 만들고, 침입종을 통제하며 강과 하천 정화작업을 통해 새우와 조류가 다시 돌아올 수 있는 환경을 조성했다. 둘째, 바다거북의 생태적 중요성을 인식한 개발팀은 지역주민의 참여를 유도하기 위해 다양한 프로그램을 실시하였다. 거북이의 산란장을 조성하고, 거북이 알을 찾아 안전하게 부화시키는 프로그램을 만들어, 관광과 보전을 결합한 생태 활동으로 발전시켰다. 셋째, 리조트는 지역사회와 단절된 유흥 공간이 아니라, 지역사회와 상호작용하며 사회적, 자연적, 경제적 활력을 촉진하는 공간으로 자리잡았다.

또한 이 프로젝트는 지역 커뮤니티의 역량 강화와 지속가능한 교육의 일환으로 지속가능한 농업(permaculture)과 재활용 워크숍을 진행하였다. 나아가 리조트는 지역 생산자 간의 협력을 통해 소금 협동조합을 결성하였으며, 마을, 숲, 강을 깨끗하게 유지하기 위한 '청소의 날'을 지역사회와 함께 운영했다. 더불어 친환경 농업 프로그램을 통해 지역주민들이 생산한 유기농 식품을 리조트와 지역시장에 공급할 수 있도록 지원하여 지역경제 활성화와 지속가능성을 동시에 도모하였다.43)

헤스(Hes, 2017)는 플라야 비바 리조트에서 활용된 레버리지 포인트를 다음 세 가지로 설명하였다. 첫째, 해수와 담수가 만나는 리조트 지역의 생물다양성을 복원하기 위해, 전체 부지의 최소 85%를 해안 숲과 습지로 복원하는 목표를 설정하였다. 맹그로브 나무와 다양한 동식물 복원 활동을 통해 지역 생태계가 점차 회복되었으며, 그 결과 새우와 조류가 다시 돌아오는 가시적인 성과를 거두었다. 둘째, 지역사회의 교육, 건강, 경제발전을 촉진하기 위해 역량 구축 프로그램을 운영함으로써 지역주민들의 참여를 유도하고, 이를 통해, 생물다양성이 지속적으로 유지될 수 있는 기반을 마련하였다. 셋째, 리조트를 찾는 방문자들은 다양한 생태 활동에 참여함으로써 지역사회와 긴밀한 관계를 형성하고 지속적인 재생 활동의 후원자로 성장하게 되었다.44)

플라야 비바 프로젝트는 건축을 통해 지역의 자연과 인간 시스템 모두를 재생한 훌륭한 사례로 평가된다. 그러나 이러한 재생적 접근이 도시환경에서도 실현될 수 있을지, 효과가 얼마나 클지에 대해서는 여전히 논란의 여지가 있다. 밴쿠버의 라이온즈 게이트 2차 폐수처리장(Lions Gate Secondary Wastewater Treatment Plant)과 같이 도시환경에서 재생건축이 적용된 사례가 간헐적으로 존재하지만, 이에 대한 보다 심

그림 9-5 플라야 비바 리조트의 모습

출처: https://www.playaviva.com/media

층적인 연구와 분석이 필요하다.

3 지속가능한 전환을 위한 고려사항

앞서 논의한 바와 같이, 재생건축은 최근 지속가능한 건축 패러다임 중 하나로 주목받고 있다. 이 개념은 생태주의와 시스템적 사고를 기반으로, 자연과 인간이 공생하고 공진화할 수 있는 방향으로의 전환을 추구한다는 점에서 다소 급진적으로 여겨질 수 있다. 그러나 재생건축은 지속가능한 건조환경을 실현하기 위한 방향성을 제시하며, 다양한 시스템 수준에서의 개입 가능성을 열어준다. 생태친화적, 자연모방적, 회복적, 재생적 접근을 통해 각기 다른 방식으로 건조환경의 지속가능성에 기여할 수 있다.

물론, 재생건축에 대한 비판적인 시각도 존재한다. 생태친화적 접근이나 자연모방적 접근이 재생적 접근에 비해 전체적인 시각을 충분히 제공하지 못할 수 있으며, 재생적 접근이 자연과 인간 시스템 모두에 긍정적인 영향을 줄 수 있음에도 불구하고, 모든 건축 프로젝트에 이를 적용하는 것은 현실적으로 쉽지 않다. 건축·건설산업의 이해관계자들 사이에서 아직 재생건축에 대한 인식이 부족하고, 지속가능한 건축을 지원하는 공공규제 역시 미비한 상황이다. 또한 새로운 모델에 투자해야 하는 기업에게는 경제적 부담이 크다는 점도 재생건축이 전면적으로 도입되기 어려운 장애물로 작용하고 있다.[45)]

그러나 2050년까지 탄소중립 목표를 달성하기 위해서는 점진적인 접근과 급진적인 혁신이 모두 요구된다. 정부는 건설산업정책과 규제를 재정비함으로써 지속가능한 건축을 점진적으로 지원할 수 있을 것이다. 예를 들어, 벨기에와 영국에서는 건설 폐기물의 추적 시스템을 구축하고, 자재은행과 여권의 사용을 권장하며, 건물의 해체와 재사용, 재활용을 고려한 설계를 의무화하고 있다.[46)]

보다 급진적인 시도는 비전 있는 기업과 개발회사들에 의해 주도될 가능성이 크다. 앞서 살펴본 베드제드, 파크 20/20, 플라야 비바와 같은 사례들은 모두 혁신적인 비전을 가진 클라이언트, 건축가, 그리고 개발 회사가 주도한 프로젝트였다. 이러한 새로운 시도들은 초기 단계에서 시간과 비용 투자가 요구될 수 있지만, 장기적으로는 기업의 경쟁력을 강화하고 더 나은 비즈니스 모델로 이어질 수 있다. 예를 들어, 파크 20/20 개발회사는 친환경 개발을 비즈니스 경쟁력의 핵심으로 설정하고, 지속가능성을 통해 장기적인 성공을 이끌어내고 있다.

마지막으로, 재생건축의 설계, 자재 및 시공기술, 그리고 실행 과정에 관한 심도있는 연구가 필요하다. 건물을 단순히 철거하는 것이 아니라 체계적으로 분해하여 자재를 회수하기 위해서는 철거방식의 혁신과 함께 회수된 자재의 유통을 지원할 수 있는 비즈니스 모델의 개발이 필수적이며, 이러한 변화를 지원하는 정책 역시 함께 마련되어야 한다.[47] 벨기에와 네덜란드에서는 다양한 이해관계자들이 리빙랩(living lab) 형식으로 협력하여 건설업계의 순환경제 전환을 위한 실험이 진행 중이다. 이러한 실험들은 정책적 권고와 실질적인 적용방안을 제시하는 데 중요한 역할을 하고 있다.[48] 즉, 재생건축의 성공적인 전환을 위해서는 정부의 정책적 지원, 비전을 가진 기업의 혁신적 시도, 그리고 학계와 실무 간의 긴밀한 협력적 개발이 이루어져야 한다. 이러한 통합적 접근이 지속가능한 건축환경을 실현하는 데 핵심 동력이 될 것이다.

참고문헌

서울특별시 도시계획국. (2020.12). 도시재생. 『알기쉬운 도시계획 용어집』.

Ajayabi, A., Chen, H. M., Zhou, K., Hopkinson, P., Wang, Y., & Lam, D. (2019). REBUILD: Regenerative buildings and construction systems for a circular economy. In *IOP conference series: earth and environmental science* (Vol.225, p.012015). IOP Publishing.

Architecture 2030. (n.d.a). Why the built environment? https://www.architecture2030.org/why-the-built-environment/

Architecture 2030. (n.d.b). The 2030 Challenges. https://www.architecture2030.org/the2030challenges/

Attia, S. (2018). *Regenerative and positive impact architecture: Learning from case studies*. Springer International Publishing, London, United Kingdom. pp.25-28.

Benne, B., & Mang, P. (2015). Working regeneratively across scales-Insights from nature applied to the built environment. *Journal of Cleaner Production*, 109: 42-52.

Bertini, V. (Feb. 12, 2020) Hassan Fathy (1900-1989). *Architectural Review*. https://www.architectural-review.com/essays/reputations/hassan-fathy-1900-1989

Biomimicry Institute. (n.d.). *What is biomimicry*. https://biomimicry.org/what-is-biomimicry/

Bioregional. (n.d.). One Planet Living. https://www.bioregional.com/one-planet-living

Burte, H. (Nov. 25, 2019). *Laurie Baker (1917-2007)*. https://www.architectural-review.com/essays/reputations/laurie-baker-1917-2007

Chance, T. (2009). Towards sustainable residential communities; the Beddington Zero Energy Development (BedZED) and beyond. *Environment and Urbanization*, 21(2): 527-544.

Cooper, E., & Pineo, H. (June 17, 2022). *Park 20/20*. https://healthyurbanism.net/park-2020/

Delta Development. (n.d.). *About us*. https://www.deltadevelopment.eu/en/over-ons/

Delta Development. (Nov. 2, 2017). Park 20/20 a circular success [video]. *Youtube*. https://www.youtube.com/watch?v=bY-ulGEIiN4

Dias, B. D. (2019). Regenerative development-building evolutive capacity for healthy living systems. *Management and Applications of Complex Systems*, 13(8): 315-323.

European Commission. (2019a). *Buildings as material banks: Integrating materials passports with reversible building design to optimise circular industrial value chains*. https://cordis.europa.eu/article/id/396059-dew-integrated-tools-help-the-building-sector-move-to-a-circular-economy

European Commission. (2019b). Materials Passports [video]. *Youtube*. https://youtu.be/9pB6axd7gQk?feature=shared

Giorgi, S., Lavagna, M., Wang, K., Osmani, M., Liu, G., & Campioli, A. (2022). Drivers and barriers towards circular economy in the building sector: Stakeholder interviews and analysis of five European countries policies and practices. *Journal of Cleaner Production*, 336: 130395.

Hart, J., Adams, K., Giesekam, J., Tingley, D. D., & Pomponi, F. (2019). Barriers and drivers in a circular economy: The case of the built environment. *Procedia Cirp*, 80: 619-624.

Hes, D. (2017). *Impact of community engagement on sustainability outcomes-there is no sustainability without community engagement*. Melbourne School of Government, Australia.

Leising, E., Quist, J., & Bocken, N. (2018). Circular Economy in the building sector: Three cases and a collaboration tool. *Journal of Cleaner Production*, 176: 976-989.

Mang, P., Reed, B. (2020). Regenerative Development and Design. In Loftness, V., & Haase, D. (eds.), *Sustainable Built Environments* (pp.

478-501). Springer, New York.

McDonough, W., & Braungart, M. (2003). Towards a sustaining architecture for the 21st century: the promise of cradle-to-cradle design. *Industry and Environment*, 26(2): 13-16.

Meadows, D. (1999). *Leverage points: Places to intervene in a system*. The Sustainability Institute.

Norouzi, M., Chàfer, M., Cabeza, L. F., Jiménez, L., & Boer, D. (2021). Circular economy in the building and construction sector: A scientific evolution analysis. *Journal of Building Engineering*, 44: 102704.

Passipedia. (Sep. 25, 2022). *What is a Passive House?* https://passipedia.org/basics/what_is_a_passive_house

Pawlyn, M. (May 6, 2016). How biomimicry can be applied to architecture. *Financial Times*.

Plaut, J. M., Dunbar, B., Wackerman, A., & Hodgin, S. (2012). Regenerative design: the LENSES Framework for buildings and communities. *Building Research & Information*, 40(1): 112-122.

Pursell, C. (2009). Sim Van Der Ryn and the Architecture of the Appropriate Technology Movement. *Australasian Journal of American Studies*, 17-30.

Slavin, T. (May 17, 2006). Living in a dream. *The Guardian*.

Svec, P., Berkebile, R., & Todd, J. A. (2012). REGEN: Toward a tool for regenerative thinking. *Building Research & Information*, 40(1): 81-94.

Totaro, R. (Dec. 16, 2022). What is biophilic architecture and how it works. *Domus*.

Webb, S. (May 1, 2023). Revisit: BedZED in Beddington, UK by ZEDfactory. *Architectural Review*.

Woodward, S. (n.d.). *Ronald Mace and his impact on universal design*. Center for Disability Rights. https://cdrnys.org/blog/advocacy/ronald-mace-and-his-impact-on-universal-design/

주

1) Architecture 2030, n.d.a.
2) Ghaffar et al., 2020; Norouzi et al., 2021에서 재인용: 1.
3) 서울특별시 도시계획국, 2020.12.
4) 재생건축 이론가들은 '재생건축'이라는 용어 대신 '재생개발(regenerative development)'이라는 용어를 선호한다. 이는 재생이 인간의 활동과 자연 시스템의 공진화(co-evolution)를 통해 전체 시스템의 가치를 향상시키는 발전적 과정이라는 철학에서 비롯된다. 재생개발은 장소를 단순히 물리적 요소들의 집합으로 보는 것이 아니라, 역동적으로 상호작용하는 에너지 시스템으로 인식하며, 인간 정착지가 자연의 역동적 에너지와 조화를 이루고 이를 통해 인간과 자연이 함께 발전하는 과정을 추구한다(Mang & Reed, 2012: 26). 그러나 이 장에서는 범위를 한정하여 '재생건축'이라는 용어를 사용하고자 한다.
5) 이 부분은 Attia(2018)의 일부 내용을 요약하여 구성(Attia, 2018: 25-28).
6) 경제학자 슈마허(E. Schumacher)는 그의 저서 『작은 것이 아름답다』에서 지역 중심의, 에너지 소비가 적고, 환경에 부정적 영향을 덜 미치는 '적정기술'의 중요성을 강조하였다(Pursell, 2009).
7) 메이스(R. Mace)는 유니버설 디자인을 나이, 능력, 상황에 관계없이 누구나 시각적으로 매력을 느끼고 쉽게 사용할 수 있도록 제품과 건물을 설계하는 것이라고 정의했다(Woodward, n.d.).
8) Burte, Nov. 25, 2019.
9) 파티(H. Fathy)는 이집트 출신 건축가로, 진흙과 같은 자연 재료를 사용하여 토속적이고 전통적인 건축을 추구했으며, 특히 가난한 사람들을 위한 건축 활동으로 알려져 있다(Bertini, Feb. 12, 2020).
10) 반 더 라인은 슈마허에 영향을 받아, 적정기술을 활용하고 생태계를 고려한 주거 설계를 실험했다(Pursell, 2009).
11) 패시브 하우스는 적정 가격으로 지어지면서도 편안하고, 생태적이며, 에너지 효율적인 주택을 의미한다. 패시브 하우스 건축은 단열과 환기에 초점을 둠으로써 일반 주택과 비교하여 냉난방 에너지를 약 80% 절감할 수 있는 것으로 알려져 있다(Passipedia, Sep. 25, 2022).
12) Deviren & Tabb, 2014; Attia, 2018에서 재인용: 9.
13) 던스터의 제로에너지 개발에 대한 이상은 후반부에서 논의할 BedZED 커뮤니티 건설로 구체화되었다.
14) Architecture 2030, n.d.b.
15) 자연모방은 자연에서 발견되는 전략을 활용하여 인간의 문제를 해결하는 접근법으로 정의된다(Biomimicry Institute, n.d.).
16) Attia, 2018: 9.
17) Mang & Reed, 2020: 479.

18) Hes & Du Plessis, 2014: 111.
19) du Plessis, 2012: 15.
20) Mang & Reed, 2012: 25.
21) Du Plessis, 2012: 17.
22) 이 원칙들은 1995년부터 재생건축의 이론적 및 기술적 발전에 중요한 역할을 해온 리제네시스 그룹(Regenesis Group)의 연구를 기반으로 하고 있다(Benne & Mang, 2015: 45-48).
23) Du Plessis, 2012: 18.
24) 레버리지 포인트란 복잡한 시스템에서 작은 변화가 큰 영향을 미칠 수 있는 지점을 의미한다(Meadows, 1999).
25) Svec et al., 2012.
26) Bioregional, n.d.
27) Plaut et al., 2012.
28) Totaro, Dec. 16, 2022.
29) Pawlyn, May 6, 2016.
30) Mang & Reed, 2020: 486-487.
31) Chance, 2009: 532-534.
32) Slavin, May 17, 2006.
33) Webb, May 1, 2023.
34) Cooper & Pineo, June 17, 2022.
35) McDonough & Braungart, 2003: 14.
36) European Commission, 2019a.
37) European Commission, 2019b.
38) Cooper & Pineo, June 17, 2022.
39) Leising et al., 2018: 980-981.
40) Delta Development, Nov. 2, 2017.
41) Cooper & Pineo, June 17, 2022.
42) Hes, 2017: 6.
43) Dias, 2019: 320-322.
44) Hes, 2017: 6-7.
45) Hart et al., 2019: 621-622.
46) Giorgi et al., 2022: 7-14.
47) 그 예시로, 영국의 오래된 건물에서 벽돌을 회수하는 기술 관련 연구가 있다(Ajayabi et al., Feb. 2019).
48) Giorgi et al., 2022: 14.

제10장

기후난제를 위한 정책디자인

1_기후난제와 정부 대응역량
2_난제 대응과 정책 '디자인'
3_정책을 위한 디자인 활용

제10장

기후난제를 위한 정책디자인

기후변화 문제에 대한 인식은 시간이 지남에 따라 크게 변화해 왔다. 초기에는 단순히 환경 문제로 이해되었으나, 점차 개발과 경제 문제로 논의의 범위가 확장되었고, 오늘날에는 정치·사회·문화적 요인이 얽혀 있는 '전환'의 문제로 인식되고 있다.[1] 여기서 '전환'이란 "형태, 구조, 혹은 의미 형성에서 물리적·질적 변화를 이루는 것" 또는 "가치체계, 법과 제도, 관료제, 금융시스템, 기술체계, 생태계 등을 포함한 시스템의 근본적인 속성을 변화시키는 것"으로 정의된다.[2] 이는 기후변화에 대응하기 위해 지금까지 우리가 살아온 삶의 방식과 사회구조를 근본적으로 재검토하고, 새로운 사회적 패러다임을 구상해야 함을 의미한다.

지속가능한 사회로의 전환은 때로는 치열하고 소모적인 갈등을 수반할 수 있지만, 필연적으로 거쳐야 하는 과정이다. 최근 네덜란드에서 가축 배설물에서 발생하는 질소산화물과 암모니아를 제한하는 신규 법안이 논란의 중심에 있으며, 이는 이러한 전환 과정의 대표적인 예로 볼 수 있다. 네덜란드 정부는 2030년까지 농축산업에서 발생하는 오염물질 배출량을 50% 감축하겠다는 목표를 세우고, 이를 달성하지 못할 경우 사업장을 폐쇄할 수 있다는 경고를 하면서 농장주들의 격렬한 반발과 시위를 촉발시켰다.[3] 이렇듯 전환은 다양한 이해관계자들이 안정적으로 유지하고 있는 기존 시스템을 뒤흔들 수 있기 때문에 갈등을 유발할 가능성이 크다. 이와 더불어 정부가 전환 과정에 산재한 갈등의 문제들, 즉 난제들을 다룰 수 있는 충분한 역량을 갖추고 있는가에 대한 우려도 제기되고 있다.

1 기후난제와 정부 대응역량

1) 난제의 이해

'난제(wicked problem)'라는 개념은 1973년 리텔(H. Rittel)과 웨버(M. Webber)에 의해 처음 제안된 것으로 알려져 있다.

이들은 현대 사회의 정책문제 대부분이 '명확하게 정의되지 않는(ill-defined)' 특성을 가지고 있으며, 이를 합리적이고 체계적인 방식으로 정의하거나 분석하고 해결하는 것이 불가능하다고 주장했다. 이들은 이러한 문제들을 난제로 규정하며, 이를 다음과 같은 특성으로 설명하였다.[4]

① 난제가 어떻게 형성되었는지에 대한 명확한 설명이 존재하지 않는다(no definitive formulation).

② 난제를 종료하는 명확한 규칙이 없다(no stopping rule).

③ 난제에 대한 해결책은 맞거나 틀린 것(true-or-false)이 아니라 좋거나 나쁜 것(good-or-bad)으로 평가된다.

④ 난제의 해결책을 즉시 또는 궁극적으로 검증할(test) 방법은 없다.

⑤ 난제에 대한 해결책은 '일회성 작업(one shot operation)'으로, 시행착오를 통해 학습할 기회가 없기 때문에 모든 시도는 중요한 의미를 가진다.

⑥ 난제에는 열거할 수 있는 완벽한 해결책 세트가 존재하지 않으며, 명확히 논리적으로 설명할 수 있는 작업 계획도 존재하지 않는다.

⑦ 모든 난제는 본질적으로 독특하며, 동일한 특성을 공유하더라도, 각각은 독자적인 특수성을 가진다.

⑧ 모든 난제는 다른 문제의 증상(symptom)으로 간주될 수 있다.

⑨ 난제에 대한 불일치(discrepancy)는 다양한 방식으로 설명될 수 있으며, 이를 어떻게 설명하느냐에 따라 해결책의 방향이 결정된다.

⑩ 잘못된 해결책이 심각한 결과를 초래할 수 있기 때문에 난제를 다루는 기획자(planner)는 실수할 권리를 갖지 않는다.[5)]

리텔과 웨버의 논의는 환경 및 자원정책을 포함한 많은 정책이 원래 의도했던 목적을 달성하지 못하고, 예기치 않은 결과로 이어지는 이유를 이해하는 데 도움을 준다.[6)] 이후 여러 학자들이 이들의 논의를 바탕으로 난제의 개념을 발전시켰으며, 특히 정책 연구에서는 문제의 성격에 따라 다양한 해결책이 필요하다는 점에서 '문제 정의' 단계의 중요성을 강조해 왔다.[7)] 예를 들어, 하이페츠(R. Heifetz)는 정책 문제를 세 가지 유형으로 구분하였다. 첫 번째 유형은 문제의 성격과 해결책에 대해 이해관계자들 간에 합의가 이루어진 문제로, 전문가와 정책입안자의 노력으로 해결이 가능하다. 두 번째 유형은 문제의 성격은 정의되었지만 해결책에 대한 불확실성이 존재하는 경우로, 이때 전문가들은 이해관계자들과 협력하여 응급 조치와 실용적인 대안을 시도함과 동시에 집단학습을 통해 지속가능한 해결책을 모색해야 한다. 세 번째 유형은 문제의 성격과 해결책 모두 불확실한 경우로, 이러한 상황에서는 불확실성을 줄이기 위해 전문가와 이해관계자 간의 지속적인 토론과 피드백을 통해 점진적이고 적응적인 방식으로 문제 상황을 개선해 나가야 한다.8)

최근 난제에 대한 이해는 보다 정교해졌으며, 알포드와 헤드(Alford & Head, 2017)는 난제를 문제의 성격과 이해관계자의 특성에 따라 아홉 가지 유형으로 구분하였다. [그림 10-1]에서 세로축은 문제의 난해한 정도(intractability)를 나타내며, 가로축은 문제와 관련된 이해관계자, 즉 문제 해결에 영향을 미치는 주체들을 나타낸다.9) 이러한 구분은 난제의 복잡성과 다양성을 반영하며, 총 아홉 개의 난제 유형을 범주화할 수 있다. 이러한 유형 구분은 난제의 성격이 다층적이고 복합적인 특성을 지니기 때문에, 각 난제에 적합한 해결 전략과 접근법이 다를 수 있음을 보여준다.

기후변화의 문제는 기존의 난제 유형 중에서도 특히 더 난해한 문제로 인식된다. 레빈 외(Levin et al., 2012)는 기후변화 문제가 리텔과 웨버(Rittel & Webber)가 정의한 특성 외에도 추가적인 네 가지 독특한 특징을 지님으로써 더 심각한 "슈퍼 난제(super wicked problem)"가 되었다고 주장한다. 첫째, 기후변화 문제는 시간이 부족하다는 점에서 다른 사회 문제와 구별된다. 일반적인 문제는 실패 후에도 재시도할 기회가 있지만, 기후변화는 현재의 과학적 증거를 고려할 때, 탄소배출 중심

그림 10-1 난제의 유형들

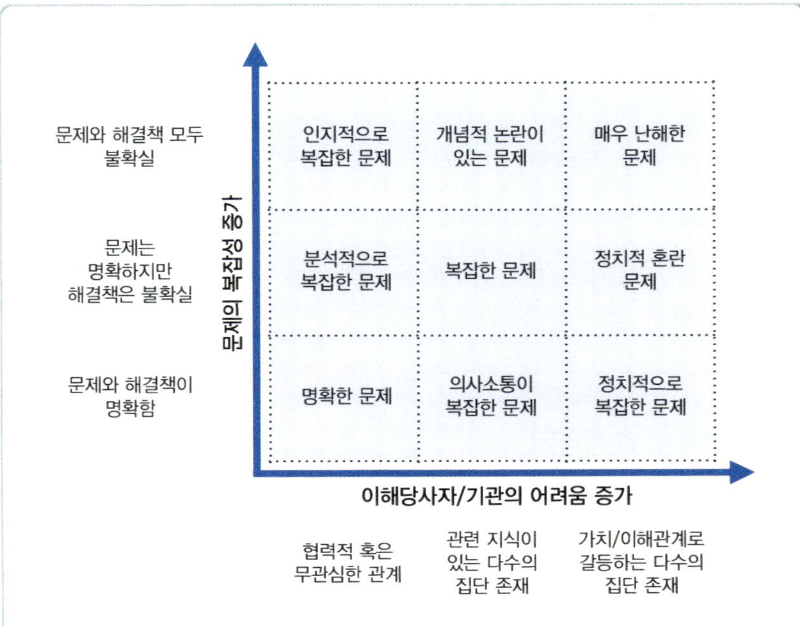

출처: Alford & Head(2017).

의 경로에서 벗어날 수 있는 단 한 번의 기회만 허용된다는 것이다. 둘째, 문제를 종합적으로 조율할 수 있는 중앙 기획가의 부재는 기후변화 문제를 더욱 복잡하게 만든다. 기후변화 대응은 국가 간의 협력만으로는 해결되지 않으며, 각 경제부문 및 여러 정책수준에서의 조정이 필요하다. 즉, 여러 국가와 경제부문, 다양한 정책체계 간의 협력이 요구되지만 이를 조정할 최고 권위자가 없다는 점에서 문제가 발생한다. 셋째, 기후변화를 해결하려는 사람들이 동시에 그 문제를 야기하는 주체라는 점도 독특하다. 일반적인 환경 문제는 명확한 가해자가 존재하지만, 기후변화 문제는 우리 모두가 일상 속에서 그 문제의 일부를 형성하고 있다. 예를 들어, 많은 사람들이 기후변화의 심각성을 인지하면서도 여전히 화석연료 차량을 운전하고, 일상적으로 탄소배출을 유발하는 행동을 지속한다. 미국의 경우, 전체 탄소배출량의 약 17%는 주택에서, 20%는 승용차에서 발생한다는 통계가 이러한 문제를 단적으로 보여준다. 넷째, 정책결정 과정에서 단기적 이익에 대한 편향성이 문제를 더욱 심화시킨다. 대중과 정책결정자 모두 기후변화의 장기적인 심각성보다는 단기적인 이익에 우선순위를 두는 경향이 있으며, 이러한 점이 기후변화 대응을 저해하는 주요 요인으로 작용하고 있다.[10]

2) 난제의 대응방식

앞서 언급했듯이, 정책과정에서 문제 정의가 중요한 이유는 적절한 대응책을 찾는 데 방향을 제시하기 때문이다. 그러나 정부조직이 난제를 다룰 때, 이러한 절차에 따라 대응하거나 정책개입을 시도한 경우는 흔치 않았다.[11] 헤드(Head, 2022)는 정부가 난제에 대응하는 방식을 일곱 가지 유형으로 구분하여 설명한다.

첫 번째 유형은 문제 회피(problem avoidance)이다. 이는 난제를 인정하지 않거나 그 심각성을 부정하는 방식으로, 특히 정치인들이 당파적 이익이나 개인적 이해관계를 우선시하며, 문제를 직면하지 않을 때 흔히 발생한다. 표면적으로는 조치를 취하는 것처럼 보이지만, 실제로는 근본적인 문제를 다루지 않는 플라시보 정책이 실행되기도 한다.[12]

두 번째 유형은 권위적 강요(authoritative imposition)로, 정치인들이 난제를 기회로 삼아 자신들이 문제에 대한 해결책을 가지고 있음을 과시하려는 방식이다. 이 접근은 국가안보나 재난과 같은 긴급한 상황에서 신속한 대응을 위해 자주 사용되지만, 과거의 교훈이나 실행 가능성은 종종 간과된다.

세 번째 유형은 미시적 관리(micro-management)로, 난제를 전체 시스템 차원이 아닌 관리 가능한 작은 단위로 세분화하여 접근하는 방식이다. 그러나 난제는 서로 밀접하게 연결되어 있으며, 한 시스템에서 발생한 문제가 다른 시스템에도 영향을 미치거나 그 특성과 얽혀 있기 때문에 문제를 분리해서 해결하려는 방식은 적절하지 않을 수 있다.

네 번째 유형은 과학 기반 테크노크라시(science-based technocracy)로, 난제를 과학적 근거와 논리에 기반해 해결하려는 시도이다. 이 접근은 증거 기반 정책(evidence-based policy)의 개념과 함께 발전해 왔지만, 난제는 기술적 해결만으로는 충분하지 않으며, 정치적 개입 또한 필요하다.

다섯 번째 유형은 점진적 발전(incremental muddling through)이다. 이는 다수의 이해관계자가 조정과 협력을 통해 점진적으로 문제를 해결해 나가는 방식으로, 찰스 린드블롬(Charles Lindblom)의 '점증주의 모형'에 기반하고 있다. 이 방식은 복잡한 문제를 조금씩 해결하려는 시도로, 현실적이고 실용적인 대응방안으로 평가된다.

여섯 번째 유형은 협력적 대화(collaborative dialogue)로, 다양한 이해관계자들이 참여하여 문제에 대한 이해를 넓히고, 새로운 아이디어와 해결방안을 모색하는 방식이다. 이 방식은 다양한 관점을 수용할 수 있다는 장점이 있으나, 시간이 많이 소요되며 모든 이해관계자를 만족시키는 결과를 도출하기 어려울 수 있다.

일곱 번째 유형은 장기적 대처 및 예방 전략(long-term coping and prevention strategies)으로, 장기적인 시각에서 시스템적 변화를 도모하며 예방과 회복 전략을 통해 난제를 다루는 방식이다. 교육이나 조기 개입 프로그램과 같은 예방적 접근은 사후 대응보다 더 효과적이고 경제적이라는 평가를 받는다.

헤드(Head, 2022)는 이러한 일곱 가지 대응방식이 단독으로 사용되기보다는 정책집행 과정에 혼합적으로 활용된다고 설명한다. 단기적 대응은 정치적 리더들이 대중에게 일시적인 성과를 제공할 수는 있으나, 문제의 근본을 해결하지 못할 경우 더 큰 문제를 초래할 수 있다. 따라서 난제를 효과적으로 다루기 위해서는 적응적 관리(adaptive management)와 학습 기반 접근, 포용적인 토론 등을 통해 예방, 대처, 회복 탄력성을 강화하는 전략이 필요하다.[13] 특히, 기후변화와 같은 난제는 궁극적으로 완전히 해결될 수 있는 문제가 아니기에, 변화하는 상황에 맞춰 끊임없이 적응하고 관리해나가는 방식으로 다루어야 한다.

3) 난제 대응과 정부 역량

그렇다면, 우리 정부는 난제에 어떻게 대응하고 있는가? 문명재(2021)는 한국 정부가 최근의 대표적 난제인 코로나19 팬데믹에 대해 비교적 신속하게 대응하였고, 국민과 투명하게 소통했으며, 디지털 기술을 활용해 효율적으로 대처했다고 평가한다. 그러나 그는 이러한 성과에도 불구하고, 한국 정부의 일하는 방식이 난제 대응에 적합하도록 변화해야 한다고 지적한다.[14] 많은 학자들은 정책 난제를 다루는 과정에서 협력의 중요성을 강조한다. 정부와 시민사회의 다양한 이해관계자들이 협력함으로써 단기간에 해결하기 어려운 난제에 대해 심층적인 이해와 장기적 관점의 대응책을 마련할 수 있으며, 공동의 주인의식(ownership)을 가지고 대처할 수 있다.[15] 쇠렌센과 토르핀(Sørensen & Torfing, 2017)은 특히, 정부가 이러한 이해관계자 네트워크를 효과적으로 관리할 수 있는 메타 거버넌스 역량을 기르는 것이 중요하다고 강조했다.[16]

헤드와 알포드(Head & Alford, 2015)는 난제 해결을 위한 협력적 정부를 구현하기 위해서는 정부조직이 새로운 사고방식과 리더십 역할을 수용해야 하며, 조직과 시스템 전반에 걸친 구조적 변화와 혁신적인 운영체계가 필요하다고 주장한다. 공직자들은 난제를 다양한 관점에서 해석하고 '프레임'하는 능력을 갖추어야 하며, 시스템적 사고와 복잡계 이론에 대한 이해를 통해 문제의 근본적인 맥락을 파악할 수 있어야 한다. 또한 난제 상황에서는 전통적인 권위적 리더십보다는 네트워크를 동원하고 이해관계자들과 협력할 수 있는 협력적 리더십이 더욱 중요하다. 조직과 시스템 측면에서도 이러한 변화는 새로운 업무방식을 지원하기 위한 재정 시스템, 성과측정 및 평가체계, 그리고 인적자원 관리체계의 개편을 요구한다.[17)]

즉, 정부가 기후변화와 같은 시대적 난제에 효과적으로 대응하기 위해서는 기존의 관행에서 벗어나 새로운 협력적 업무수행방식을 적극적으로 채택해야 한다. 이는 공직자 개인의 태도 변화뿐만 아니라, 조직 전반의 구조적 혁신을 필요로 하는 과제이다.

2 난제 대응과 정책 '디자인'

정책 난제를 해결하는 데에는 여러 가지 방법론이 존재하지만, 최근 주목받는 접근법 중 하나는 바로 '디자인' 개념의 활용이다. 특히, 정책 문제에 대한 디자인적 접근을 '정책을 위한 디자인(design for policy)'이라는 개념으로 지칭하며, 정부와 공공영역에서 효과적인 접근법으로 부각되고 있다.

1) 정책을 위한 디자인

공공정책과 디자인이라는 두 개념은 다소 이질적으로 보일 수 있으나, 정책의 맥락에서 '디자인'의 활용은 새로운 것이 아니다. 정책디자인 혹은 정책설계라는 개념은 1950년대에 등장한 이후 여러 차례 주목을 받았다가 다시 관심에서 멀어지기를 반복해왔다. 이러한 부침은 합리적-도구적 논리(rational-instrumental logic)에 대한 비판과 방어, 그리고 정부 중심의 전통적 정책관리 체제를 대체하려는 새로운 거버넌스 방식의 부상과 맥을 같이한다.

오늘날 주목받고 있는 두 번째 형태의 정책디자인은 '디자인 사고(design thinking)'로 불리며, 기존의 정책제도와 관행을 재검토하고 새로운 시각에서 의문을 제기하는 도구로 자리잡아가고 있다.[18]

과거 정책디자인은 주로 경험적 지식과 이성을 바탕으로 최적의 정책 수단을 찾아 나가는 합리적 문제 해결 과정으로 이해되었다.[19] 라스웰(H. Lasswell)이 1950년대에 정책을 일련의 과정으로 설명한 이후, 정책학자들은 정책목표를 달성하기 위한 최적의 수단을 선택하는 데 주목해왔다.[20] 이러한 맥락에서 '디자인'은 정책목표를 실현하기 위한 논리적이고 합리적인 문제 해결 과정으로 간주될 수 있으며, 이는 사이먼(H. Simon)의 "기존의 상황을 선호하는(preferred) 방향으로 변화시키기 위한 계획"이라는 정의에서도 잘 나타난다.[21]

반면, 현대의 정책과정은 정부 중심의 일방적인 의사결정에서 벗어나 정부, NGO, 시민사회 등 다양한 이해관계자들이 협력하는 거버넌스의 과정으로 볼 수 있다.[22]

이러한 변화에 따라 오늘날 정책디자인은 문제를 정의하고 이를 해결하기 위한 단선적이고 선형적인 과정이 아니라, 문제에 대한 이해를 바탕으로 잠정적 해결책을 제안하고, 이를 테스트하며 학습과 피드백을 통해 점진적으로 개선해가는 성찰적이고 반복적인 과정으로 이해되고 있다.[23] 즉, 정책설계 과정은 다양한 이해관계자들이 함께 참여해 그림, 토론, 프레젠테이션 등 시각적이고, 상호작용적인 방식을 활용하여 문제와 해결책에 대해 의미를 형성하는 사회적 과정이다.[24] 따라서 정책설계는 더 이상 전문가들만의 전유물이 아니며, 이해관계자들이 주체적으로 참여하여 문제를 해결하는 보편적인 역량으로 자리잡고 있다.[25]

오늘날의 정책맥락에서 논의되는 정책디자인은 과거의 제한적 합리성에 기반한 '정책설계(design of policy)'와는 달리, 정책과정에서 디자인 방법론을 활용해 다양한 이해관계자들과 함께 문제를 탐구하고 의미를 구성하는 '정책을 위한 디자인(design for policy)'으로 발전하고 있다.[26] 따라서 이러한 변화는 정책 디자이너의 개념 또한 확장시켰다. 이제 '정책 디자이너'는 정책입안자뿐만 아니라 다양한 이해관계자들을 포함하는 포괄적 개념으로 이해되며, 정책설계 과정에 참여하는 모두에게 디자인 역량의 중요성이 강조되고 있다.

현재 디자인은 정책담당자들에게 유용한 정책도구로 자리잡고 있으며, 전 세계적으로 디자인 방법론을 활용하는 정책랩 혹은 공공부문 혁신랩(public sector innovation labs)이 중앙 및 지방정부를 포함해 100곳 이상 운영되고 있는 것으로 보고되고 있다.[27] 이러한 혁신랩은 디자인을 통해 정책과정에서 새로운 문제 해결방식을 제안하고, 공공서비스를 개선하며, 협력적 거버넌스를 촉진하는 데 기여하고 있다.

2) 정책을 위한 디자인의 가치

'정책을 위한 디자인'이 공공영역에서 가지는 가치는 특히 난제(wicked problem)의 이해와 대응책 모색의 과정에서 두드러지게 나타난다. 이하에서는 실증연구를 중심으로 지속가능한 사회로의 전환에서 디자인 실천의 가치를 살펴보고자 한다.

(1) 난제의 이해와 대응책 탐색의 도구

앞서 언급했듯이 전통적으로 정책과정은 합리적이고 선형적인 경로를 따라 문제를 정의하고, 대안을 분석하며, 해결책을 개발하는 과정으로 묘사된다.[28] 이러한 방식은 상대적으로 단순하고 예측 가능한 문제, 즉 소위 '길들여진(tame)' 문제 해결에 적합할 수 있지만, 난제와 같이 복잡한 문제를 해결하기에는 한계가 있다는 지적이 제기되어 왔다. 이에 반해 디자인 방법론은 실험적이고 사용자 중심적이며, 참여적인 방식으로 난제 해결에 새로운 가능성을 제시한다.[29] 특히, 기존의 가정에 기반한 분석이 아니라, 다양한 이해관계자들과의 협력을 통해 문제를 잠정적으로 정의하고, 경제적이고 신속한 방식으로 대응책을 실험하며, 그 과정에서 학습을 통해 더 나은 해결책을 모색하는 과정이다. 이와 같은 과정을 '디자인의 귀추적 추론(abductive reasoning)' 혹은 문제의 '프레이밍'이라고 부른다.[30]

호주 사회혁신센터(The Australian Centre for Social Innovation: TACSI)는 이러한 디자인적 접근의 대표적인 사례이다. 2013년 빅토리아주 보건부(Victorian Department of Health: VicHealth)는 TACSI와 협력하여 기존의 보조금 지원방식이 아닌 새로운 접근법을 통해 빅토리아주 내에서 과일과 채소의 공급 및 접근성을 개선하고자 했다. VicHealth는 이 이니셔티브가 성공하기 위해서는 이미 서비스를 제공하고 있는 NGO와 기업들 사이에서 혁신을 촉진할 방법을 찾아야 한다고 판단했다. TACSI와의 협력을 통해 VicHealth는 새로운 잠재적 공급자들과 접촉할 수 있었으며, 민족지학적(ethnographic) 접근법을 활용하여 신선 농산물 유통업자, 연구자, 사회적 기업가 등 이해관계자로부터 조언을 얻을 수 있었다. 이렇게 수집된 증거와 데이터는 시민들의 잘못된 식품 선택과 예방 가능한 질병 사이에 직접적인 연관성이 있음을 보여주었다. 그러나 문제의 핵심은 시민들에게 건강한 식품 선택에 관한 메시지가 제대로 전달되지 않고 있다는 점이었다. 이 프로젝트에서 TACSI는 다양한 이해관계자의 의견을 조사하고, 사용자 중심의 디자인 접근법을 통해 건강한 식품 접근성에 대한 기본적인 가정들을 검증하며, 이를 극복하기 위한 새로운 전략을 식별할 수 있었다.[31]

최근에는 디자인 방법론과 시스템 사고를 결합한 '시스테믹 디자인(systemic design)'이 난제 해결에 효과적인 방법론으로 주목받고 있다.[32] 시스테믹 디자인은 여러 이해관계자가 얽혀 있는 복잡한 문제를 인간 중심의 접근으로 다루고자 한다.[33] 세발드손(Sevaldson, 2022)은 난제를 해결하는 데 있어 검증되고, 효율적이며, 가장 혁신적인 방식이 시스테믹 디자인이라고 주장한다.[34] 그러나 이러한 주장에 대해 시스템 학자들이 모두 동의하는 것은 아니며, 방법론의 효과성과 범위에 대한 논의는 지속되고 있다.

(2) 정책 의사결정 과정 지원

정책과정에서 디자인 접근법은 프로토타이핑을 통해 문제 상황에서 대응책이 기대한 효과를 발휘할 수 있는지를 경제적이고 신속하게 검증할 수 있는 유용한 도구로 평가받고 있다. 프로토타이핑은 디자인 과

정의 핵심적인 요소로서, 제품, 서비스 또는 정책 아이디어의 초기 버전을 만들어 이를 테스트하고, 그 결과를 학습하여 수정하는 반복적 과정이다.[35] 프로토타이핑의 장점은 전통적인 정책과정에서 사용되는 '파일럿' 방식보다 소규모로, 더 빠르고 더 저렴하게 정책 아이디어를 검증할 수 있다는 장점이 있다.[36] 또한 프로토타이핑 과정은 시민과 이해관계자들의 적극적인 참여 속에서 이루어지므로, 증거(evidence) 기반의 정책을 만드는 데 기여할 수 있다.

크리스티안센과 분트(Christiansen & Bunt, 2012)는 덴마크의 '마인드랩(MindLab)'의 사례를 통해 이러한 과정을 설명하고 있다. 덴마크 조세 및 관세청(Danish Tax and Customs Administration: DTCA)은 18세에서 30세 사이의 청년들이 온라인 세무 서비스를 이용하지 않는 문제를 해결하기 위해 마인드랩과 협력하였다. 불필요한 규제와 공공행정 절차 간소화를 위해 사용자 인터뷰, 서비스 여정(service journey), 프로토타이핑과 같은 디자인 접근법을 활용하여 커뮤니케이션 채널 및 공공서비스에 대한 시민의 경험을 조사하였다. 이 과정에서 수집된 증거는 시민들의 "생생하고 구체적인(vivid and illustrative)" 경험을 전달하는 오디오 클립과 라디오 몽타주를 통해 정책담당자들에게 공유되었다. 그 결과, 정책담당자들은 시민들의 일상적 경험을 통해 새로운 형태의 '지식'을 얻었으며, 이러한 이해는 문제 해결에 있어 중요한 기반이 되었다.[37] 결론적으로, 프로토타이핑과 같은 디자인 방법론은 정책 의사결정 과정에서 문제를 심층적으로 이해하고, 다양한 이해관계자들과 효과적인 해결책을 모색하는 데 유용한 도구로 사용될 수 있다.

디자인 접근법은 또한 난제와 관련된 복잡한 데이터를 '시각화'함으로써 정책 의사결정 과정을 효과적으로 지원할 수 있다. 보에나트(Boehnert, 2016)는 시각화를 통해 다양한 관점의 이해관계자들이 어떻게 연결되어 있는지를 파악할 수 있으며, 이를 통해 문제에 새로운 방식으로 접근할 수 있는 레버리지 포인트(leverage point)를 찾는 데 기여할 수 있다고 주장한다. 그 예로, 저자는 Climaps 프로젝트를 제시한다. 이 프로젝트는 1995년부터 2013년까지 열린 유엔기후변화협약 당사국총회(COPs)에서 논의된 기후 이슈들을 시각화한 사례로 기후변화와 관련된 논의의 흐름과 변화를 한눈에 파악할 수 있도록 했다.[38)]

시각화 기법 중 하나인 담론 맵핑(discourse mapping)은 동일한 문제에 대한 다양한 관점을 보여줌으로써, 문제를 다각도로 검토할 수 있는 기회를 제공한다. 메도우스(Meadows, 1999)가 시스템 변화를 촉진할 수 있는 레버리지 포인트의 계층구조를 설명한 바와 같이, 보에나트는 담론 맵핑과 같은 시각화 도구가 이데올로기, 시스템 구조, 패러다임 수준에서 분석을 가능하게 한다고 강조한다. 이러한 도구는 복잡한 정책 문제를 보다 체계적이고 정교하게 이해할 수 있는 기회를 제공하며,

그림 10-2 시각화를 통해 기후변화 문제의 복잡성 파악하기

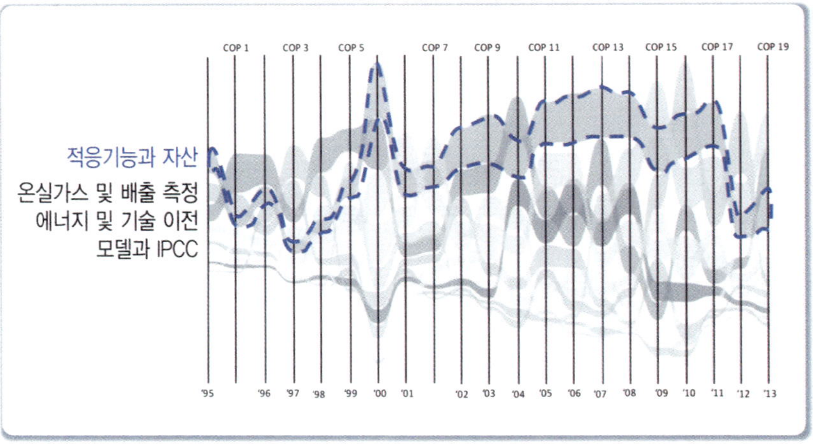

출처: Climaps. http://climaps.eu

정책결정자들에게 새로운 전략적 방향성을 제시하는 데 유용하다.

(3) 지속가능한 미래 디자인

이 장의 서두에서 언급했듯이, 지속가능한 사회로의 전환은 기존의 사회체계와는 근본적으로 다른 새로운 미래를 구상하는 과정이다. 그렇다면 이러한 새로운 미래를 정부, 정치인, 전문가들에게만 맡겨둘 수 있을까? 인류를 포함한 지구상의 모든 생명체가 함께 행복할 수 있는 미래를 설계하기 위해서는 다수가 참여하는 포용적이고 창의적이며 다학제적인 접근이 필수적이다. 이 과정에서 디자인 방법론은 다양한 분야의 이해관계자들과 함께 새로운 미래를 상상하고 이를 구체적인 결과물로 구현할 수 있는 도구로 사용될 수 있다. 체클레베스 외(Tsekleves et al., 2020)는 정책의 미래를 상상하는 구체적인 방법론이 부재한 상황에서, 사변적 디자인(speculative design)과 같은 창의적 접근법이 시민과 함께 정책의 미래를 구상할 수 있는 유용한 도구가 될 수 있다고 주장한다. 사변적 디자인은 '만약(what if)'이라는 질문을 바탕으로 현실적이고 구체적인 결과물을 통해 미래를 경험하게 하는 디자인 접근법이다. 이 접근법의 목적은 미래를 예측하거나 결정짓는 데 있지 않다. 대신, 새로운 상상을 촉진하고 이를 바탕으로 풍부한 논의를 발전시키는 데 초점을 맞춘다.39)

지속가능한 미래를 위한 계획에 사변적 디자인을 활용한 대표적인 사례로는 유럽연합의 환경정책 '그린딜(Green Deal)'의 핵심 정신을 반영한 '뉴 유러피안 바우하우스(New European Bauhaus: NEB)' 이니셔티브를 들 수 있다. 유럽연합은 NEB를 "우리 삶의 공간과 경험에 그린딜을 연결하기 위한" 창의적이고 다학제적인 이니셔티브로 소개하고 있다.40)

바우하우스는 제1차 세계대전 이후의 물리적 파괴와 사회적 격변에 대응하기 위해 독일 바이마르에 설립된 예술 및 디자인 학교이다. 바우하우스의 교육 철학은 창의적 실험을 강조하며 예술, 장인, 산업 간의 경계를 허물고, 엘리트 중심에서 벗어나 시민사회로 자원을 확장함으로써 사회적 변화를 촉진하는 역할을 수행했다.[41] 오늘날 NEB는 이러한 바우하우스 정신을 계승하여 지속가능성, 미학, 포용이라는 세 가지 가치를 중심으로 시민, 전문가, 기업 및 다양한 기관들과 협력하여 지속가능한 삶을 실현하기 위해 노력하고 있다.[42]

NEB는 2020년 처음 논의되었으며, 현재 유럽연합 각 지역에서 새로운 전환사회를 지향하는 다양한 프로젝트들이 진행 중이다. 이러한 프로젝트에는 지역사회를 위한 댄스 페스티벌, 순환경제를 기반으로 지어진 건축물, 지역주민과 함께하는 혁신 씽크탱크, 오래된 문화유산 보존 프로젝트 등 다양한 주제가 포함된다. NEB 이니셔티브의 궁극적인 목표는 전 세계 약 100억 명 인구가 지속가능하고 미학적이며 포용적인 방식으로 살아갈 수 있는 비전을 개발하는 데 있다.[43] 결론적으로, 사변적 디자인과 같은 방법론은 다수의 시민과 이해관계자들이 참여하는 과정에서 새로운 사회적 비전을 제시하고, 지속가능한 미래를 형성하는 데 중요한 역할을 할 수 있다.

(4) 협력적, 포용적 정부로의 변화에 기여

정책을 위한 디자인은 시민사회의 다양한 이해관계자들이 적극적으로 참여하는 과정을 기반으로 이루어지며, 이러한 과정에는 여러 형태의 시민참여가 포함된다. 융잉거(Junginger, 2017)는 이를 세 가지 유형으로 구분하였다. 첫째, 정부가 시민을 위해 디자인하는 “Design for Citizens”, 둘째, 정부와 시민이 함께 디자인하는 “Design with Citizens”,

그리고 셋째, 시민이 주도적으로 디자인에 참여하는 “Design by Citizens”이다. 그는 특히, 디자인 과정에서 시민의 참여도가 높아질수록 정부의 업무방식에 대한 비판적 성찰이 가능해지며, 이는 정부 변화를 촉진할 수 있다고 주장하였다. 그는 “시민이 제안하는 변화를 조직이 수용하고 이를 실행할 의지가 있을 때, 조직 변화에 있어 큰 잠재력이 발현될 수 있다”고 강조했다.[44] 이러한 정부 변화는 단순히 실험적이거나 창의적인 정부로의 전환에 그치지 않고, 시민사회와의 효과적인 협력을 기반으로 한 협력적 정부로의 전환도 포함된다.

김(Kim, 2023)은 다년간 디자인 방법론을 실행해 온 지방정부 사례를 통해, 시민들의 요구에 부응하기 위해 공공서비스 모델이 어떻게 변화할 수 있는지를 보여준다. 예를 들어, 공공서비스를 디자인하기 위해 기존 부서의 기능을 통합하여 새로운 부서를 신설하거나 지역의 이해관계자들과 협력하여 공공서비스를 공동으로 설계하고 제공하는 방식이 제시되었다. 이와 같이 디자인 접근법은 정부가 시민사회와의 관계를 재정립하고, 신공공거버넌스(New Public Governance) 체제로의 구조적 변화를 지향하는 데 기여한다.[45]

또한 콜과 하겐(Cole & Hagen, 2023)은 캐나다 밴쿠버시와 뉴질랜드 오클랜드시의 정책랩 사례를 통해, 디자인 접근법이 조직의 문화적 가치와 신념에 중요한 영향을 미칠 수 있음을 강조하였다. 오클랜드시의 정책랩은 초기에는 디자인 접근법을 통해 원주민 거주지역의 불평등 문제를 다루고자 하였으나, 서구적 개념에 기반한 디자인 방식이 여전히 식민지적 사고를 반영하고 있음을 인지하게 되었다. 이에 따라 원주민들과 권력을 공유하고, 지역사회의 혁신 역량을 강화하기 위한 공동디자인(Co-Design) 방식을 채택하였다. 이는 원주민의 관점에서 권력균형을 재조정하려는 노력이었다. 구체적으로 공동 리더십 모델을 도입하고 원주민의 문화적 관점을 반영한 사회적 혁신 실천을 통해 조직 문화를 변화시키며, 보다 포용적인 조직구조를 구축하였다.[46)]

또한 산조르지(Sangiorgi, 2015)는 영국 정부 사례를 언급하면서, 전문 디자이너들이 시민사회의 다양한 이해관계자들과 협력하여 프로젝트를 추진함으로써, 궁극적으로 영국 정부가 네트워크 거버넌스로 전환하는 데 기여했다고 주장한다. 그는 이 과정에서 디자인 접근법이 단순히 문제 해결도구로서의 역할을 넘어서, 협력과 포용을 통해 정부조직의 변화와 혁신을 촉진하는 데 핵심적인 역할을 했다고 설명한다.[47)]

결론적으로, 오늘날 '정책을 위한 디자인'은 지속가능한 사회로의 전환 과정에서 난제를 이해하고 창의적인 해결책을 모색하며, 정책 의사결정 과정을 지원하는 동시에 지속가능한 미래를 상상하고, 이를 구체화하는 데 기여한다. 또한 시민사회의 다양한 이해관계자들과 정책을 공동으로 설계함으로써, 협력적이고 포용적인 정부로의 변화를 촉진하는 중요한 도구로 자리잡고 있다.

3 정책을 위한 디자인 활용

'정책을 위한 디자인'이 지속가능한 사회로의 전환에 기여할 수 있다는 점을 고려할 때, 정부기관에 디자인 방법론을 도입하는 것은 효과적인 선택이 될 수 있다. 그러나 디자인 방법론은 정부기관의 전통적인 업무방식과 본질적으로 다른 특성을 가지며, 이러한 차이로 인해 쉽게 수용되지 않는 경향이 있다. 특히, 정책랩(Policy Lab)의 디자인 실천은 기존의 지식과 정보를 근본적으로 재검토하며, 이를 사회적, 경험적,

맥락적 차원에서 새롭게 재구성하려고 한다. 이러한 접근방식이 새로운 문제 이해와 해결방안 도출의 가능성은 있지만, 동시에 전통적인 정치제도와의 요구나 기대와 충돌할 가능성도 있다. 따라서 디자인 방법론의 적용 가능성은 해당 정부조직의 문화적 특성과 인식론적 요인에 크게 좌우된다.48)

정부조직이 디자인 자원을 효과적으로 활용할 수 있는 능력, 즉 디자인 성숙도에 관한 논의에서 자주 언급되는 모델 중 하나는 영국 디자인 카운슬(Design Council)49)이 제시한 '공공영역 디자인 사다리(public sector design ladder)'이다. 이 모델은 정부조직의 디자인 역량을 세 단계로 구분하며, 단계가 높아질수록 디자인 역량이 더 성숙한 조직을 나타낸다. 첫 번째 단계의 정부조직은 디자인 방법론을 일회적으로 실험하는 수준이다. 이 과정에서 디자인의 잠재적 가치를 인식한 조직은 두 번째 단계로 나아가, 디자인을 조직 내 핵심 역량으로 통합하게 된다. 마지막 세 번째 단계에 이르면, 일상적인 정책과정에서 디자인 방법론을 사용하며, 정책담당자들은 이를 중요한 의사결정 전략으로 적극 활용하게 된다.50) 이 모델이 정부조직 내 디자인 역량의 발전 과정을 지나치게 단순화한 측면은 있지만, 정부조직이 단계별로 디자인 방법론을 수용하고, 더욱 성숙한 디자인 접근을 통해 더 큰 공공가치 창출이 가능함을 보여준다.

정부가 정책디자인 역량을 성숙시키고 이를 통해 공공가치를 극대화하기 위해서는 몇 가지 전략이 요구된다. 첫째, 정부조직 내부에 정책디자인 전문가를 채용하여 디자인 역량을 강화하고 체계적으로 관리하는 것이 중요하다. 앞서 언급한 사다리 모델의 1단계처럼, 많은 정부기관은 프로젝트 단위로 외부 전문가를 고용하는 경향이 있다. 그러나 이러한 외부인은 정부조직의 내부 역학과 맥락을 충분히 이해하는 데

그림 10-3 공공영역 디자인 사다리

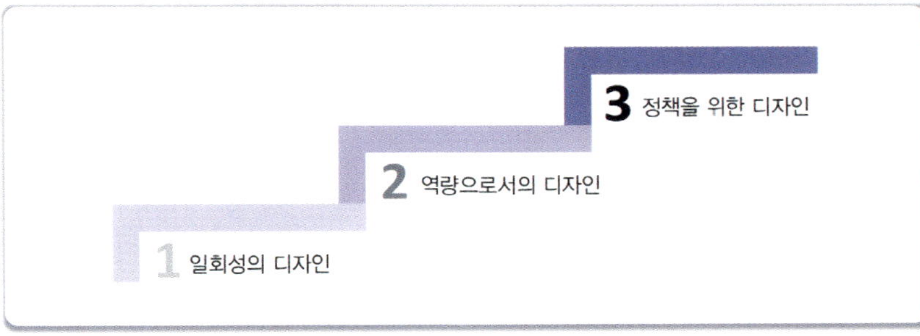

출처: Design Council(2013).

한계가 있으며, 프로젝트 종료 후에는 지속적인 조직의 디자인 역량 향상에 기여하기 어렵다. 반면, 정부조직 내에서 활동하는 디자인 전문가는 조직의 특성과 전략적 목표에 맞게 디자인 방법론을 재구성하고, 조직구성원과 긴밀히 소통하며, 디자인 실행을 지원하는 프로세스와 구조를 구축할 수 있다.[51)]

둘째, 조직 내 정책디자인의 다양성을 인식하고, 조직의 요구와 맥락에 맞는 디자인 접근법을 선택해야 한다. 앞서 살펴본 바와 같이, 디자인은 정책문제의 성격에 따라 다르게 활용될 수 있다. 예를 들어, 시민의 일상에 밀접한 공공서비스 제공에 초점을 두는 지방정부와 국가적 차원의 문제를 다루는 중앙정부에서의 디자인 활용방식은 다를 수 있다. 또한 동일한 정부조직 내에서도 각 부서의 업무특성에 따라 디자인 활용방식이 달라질 수 있다. 피리넨 외(Pirinen et al., 2022)는 헬싱키시 사례연구에서 부서마다 디자인 활용 동기와 가능성이 상이하고, 이에 따라 부서별 디자인 역량도 다양하게 분포함을 발견했다.[52)] 휘살로 외(Hyysalo et al., 2023)는 동일한 사례를 통해 정부조직의 디자인 성숙도는 디자인 사다리의 수직적 차원뿐 아니라, 수평적 차원의 다양한 실

무와도 관련이 있다고 주장하였다.[53]

셋째, 장기적인 관점에서 대학이 미래의 공공관리자와 디자인 전문가를 양성하는 데 적극적인 역할을 담당해야 한다. 예를 들어, 핀란드 알토 대학은 2014년부터 Creative Sustainability 대학원 과정에서 '정부를 위한 디자인(Design for Government)'이라는 12학점 과목을 운영하고 있다. 이 과정에서 핀란드 정부기관이 실제 정책문제를 제시하면, 학생들이 디자인 방법론을 통해 해결책을 모색하는 프로젝트를 진행한다.[54] 미국 스탠포드 대학의 d.school에서도 '공공정책 혁신가를 위한 디자인 사고(Design Thinking for Public Policy Innovators)'와 같은 강좌를 개설하여, 다양한 전공의 학생들이 공공영역에서의 디자인 방법론 활용법을 배우고 있다.[55] 이러한 교육 프로그램은 미래의 공공관리자, 전문가, 일반 시민이 기후변화와 같은 공공 난제에 대응할 역량을 함양하는 데 중요한 역할을 할 수 있다. 지속가능한 사회로의 전환을 위해 정부, 전문가, 시민사회 간의 협력이 필수적이며, 이를 위한 디자인 역량은 대학교육을 통해 지속적으로 강화되어야 할 것이다.

참고문헌

디스쿨 사이트. Design thinking for public policy innovators. https://dschool.stanford.edu/classes/design-thinking-for-public-policy-innovators

문명재. (2021). 포스트(위드) 코로나 시대의 난제해결형 정부를 위한 정부혁신에 대한 소고. 『한국행정연구』, 30(3).

알토대학교 사이트. '정부를 위한 디자인' 강좌 소개. https://dfg-course.aalto.fi/about/

에치오 만치니. (2016). 『모두가 디자인하는 시대』. 안그라픽스.

Alford, J., & Head, B. W. (2017). Wicked and less wicked problems: a typology and a contingency framework. *Policy and Society*, 36(3): 397-413.

Apolitical. (n.d.). Government innovation labs: A global directory. https://apolitical.co/pages/government-innovation-lab-directory

Bailey, J., & Lloyd, P. (2016). The introduction of design to policymaking: Policy Lab and the UK government. In DRS 50th Anniversary Conference.

Blomkamp, E. (2022). Systemic design practice for participatory policymaking. *Policy Design and Practice*, 5(1): 12-31.

Boehnert, J. (2017). Knowledge Visualization in Environmental Communication. In *Proceedings of Relating Systems Thinking and Design (RSD5) 2016 Symposium*. Systemic Design Research Network.

Buuren, A. van, Lewis, J. M., Peters, B. G., & Voorberg, W. (2020). Improving public policy and administration: Exploring the potential of design. *Policy and Politics*, 48(1): 1-16.

Christiansen, J., & Bunt, L. (2012). Innovation in policy: Allowing for creativity, social complexity and uncertainty in public governance. *NESTA Report*, (October).

Clarke, A., & Craft, J. (2019). The twin faces of public sector design. *Gov-*

ernance, 32(1): 5-21. p.1.

Colebatch, H. K. (2014). Making sense of governance. *Policy and Society*, 33(4): 307-316.

Cole, L., & Hagen, P. (2023). Scaling deep through transformative learning in public sector innovation labs-experiences from Vancouver and Auckland. *Public Management Review*, 1-28.

Corder, M. (June 28, 2022). Explaner: Why are Dutch farmers protesting over emissions? *AP News*. https://apnews.com/article/netherlands-wildlife-the-hague-a0809b0fb37e8923ac9184b86325d2e3

Design Council. (2013). *Design for public good*. http://ojs.unbc.ca/index

Dorst, K., & Cross, N. (2001). Creativity in the design process: co-evolution of problem-solution. *Design Studies*, 22(5): 425-437.

European Union. (n.d.). About the initiative. New European Bauhaus. https://new-european-bauhaus.europa.eu/about/about-initiative_en

Hagan, M. (2021). Prototyping for policy. In *Legal Design*, 9-31. Edward Elgar Publishing.

Hartley, Sørensen & Torfing (2013) cited in Sørensen, E., & Torfing, J. (2015). Enhancing public innovation through collaboration, leadership and new public governance. *New frontiers in social innovation research*, 145-169.

Head, B. W. (2022). Coping with wicked problems in policy design. *Research Handbook of Policy Design*. Edward Elgar Publishing.

Head, B. W., & Alford, J. (2015). Wicked problems: Implications for public policy and management. *Administration & society*, 47(6): 711-739. pp. 723-732.

Hermwille, L. (2016). Climate change as a transformation challenge. A new climate policy paradigm? *GAIA-Ecological Perspectives for Science and Society*, 25(1): 19-22. pp.19-20.

Howlett, M. (2014). From the 'old' to the 'new' policy design: design thinking beyond markets and collaborative governance. *Policy Sciences*, 47: 187-207. p.188, 190, 191.

Hyysalo, S., Savolainen, K., Pirinen, A., Mattelmäki, T., Hietanen, P., & Virta, M. (2023). Design types in diversified city administration: The case City of Helsinki. *The Design Journal*, 26(3): 380-398.

Jones, P. H. (2014). Systemic design principles for complex social systems. *Social Systems and Design*, 91-128.

Junginger, S. (2017). *Transforming public services by design*. New York: Routledge. p.51, 54.

Kim, A. (2023). Embedding design practices in local government [Doctoral dissertation].

Kim, A., van der Bijl Brouwer, M., Mulder, I., & Lloyd, P. (2022). A study on strategic activities to foster design practices in a local government organization. In Lockton, D., Lenzi, S., Hekkert, P., Oak, A., Sádaba, J., Lloyd, P. (eds.), *DRS2022: Bilbao*, 25 June-3 July, Bilbao, Spain.

Krippendorff, K. (2011). Principles of design and a trajectory of artificiality. *Journal of Product Innovation Management*, 28(3): 411-418.

Levin, K., Cashore, B., Bernstein, S., & Auld, G. (2012). Overcoming the tragedy of super wicked problems: constraining our future selves to ameliorate global climate change. *Policy Sciences*, 45(2): 123-152.

McGann, M., Blomkamp, E., & Lewis, J. M. (2018). The rise of public sector innovation labs: experiments in design thinking for policy. *Policy Sciences*, 51(3): 249-267.

Mintrom, M., & Luetjens, J. (2016). Design thinking in policymaking processes: Opportunities and challenges. *Australian Journal of Public Administration*, 75(3): 391-402.

O'Brien, K., & Sygna, L. (2013). Responding to climate change: the three spheres of transformation. *Proceedings of transformation in a changing climate*, 16, 23.

Pirinen, A., Savolainen, K., Hyysalo, S., & Mattelmäki, T. (2022). Design enters the City: Requisites and points of friction in deepening public sector design. *International Journal of Design*, 16(3): 1-19.

Sangiorgi, D. (2015). Designing for public sector innovation in the UK:

design strategies for paradigm shifts. *Foresight*, 17(4): 332-348.

Schellnhuber, H. J., Widera, B., Kutnar, A., Organschi, A., Hafner, A., Hillebrandt, A., Murphy, O., & Nakicenovic, N. (2022). *Horizon Europe-New European Bauhaus: Nexus Report*. European Union.

Schön, D., & Rein, M. (1994). *Frame reflection: Toward the resolution of intractable policy controversies*. Basic Book.

Sevaldson, B. (2022). *Designing complexity: The methodology and practice of systems* oriented design. Common Ground Research Networks.

Simon, H. (1996). *The science of the artificial*. MIT Press.

Snel, A. (16 April 2020). Corona as a wicked problem (11/11): No right to be wrong. https://www.vuca-academy.nl/post/corona-as-a-wicked-problem-11-11-no-right-to-be-wrong

Sørensen, E., & Torfing, J. (2017). Metagoverning collaborative innovation in governance networks. *The American Review of Public Administration*, 47(7): 826-839.

Tsekleves, E., Darby, A., Lee, C. A. L., & Young, M. H. (2020). *The little book of speculative design for policy-makers*.

Villa Alvarez, D. P., Auricchio, V., & Mortati, M. (2020). Design prototyping for policymaking. *Proceedings of Design Research Society*, 2: 667-685.

주

1) Hermwille, 2016: 19-20.
2) IPCC, 2012; O'Brien & Sygna, 2013에서 재인용: 1.
3) Corder, 2022.
4) Rittel & Webber, 1973; Head, 2022에서 재인용: 22, 26, 27.
5) 여기서 '기획자'는 난제를 해결하려는 사람을 의미한다. 이 열 번째 명제는 기획자의 실수가 절대 용납되지 않는다는 의미보다는, 난제를 다룸에 있어 기획자는 자신의 행동 결과에 책임이 있다는 것을 의미한다(Snel, 2020).
6) Head, 2008; Kreuter et al., 2004; Morner & Misgeld, 2013; Turnpenny, Lorenzoni, & Jones, 2009; Alford & Head, 2017에서 재인용: 399.
7) Alford & Head, 2017: 399.
8) Heifetz, 1994; Head, 2022에서 재인용: 31.
9) 아홉 개 유형에 대한 자세한 설명은 Alford & Head, 2017: 402 참조.
10) Levin et al., 2012: 127-129.
11) 리텔과 웨버의 설명처럼, 난제는 근본적인 해결책(solution)이 없기 때문에 '개입(intervention)'이나 '대응(response)' 같은 용어가 주로 사용된다.
12) McConnell, 2020; Head, 2022에서 재인용: 43.
13) 상게서: 76-78.
14) 문명재, 2021.
15) Hartley et al., 2013; Sørensen & Torfing, 2017에서 재인용: 145.
16) 상게서.
17) Head & Alford, 2015: 723-732.
18) Clarke & Craft, 2019: 1.
19) Howlett, 2014: 188.
20) Bobrow & Dryzek, 1987; Bobrow, 2006; Montpetit, 2003; Howlett, 2014에서 재인용: 188, 190, 191.
21) Simon, 1996: 167.
22) Colebatch, 2014: 307-308.
23) Schön & Rein, 1994.
24) Krippendorff, 2011: 411.
25) 만치니, 2016.
26) Buuren et al., 2020: 5.
27) Apolitical에서는 우리나라의 정책랩은 소개하지 않고 있다. 한국에서는 '리빙랩'이라는 용어로 정부와 시민사회가 디자인 방법론을 활용해 문제를 해결하는 실험을 진행하고 있지만, 리빙랩은 정책과정에 직접 관여하는 정책랩과는 성격이 다르다.
28) Mintrom & Luetjens, 2016: 393.
29) McGann et al., 2018: 253-254.

30) Dorst & Cross, 2001: 435-436.
31) Mintrom & Luetjens, 2016: 396.
32) Blomkamp, 2022.
33) Jones, 2014: 93.
34) Sevaldson, 2022: 90.
35) Villa Alvarez et al., 2020.
36) Hagan, 2021: 19.
37) Christiansen & Bunt, 2012: 24-25.
38) Boehnert, 2017: 1-2.
39) Tsekleves et al., 2020: 5-7.
40) European Union, n.d.
41) Schellnhuber et al., 2022: 5.
42) European Union, n.d.
43) Schellnhuber et al., 2022: 21.
44) Junginger, 2017: 51, 54.
45) Kim, 2023.
46) Cole & Hagen, 2023.
47) Sangiorgi, 2015.
48) Bailey & Lloyd, 2016.
49) 영국 디자인 카운슬은 영국의 디자인 정책과 사업을 기획하고 관리하는 정부조직으로, 국내 유사기관으로는 한국디자인진흥원이 있다.
50) Design Council, 2013.
51) Kim et al., 2022.
52) Pirinen et al., 2022: 10.
53) Hyysalo et al., 2023.
54) 알토대학교 사이트.
55) 스탠포드대학교 디스쿨(d.school) 사이트.

찾아보기

ㄱ

ㄴ

ㄷ

ㄹ

ㅁ

ㅂ

ㅅ

ㅇ

ㅈ

ㅊ

ㅋ

ㅌ

ㅍ

ㅎ

기타

저자소개

박순애 교수는 2004년부터 서울대학교 행정대학원 교수로 재직하고 있으며, 연세대학교 행정학과를 졸업하고, 미국 미시간대학교에서 환경계획 전공으로 박사학위를 받았다. 한국환경정책학회 회장과 한국행정학회 회장을 역임하였으며, 2021년부터 UN 공공행정전문가위원회 기후분과 위원으로 활동하고 있다. 환경 분야 저서로 『글로벌 환경성과와 한국의 현주소』, 『지방분권시대의 환경정책』, 『환경정책의 역사적 변동과 전망』, 『환경과 복지』 등이 있으며, 최근 발간된 논문으로 "Impacts of renewable energy on climate vulnerability: A global perspective for energy transition in a climate adaptation framework, *Science of the Total Environment*, vol. 859(1)", "How does exposure to climate risk contribute to gentrification? *Cities*, vol. 137" 등이 있다.

김아미 박사는 이화여자대학교 디자인학부를 졸업하고, 이탈리아 도무스 아카데미 인테리어 & 리빙디자인 석사학위 취득 후, Studio 63, 비츠로앤파트너즈, Ellfo 디자인, 캔 파운데이션 등에서 디자이너로 다양한 실무경험을 쌓았다. 네덜란드 델프트공대에서 '정책을 위한 디자인'을 주제로 박사학위를 받은 후, 서울대학교 행정대학원 정보지식정책연구소 선임연구원으로 근무하였다.

지속가능한 미래를 설계하다

ESG경영에서 기후난제까지

펴낸날 제1판 제1쇄 2024년 12월 27일
제1판 제2쇄 2025년 4월 9일
지은이 박순애 외
펴낸이 임춘환
펴낸곳 도서출판 **대영문화사**
주소 (본사) 사무실: 경기도 고양시 일산서구 주화로 70 우신프라자 307호 (우) 10387)
(본사) 물류센터: 경기도 고양시 일산서구 덕산로 107번길 68-50 (우) 10205)
등록 1975년 12월 26일 제3-16호
전화 (031) 913-3062, (031) 914-3884~5
팩스 (031) 913-3839
홈페이지 http://www.dymbook.co.kr

ISBN 978-89-7644-975-7
값 23,000원

※ 이 저서는 2022년도 서울대학교 한국행정연구소 연구총서로 발간되었음.